CUSTOMER SERVICE

✱ 21세기 밀레니엄시대의 고객서비스기법

서비스실무

박 혜 정 지음

백산출판사

머리말

21세기 밀레니엄시대에 접어들면서 과거 제조업 일변도의 산업정책에서 탈피해 부가가치가 높고 고용창출에 기여하는 관광서비스산업의 중요성이 한층 고양되고 있다. 따라서 모든 산업이 서비스산업으로 인식되고, 모든 직업이 서비스업과 동일시되고 있으며 서비스인력의 수요도 점차 증대되고 있다.

이제 기업·호텔·병원·음식점은 물론이고 관공서, 학교행정에서까지 고객만족을 부르짖고 있으며, 대학에서조차 학생을 고객으로 하는 고객만족에 힘쓰고 있는 실정이다. 심지어 개인의 경우도 타인에 대한 서비스정신을 가져야만 그가 속한 집단에서 조직으로부터 인정받을 수 있다.

세상에 서비스업이 아닌 직업은 없다. 어느 직업이든 고객이 있게 마련이고 그 고객을 만족시켜야만 경쟁에서 살아남는다. 이것이 첨예화된 경쟁시대에서 살아남는 지름길이 된다.

고객을 만족시키는 서비스의 기본은 스스로가 자신감을 느끼며 편안한 마음으로 서비스를 제공하는 바로 그 '서비스맨'에게 달려있다고 할 수 있다. 또한 서비스의 시작은 서비스를 받게 되는 고객의 존재와 가치를 올바로 인식함에 있다. 우리 모두는 서비스 제공자가 되고 동시에 서비스를 받는 고객도 된다. 그러므로 모든 서비스 자세와 태도는 다른 사람에 대한 기본적이고 긍정적인 태도를 말한다고 할 수 있다.

'기본으로 돌아가라' 는 말이 있다. 우리 모두가 사람을 존중하는 서비스의 기본을 다시 배우기 위해 '고객만족' 이라는 현대사회의 경영개념으로 포장된 용어로 결국은 사람과 사람사이의 관계를 다시 배우는 게 아닌가 한다.

본서는 향후 산업체 서비스현장에서 종사하게 될 학생들을 위한 실무교육 매뉴얼로서 실무감각에 맞게 구성한 고객서비스기법 지침서라고 할 수 있다.

제1부 서비스 이론편에서는 고객서비스와 고객만족에 대한 이론적 개념을 기술하였으며, 현장에서 실천하고 있는 최신 관련 사례들을 들어 쉽게 이해하도록 함으로써 전략적 실천방안 습득에 바탕이 되는 지식이 되도록 구성하였다. 고객서비스, 고객만족, 고객관계관리, 고객만족경영 추진전략과 절차 등 고객접점에 있는 서비스맨의 실무에 필요한 부분을 집중적으로 다루었다.

제2부 서비스 실무편에서는 고객서비스능력을 향상시키고 실제업무활용도를 높이기 위해 고객을 응대하는 사람들이 꼭 익혀야 할 고객과의 상호작용기술을 수록하였으며, 고객서비스기법을 서비스맨의 입장과 관점에서 필요한 내용들을 중심으로 구성하였다. 특히 시대적 흐름에 부응하여 고객서비스를 감성적으로 접근하여 인적서비스 개발과 향상을 위한 내용에 중점을 두었다. 이는 일선 서비스 현장에 적합한 인적서비스 개선에 관한 지침서로서 서비스 종사원이 고객만족을 스스로 추진할 수 있는 자세와 행동의 변화를 갖도록 하였다.

위의 내용을 전체적으로 강의진행을 위주로 전개하였으며 그 방법에 있어 다음과 같은 특징이 있다.

- 서비스 이론편에서는 학습동기유발을 위하여 각 장 앞부분에 학습자의 경험을 토대로 한 Warming-up을 활용하도록 하였으며 마지막 부분에 Review를 통해, 학습 후 자발적으로 스스로 점검하고 문제해결능력을 향상하도록 하였다.
- 서비스 예절편에서는 고객과의 상호작용기술에서 실제 업무수행시 접하는 다양한 서비스기법을 배울 수 있도록 Exercise를 삽입하여 서비스 분야의 문제해결능력을 향상할 수 있도록 하였다.

이 책은 주로 관광계열 학생을 대상으로 하여 쓰여졌지만, 그 내용은 고객을 갖고 있고 고객만족경영을 원하는 모든 조직들인 정부기관, 학교, 지방자치단체, 병원 및 자영업자 등 고객관련 서비스업무를 담당하는 사람들에게도 마찬가지로 적용될 수 있을 것이다.

모쪼록 독자들에게 서비스의 중요성과 고객의 가치를 인식함과 동시에 서비스 실무를 습득하는데 도움이 되고, 각자의 목표달성에 좋은 길잡이가 되기를 바란다.

저자 씀.

차 례

제1부
서비스이론

제1장 고객서비스(customer service)

제2장 고객과 서비스맨(customer & service provider)

제3장 고객만족(customer satisfaction)

제4장 고객관계관리(customer relationship management)

제2부 서비스 예절

제6장 서비스맨의 커뮤니케이션 스킬

제7장 고객서비스 응대

제1부 서비스 이론

customer service & customer satisfaction

제1장 고객서비스
customer service

세2장 고객과 서비스맨
customer & service provider

제3장 고객만족
customer satisfaction

제4장 고객관계관리
customer relationship management

제5장 고객만족경영
customer satisfaction management

제1장 고객서비스 (customer service)

Customer Service

Warming-up

■ 다음은 일상생활에서 흔히 사용되는 '서비스' 용어의 표현들이다. 각각의 '서비스'는 어떤 의미로 사용되었는지 생각해보라.

1. 고객이 제품을 산 후 "이거 포장해 주나요?" 라고 물었을 때 "포장은 서비스로 해드립니다."라고 대답하는 종업원
2. 많은 제품을 산 고객이 조금만 깎아달라고 할 때 "서비스로 00원 깎아 드릴께요." 라고 말하는 대리점 사장
3. 화장품 세트를 산 고객에게 립스틱을 하나 주면서 "서비스로 드리는 겁니다"라고 말하는 판매원
4. 역시 가전제품은 00전자가 최고야. 서비스가 완벽하거든
5. 오늘 하루는 내 가족을 위해 서비스해야지
6. 저 식당 종업원은 서비스가 만점이야

■ 일반적으로 사람들이 '서비스업'에 대하여 어떠한 편견을 갖고 있는지 생각해 보라. 자신이 갖고 있는 '서비스업'에 대한 편견은 어떠한 것이며 그 이유는 무엇인가?

■ 자신이 알고 있는 대표적인 서비스업종 10가지를 적어 보라.
그 중 최근 몇 년간 가장 부각되고 있는 서비스업종은 무엇이라고 생각하는가?

■ 자신이 현재 고객으로서 이용하고 있는 '서비스'를 모두 적어 보라.

1. 고객서비스의 이해

가. 패러다임(Paradigm)의 전환

시대가 새로운 고객서비스를 요구한다

21세기 밀레니엄 시대는 급속한 기술의 진보로 말미암아 세계의 사회체계와 가치관, 산업구조가 인간과 과학의 상호작용과 정보흐름의 촉진에 기반을 두고, 인간의 창의력을 고양시키는 방향으로 그 사회적인 틀이 개편되고 있다. 또한 산업 각 분야에 있어서 첨예화된 국제사회의 경쟁과 이에 따른 개개인의 라이프스타일 및 고객 니즈(needs)의 다양화는 생산라인에도 근본적인 변화를 가져왔으며, 산업사회의 상징이었던 대량 생산과 대량 소비는 구시대의 상징이 되어 버렸고, 그 보다 한 차원 진전된 '고객 맞춤'의 시대가 도래하게 되었다.

제조업에 의존하고 있던 산업경제가 이제는 적시에 질 높은 서비스를 제공하는데 중점을 두는 것으로 상황이 바뀌었으며 이에 따라 경제학에서 비생산적 또는 비물질적 재화로 경시되어 온 '서비스'가 산업전반에 필수 불가결한 요소가 되었다. 또한 인간생활에 있어서 서비스의 역할이 증대됨에 따라서 서비스에 대한 인식이 근본적으로 변화하고 있으며, 앞으로도 변화해야한다는데 초점이 모아지고 있다.

흔히 '서비스'하면 고객이 제품에 만족하지 못하고 반품이나 수리를 요구할 때 대응하는 사후조치쯤의 정도로 생각해왔다. 그러나 고객의 눈과 기대하는 서비스의 수준이 점차 높아지면서 한번 고객을 영원한 고객으로 만들기 위해 새로운 차원의 '서비스 철학'이 필요하게 되었다. '고객 중심', '인간 중심의 서비스'라는 패러다임으로 전환하고 있는 것이다.

인간 중심의 서비스란 고객의 행복을 추구하는 것이다. 서비스가 고객 중심이 되면 서비스맨은 더욱 진지해질 수밖에 없으며 더 열심히 고객의 얘기를 듣게 되고 고객에게 여러 가지 배려를 하게 된다. 이것은 고객을 편안하게 해주고 결국 더 나은 서비스를 얻을 수 있게 한다.

시대의 흐름에 대처하라, 무엇이 달라졌나

한편으로는 고객의 중요성보다 과학 기술 분야에서의 획기적인 발전이 미래 경제에 더 큰 영향을 줄 것이며 기껏해야 고객 혁명이란 것은 총체적 품질 관리 운동(total quality movement)에 불과한 것으로 생각할 수도 있다. 요컨대 고객 중심적이 된다는 것은 기업이 수용해야 할 당연한 명제일 뿐 그것이 무슨 혁명이냐고 반문하는 사람들도 있을 것이다. 그러나 시대가 변한 것이다.

"고객은 이제 상품이 아닌 서비스를 사는 시대가 왔다!"

소비자 고객이든 기업 고객이든 기업을 휘두르는 사람은 바로 '고객'이다. 고객의 선호도에 따라 기업의 가치가 좌우된다. 고객은 이제 고객을 중요시하지 않는 기업에 등을 돌린다. 고객은 스스로의 힘을 알고 있으며, 자신들의 귀중한 자원인 시간을 존중하지 않는 기업과는 거래를 거부한다.

이렇듯 과거에 비하여 고객의 영향력이 더 커진 것은 무슨 이유일까? 오늘날의 고객들은 인터넷 등 온라인을 통하여 기업이나 제품에 대한 정보를 입수할 수 있다. 그들은 온라인으로 필요한 제품을 검색, 구매하고 서비스를 제공받을 수 있게 하라고 요구하며 많은 시간과 노력을 들이지 않고서도 제품과 서비스를 자신의 필요에 맞게 변형하고 맞춤화할 수 있기를 원한다. 또한 무선 이동 통신을 이용하여 계좌 조회나 배송 추적, 온라인 경매 등 여러가지 편리한 서비스를 제공받는다. 고객은 하루 24시간 기업이나 단체와 온라인으로 통신하면서 갖가지 요구사항을 제시하고 있으며, 이러한 일상생활의 변화들은 고객의 기대를 점차 가속화시키고 있다.

고객은 기업이 정보 기술을 활용하여 자기의 삶을 보다 편리하게 만들어 주기를 기대하고 있다. 그러나 일단 고객이 정보 기술을 이용하여 기업의 핵심적인 부분에 접근하게 되면 매우 의미심장한 일이 시작된다. 고객들이 비즈니스의 양상과 산업형태를 바꾸기 시작하는 것이다. 제품 가격이 달라지고 개발의 우선 순위가 바뀌며 유통 형태가 달라진다. 비즈니스 전략에도 변화가 생긴다. 그리고 일단 하나의 기업에 이와 같은 변화가 시작되면 같은 업계의 나머지 기업들은 이에 동참하는 것이 불가피해진다. 그 결과 모든 산업계가 이제는 고객이 주도하는 변화를 맞게 되는 것이다.

다음은 어떠한 패러다임의 전환으로 고객들이 비즈니스의 양상과 산업의 형태를 변화시키게 되는지 간략히 정리한 것이다.

제조업에서 서비스업으로의 경제적 변화 양상

■ **기술의 효율성 증가**

과거에는 더 많은 제품을 생산하고 더 많은 기업과 거래하면 수익이 증가했지만, 이제는 컴퓨터와 기계의 발달로 기술을 관리할 서비스산업이 증가하게 되었다.

■ **경제의 세계화**

세계시장에서 살아남기 위해 서비스 기술의 향상, 품질 강화의 필요성이 대두되었다.

■ **사무직 노동자수 및 여성노동참여 증가**

제조업 노동계층인구가 사무직으로 대량 전환하였다. 또한 여성노동력의 증가로 전통적 여성의 역할이 새로운 서비스직으로 이양됨에 따라 이들을 고객으로 하는 육아, 세탁 등 서비스업의 새로운 유형을 탄생시켰다.

■ **여가시간 증가와 활용의 욕구**

주 5일제 근무, 웰빙(well-being) 열풍 등으로 인한 여가활용 욕구 증가로 이와 관련된 서비스업이 증가하게 되었다.

■ **고객의 교육수준 증가 및 양질의 서비스기대 향상**

고객들의 질적 서비스에 대한 기대 향상으로 모든 기업이 전사적으로 고객서비스지향의 경영 추세이다.

■ **전자상거래 증가**

과거에는 판매자와 구매자가 효과적으로 서로를 발견하고 거래할 수 있는 온라인 시장이란 것은 상상에 불과했다. 그러나 이제는 여러 분야에서 그러한 전자 시장들이 이미 존재한다. 고객들의 요구가 기업들이 역동적인 전자 시장에서 경쟁하고 협조하게 만드는 역할을 하고 있다.

변화된 비즈니스의 양상과 산업의 형태

- 과거에는 제품을 만들어서 팔기만 하면 되었지만, 이제는 고객을 끌어들이고 유지해야 한다.
- 과거에는 수익의 증가나 이윤의 폭이 중요했지만, 이제는 그 외에도 고객 가치와 고객 수익의 증가가 중요해졌다.
- 과거에는 투자자들이 가격에 대한 통제력을 가지고 수직적으로 통합된 제품들을 생산하는 기업을 선호했지만, 이제는 다른 기업들과 제휴하여 값싸고 품질 좋은 제품을 개발하고 생산하는 기업을 선호한다.
- 과거에는 각각의 고객을 위한 제품을 만든다는 것은 말로만 가능했다. 이제는 개별 고객의 주문에 따른 제작이 불가피하게 되었다.
- 과거는 고객들의 요청을 기다리거나 서비스에 문제가 발생한 후에야 복구를 위해 노력하는 반사적인 서비스 접근방식이었으나 이제는 고객욕구를 예측하여 미리 반응하는 적극적인 서비스의 형태이다.

〈표 1-1〉 확장된 패러다임

항 목	기존의 서비스	확장된 서비스
대 상	눈앞의 고객	눈앞의 고객, 잠재적 고객
서비스 범위	명령받은 가시적 요구사항	가시적, 비가시적, 잠재적 요구사항
서비스제공시간	현재	사전, 현재, 사후
핵심 요소	친절	친절, 신속, 정확 등 다양

나. 고객서비스의 중요성

세계화 시대에 생존할 수 있는 지혜이다

사회구조가 점차 선진화되고 세계 경제는 글로벌화 되어가고 있다. 고객의 욕구 또한 다양해져 가고 있으며 경쟁구조도 치열해지고 있다. 고도 정보사회로 진입하면서 고객의 소비행태, 구매심리, 기대심리 등이 과거와는 사뭇 다른 양상으로 바뀌고 있다. 이제는 '서비스만이 살길'이라고 외쳐대는 기업들이 늘고 있다. 상품만을 가지고는 고객 만족은 물론 경쟁력이나 차별성을 부각시킬 수 없기 때문이다. 모든 업종이 서비스업으로 바뀌고 있는 요즘 서비스에 대한 올바른 이해와 서비스 테크닉에 새로이 도전함으로써 서비스 능력 개발과 비전을 가져야 한다.

서비스가 경쟁력의 관건이다

이미 시장은 '상품'에서 '서비스'로 비즈니스의 주도권이 넘어갔다. 그러나 단순한 서비스만으로는 더 이상 경쟁력을 확보하기 힘든 수준에 이르렀다. 치열한 시장 경쟁과 고객의 성향 변화, 기술 발전은 자연스럽게 시장의 주도권을 '체험'으로 넘어가도록 만들었기 때문이다. 판매에서부터 무형의 체험까지 하나의 완성된 과정에서 만족하지 않으면 고객들은 그 제품에 대해 냉정하게 등을 돌릴 수 밖에 없다. 즉 개별 고객을 상품의 제조와 판매는 물론 사후 봉사의 전 과정에 적극 참여시켜 만족스런 체험으로 각인시키지 못한다면 더 이상 시장 경쟁에서 살아남기 힘들게 되었다.

기업은 완벽한 고객서비스를 위한 노력을 통해 세계화된 경제 안에서 살아남고 경쟁력을 갖게 된다. 이제 고객서비스의 만족은 기업이 시장점유율을 유지, 증가시키기 위해 적응해야만 하는 생활양식이다.

서비스는 돈을 모으는 유일한 수단이다

어떠한 서비스도 수익성과 연결되지 않으면 아무런 가치가 없다. 단순히 고객을 즐겁게, 행복하게 하는 데 목적이 있는 것이 아니라 얼마나 많은 수익과 부가가치를 창출할 수 있느냐의 여부가 서비스의 목표인 것이다.

고객서비스의 궁극적인 목표는 고객만족과 충성도 확보를 통해 이윤을 추구하는데 있다. 기업이 존재할 수 있는 것은 고객이 존재함을 전제로 한다. 따라서 '서비스는 곧 돈'이란 개념이 강조되고 있다.

서비스는 고객을 행복하게 하는 방법이다

이제 단순히 고객을 만족시키는 시대는 지났다. 고객의 삶의 질을 향상시키고 고객을 행복하게 할 수 있는 기업만이 살아남을 수 있기 때문이다. 고객이 행복하면 기업이 행복하고, 기업이 행복하면 직원이 행복하다. 직원이 행복하면 가정이 행복하고, 가정이 행복하면 사회가 행복하다. 궁극적으로 고객을 행복하게 하는 일은 모든 이에게 유익한 일이 되는 것이다.

2. 서비스의 개념과 정의

가. 서비스의 개념

서비스란 무엇인가

'서비스(service)'라고 하면, 값을 깎아준다, 덤을 준다, 혹은 돈을 받지 않고 무상으로 고객에게 노력을 제공한다 등의 의미를 연상시킨다.

여기서 다루고자 하는 서비스는 단순히 일상적으로 쓰이는 무상의 서비스가 아니라, 유상으로 제공되는 보다 넓은 의미의 경제활동으로서 운수, 통신, 금융, 보험, 매스미디어, 도・소매업, 여행, 호텔, 의료, 법률, 관광, 음식, 공무(행정) 등 많은 업종이 산출하는 서비스를 말한다.

서비스의 개념적인 특징은 상품, 재화와 달리 소유권이 이동하지 않고 고객에게 편익과 만족을 주는 무형의 활동이라는 것이다.

고객서비스는 시장 창조를 위해 중요한 기능이고 고객에게 만족을 주고 또 고객과 우호관계를 장기적으로 유지하면서 고객을 조직화하는 일련의 활동이다. 구체적으로 설명하면 고객에게 불만을 일으키지 않게 하기 위해 혹은 이미 발생한 불만을 없애기 위해서 실시하는 서비스 활동이거나 고객에게 만족을 주기 위해 실시하는 서비스 활동을 말한다.

〈표 1-2〉 서비스 용어의 사용

서비스의 의미	용어의 사용
접객을 맡은 종사원, 기업 그 자체 고객응대 자세, 태도	• 그 점원은 친절하고 서비스가 만점이다. • 요즘 이 음식점의 서비스가 나빠졌다.
기업전체로서의 본연의 자세	• 우리 회사의 철학은 서비스정신에 투철한 것이다.
구체적 업무행위, 제도	• 백화점의 배달서비스, 추석선물 상담 서비스 • 서비스가 좋은 상점을 이용한다. • 내구소비재의 판매에서는 애프터서비스가 중요한 의미를 가지고 있다.
금융적 급부	• 지중해 유람선 상품은 무이자 할부판매 서비스를 이용하실 수 있습니다.
경제적 가치물(무형재의 의미)	• 호텔, 식당, 영화관 등은 서비스업에 포함된다.
기업의 희생적 저가, 무료 제공 행위	• 기내용 가방을 서비스 해 드리겠습니다. • 오늘의 서비스 품목
애정, 우정, 의리, 교제, 호의	• 옛 친구에게 정성을 다해서 서비스를 했다.

나. 다양한 서비스의 정의들

경영학 및 마케팅에서는 서비스에 관한 연구가 1960년대 초부터 시작되어 제품과 서비스의 비교 형태로 전개되었다. 1970대에 서비스의 특성 및 현상에 대한 관심이 집중되고, 1980년대와 90년내에 와서 이론직 체계와 진략적 이슈를 다루게 되는데, 지금까지의 서비스에 대한 정의의 계보는 다음과 같이 활동적 정의, 속성론적 정의, 봉사론적 정의, 인간상호관계적 정의로 대별할 수 있다.

과거는 봉사, 친절, 사용자에게 예속된 상태의 의미였으나 현대적 의미로는 무형적인 특성을 가지고 있는 활동, 제공자를 위한 활동으로 동등한 상호 관계, 행위의 주체성 강조, 자유와 평등, 개인별 경험과 만족을 제공하는 것을 일컫는다.

1) 활동론적 정의

활동론적 정의는 서비스를 '활동'으로 보는 개념에 근거하고 있다. 미국 마케팅학회(American Marketing Association)에서는 "서비스란 판매 목적으로 제공되거나 또는 상품판매와 연계해서 제공되는 제 활동, 편익, 만족"이라고 정의하고 있다. 그 예로는 오락서비스, 호텔서비스, 전력서비스, 수송서비스, 미용서비스, 신용서비스 등을 들고 있다.

2) 속성론적 정의

서비스를 그 속성을 중심으로 보는 개념이다. 즉, 제품과의 다른 점을 지적하며 서비스를 파악하려고 한다. 라스멜(Rathmell)은 서비스를 '시장에서 판매되는 무형의 상품'으로 정의하고, 무형과 유형의 구분을 손으로 만질 수 있느냐의 여부에 따라 나누고 있다. 많은 마케팅 연구자들 및 경제학자들이 서비스를 무형재로 규정하는 정의를 사용하고 있으나 쇼스택(Shostack)은 서비스의 무형성은 하나의 상태와 일개 속성일 뿐이지 서비스 자체의 본질은 아니라고 반론을 제기한다.

3) 봉사론적 정의

서비스를 주종관계에서와 같이 '인간의 인간에 대한 봉사'라고 보는 것이 기존의 통설이라고 전제하고, 현대적 서비스는 이런 전통적 발상에서 탈피해야 한다고 주장한다. 인간이 제공하는 봉사적 서비스를 인간으로부터 분리하여 인간 노동을 기계로 대치하여 서비스의 공업화(industrialization of service)를 통한 효율성 향상을 달성할 수 있다고 한다.

4) 인간 상호관계론적 정의

서비스는 무형적 성격을 띠는 일련의 활동으로서 고객과 서비스 종업원의 상호관계에서부터 발생하며 고객의 입장에서 고객의 문제를 해결해 주는 것이라는 개념이다.

대부분의 경우 서비스는 서비스 제공자와의 상호작용을 포함한다. 그러나 일견 상호작용이 없는 상황같이 보이지만 실제로는 상호작용이 존재하는 수도 많다. 예를 들어 자동차에 문제가 생겨 정비소에서 수리를 받는 경우에는 고객이 직접 없어도 되지만 정비소에 차를 맡기러 가고 찾으러 가는 중에 서비스제공자와 고객과의 상호작용이 존재하게 된다.

3. 서비스의 특성

제품과 서비스 사이에는 몇 가지 중요한 차이점이 있는데, 서비스의 일반적 특성은 다음 네 가지로 요약할 수 있으며 각 특성이 갖는 문제점의 해결 방안은 다음과 같다.

가. 무형성(Intangibility)-보거나 만질 수 없다

서비스는 무형적인 것으로 평가의 어려움이 있다. 또한 객관성이 없으므로 주관적 의미가 강하다. 서비스는 기본적으로 가시적인 실체가 따로 없기 때문에 볼 수도 없고 만질 수도 없다. 따라서 서비스는 어떤 객관적 실체가 아니라 하나의 경험이기 때문에 일률적인 품질규격을 정하기가 쉽지 않으며 견본 제시가 어려워 경험 전까지는 그 내용과 질을 판단하는 것이 매우 어렵다. 그러므로 사용자의 능력과 신뢰감이 중요한 요인이 된다.

이같은 특성을 보완하기 위해서는 물리적 단서를 강조하고 구전 활동을 적극 활용하여 기업이미지를 관리하고 구매 후 커뮤니케이션을 강화할 필요가 있다.

〈그림 1-1〉 서비스 유형성 스펙트럼(tangibility spectrum)

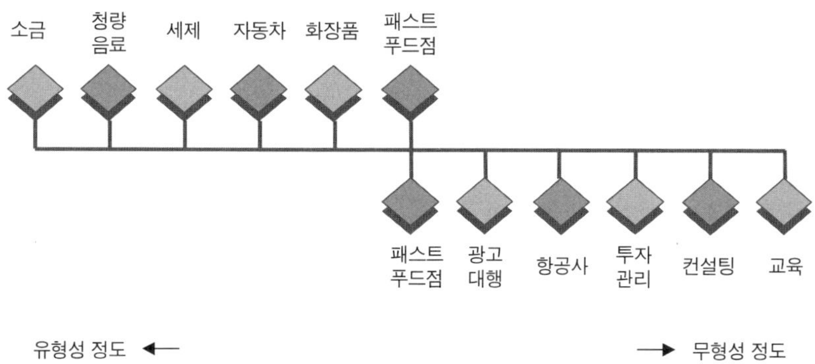

나. 비분리성/동시성(Inseparabieity)-생산과 소비가 동시에 일어난다

대부분의 서비스는 생산과 소비를 따로 구분하여 생각하기 힘들다. 제품은 공장에서 만든 다음 고객에게 전달되지만, 서비스는 고객과 제공자 간의 직접 접촉을 통해서 전달되기 때문에 서비스는 생산과 동시에 소비된다고 볼 수 있다. 서비스는 제공자, 서비스 공간 및 시설, 사용자가 함께 참여하여야만 발생하며 제공 당시의 분위기도 중요하다. 이같이 종업원과 고객이 직접 접촉하여 상호작용이 이루어지므로 '공동생산(Coproduction)'이라고도 한다. 즉 서비스를 이용하기 전에 테스트가 불가능하며 품질 통제의 어려움이 있다.

이같은 특성을 보완하기 위해서는 서비스 제공자의 선발과 교육을 중시하고 서비스 사용자를 계속적 관리, 서비스 이용 가능 정보를 제공하며 다양한 입지에서 서비스 시설을 공급하는 방안이 있다.

다. 이질성(Heterogeneity)-품질이 일정치 않다

서비스는 제공하는 사람이나 고객, 서비스 시간, 장소에 따라 즉 누가, 언제, 어떻게 제공하느냐에 따라 내용과 질에 차이가 발생하게 된다. 즉 개인적 선호 성향을 기초로 기대감이 형성되며 개별적인 감성 차이 때문에 서비스의 품질에 대한 평가가 다르다. 또한 서비스는 변동성의 요인으로 내용과 질을 규격화, 표준화하는 것이 불가능하며 종류의 다양성과 복합성의 특징으로 동일한 효능 표현이 어렵다.

은행 창구직원이나 항공기 승무원, 보험사 직원들이 고객을 응대하는 것은 공장에서 상품을 제조할 때와 같이 획일적인 표준화가 쉽지 않은 것이다.

이같은 특성을 보완하기 위해서는 서비스의 개별화로 서비스제공자가 서비스 내용을 개성화하여 다양한 욕구에 대응하는 표준화 전략이 필요하다.

라. 소멸성(Perishability)－판매되지 않은 서비스는 사라진다

서비스는 제품과 달리 일시적으로 제공되는 편익으로서 생산하여 그 성과를 저장하거나 다시 판매할 수 없다. 그러므로 과잉 생산에 따른 예산 손실과 과소 생산에 따른 이익 획득이 감소될 수 있다. 이것은 서비스 수요의 충족을 위해서는 충분한 서비스능력의 보유와 관리가 필요하다는 것을 의미한다.

이같은 특성을 보완하기 위해서는 서비스의 수요와 공급 간의 조화를 위한 방안이 필요하며 철저한 고객관리와 여러 지역에 서비스망을 구축하는 것이 필요하다. 예를 들면 수요에 따른 생산 계획의 변화, 임시 직원의 채용(공급의 유연성), 유휴 시설이나 장비에 대한 새로운 이용 방법 고안, 서비스 종사자의 직무 교육을 통해 필요시 서로 협조하는 방안 등이 있다.

〈표 1-3〉 서비스와 재화의 차이

재화	서비스	관리적 의미
유형	무형	• 서비스는 저장할 수 없다. • 서비스는 특허를 낼 수 없다. • 서비스는 쉽게 전시되거나 전달할 수도 없다. • 서비스는 가격 책정이 어렵다.
생산과 소비가 분리	생산과 소비가 동시	• 고객이 거래에 참여하고 영향을 미친다. • 고객은 서로에게 영향을 미친다. • 종사원이 서비스 결과에 영향을 미친다. • 대량생산이 어렵다.
표준	이질	• 서비스제공과 고객만족은 종사원의 행위에 달렸다. • 서비스품질은 많은 통제 불가능한 요인에 달렸다. • 제공된 서비스가 계획되거나 촉진된 것과 일치하는 지를 확신하기 어렵다.
비소멸	소멸	• 서비스는 수요와 공급을 맞추기가 어렵다. • 서비스는 반품될 수 없다.

〈표 1-4〉 서비스의 특성상 문제점과 해결방법

서비스의 특성	문제점	문제 해결 방법
무형성	• 저장의 불가능 • 특허보호의 곤란성 • 진열 및 커뮤니케이션활동의 어려움 • 가격설정기준의 불명확	• 실체적 단서의 강조 • 개인적 접촉의 강화 • 구전의 중요성 • 기업 이미지의 관리 • 구매 후 커뮤니케이션의 강화
동시성	• 제공자와 사용자의 개입 • 집중화 및 대규모 생산의 어려움	• 서비스제공자의 선발 및 교육 • 서비스 사용자의 관리 • 서비스망의 구축
이질성	• 표준화와 품질 통제 어려움	• 서비스의 기계화 및 개별화
소멸성	• 재고 보관의 불가능	• 수요와 공급 간의 조화

칼 알브레히트(Karl Albrecht)의 서비스 특성

칼 알브레히트 인터내셔널의 회장으로 컨설턴트이자 미래학자이며 연설가인 그는 저서 「서비스 아메리카」에서 다음과 같이 서비스 특성을 정의하였다.

1. 서비스는 제공하는 순간에 생산된다.
   미리 만들어 놓을 수도 없고 언제라도 제공할 수 있도록 저장해 둘 수도 없다.
2. 서비스는 한 곳에서 생산, 검사, 비축, 저장을 할 수 있는 것이 아니다.
   서비스는 어디든지 고객이 있는 곳에서 경영자의 눈, 영향력 행사가 곤란한 일선 현장 담당자에 의해 제공된다.
3. 서비스는 미리 전시하거나 견본을 보여 줄 수 없다.
   제공자가 보여주는 여러 가지 견본은 다른 고객을 위한 것이며, 자기 자신을 위한 서비스는 아직 존재하지 않으며 체험하기 전에는 알 수가 없다.
4. 서비스를 받은 사람은 만질 수 있는 것은 아무것도 갖지 못한다. 서비스의 가치는 오로지 고객의 개인적 경험에 의존한다.(고객이 판단한다)
5. 그 개인적 경험을 제3자에게 팔거나 넘겨줄 수 있는 것이 아니다.
6. 서비스는 만약 부적절하게 제공되더라도 취소할 수 없다.
   보상이나 사과가 고객에게 할 수 있는 유일한 수단이다.
7. 품질보증은 서비스 제공 전에 되어 있어야지 제공 후에 보증이란 없다. 이것은 상품 생산의 경우에도 마찬가지이다.
8. 서비스의 제공은 사람의 상호작용에 의해 이루어진다. 구매자와 판매자가 개인적으로 접촉함으로써 서비스가 생산된다.
9. 고객의 사전 기대에 의해 그 만족이 크게 좌우된다. 따라서 서비스의 품질은 아주 주관적이다.
10. 고객에게 서비스가 제공되는 과정에서 관계하는 사람이 많으면 고객의 만족 가능성은 낮아진다.

4. 서비스의 품질

가. 서비스품질의 중요성

소비자들은 과거에 받았던 서비스보다 더 수준 높고 일관적인 품질의 서비스를 제공받으려는 기대를 갖고 있으며 이 기대는 점차 커지고 있다. 기업들은 서비스품질 향상으로 시장점유율을 도모할 수 있으며 이 점이 서비스산업이 품질경영에 중점을 두도록 하는 가장 큰 영향요인이다. 시장매출이 정체되기 시작하면 고품질의 서비스에 대한 압력이 강해지고 신규시장의 획득보다는 경쟁사의 시장을 자사의 시장으로 만들기 위한 품질경쟁의 국면에 접어들게 되며, 고객들도 동일한 산업 내의 기업에 대해서는 경쟁업체 중 가장 좋은 고품질서비스를 제공하는 기업에 대한 기대가 커지기 때문이다.

나. 서비스품질 측정 : SERVQUAL

품질에 대한 정의는 여러 가지가 있으나 그 중 가장 보편적으로 사용되는 정의가 바로 고객의 만족 정도이다. 즉, 상품이나 서비스에 대한 고객의 만족 정도가 바로 그 상품이나 서비스의 품질이라는 것이다.

고객만족은 한 가지 요인인 단차원적인 차원에서 품질을 지각하지 않고 다차원적으로 품질을 평가한다.

Zeithaml, Parasuraman, Berry 등은 자신들이 분류한 서비스품질의 10가지 차원을 다음과 같이 5가지로 통합하여 "SERVQUAL"(Service+Quality)라고 하였다. SERVQUAL은 서비스품질의 핵심적 요소로서 서비스품질의 평가에 많이 이용된다.

1) 신뢰성(reliability) : 믿을 수 있고 정확한 업무수행

신뢰성은 약속한 서비스를 정확하게 제공하는 능력으로 정의되며, 다섯 가지 차원 중에서 서비스품질을 지각하는 데 가장 중요한 요소로 꼽히고 있다. 광의로 보면 신뢰성이란 회사가 배달, 서비스제공, 문제해결 등에서 직접적으로 한 약속이나 가격책정에서 간접적으로 한 약속을 제대로 제공하는 것이다. 고객은 약속을 지키는 회사와 거래하기를 원하며, 고객이 기억하는 분쟁의 대다수는 핵심서비스시스템의 실패와 이를 해결하려는 후속조치의 미비에서 발생한다.

2) 반응성(responsiveness) : 즉각적이고 도움이 되는 서비스

이 차원은 고객의 요구, 질문, 불만, 문제 등을 처리하는 배려(attentiveness)와 신속성(promptness)을 강조한다. 즉, 고객과의 중요한 서비스접점에서 언급한 종사원 행동과 서비스품질의 반응성 간에는 강한 유사성이 있다. 반응성은 도움, 질문에 대한 대답 및 문제해결을 하는 데 소요되는 시간이라고 할 수 있다. 또한 반응성은 유연성과 고객의 욕구에 서비스를 맞추는 고객화란 개념도 포괄한다. 서비스제공과정이나 문제해결과정을 회사의 관점이 아니라 고객의 관점에서 얼마나 신속하게, 유연하게 해결하는가가 관건이 된다.

3) 확신성(assurance) : 능력, 공손함, 믿음직함, 안전성

확신성은 회사와 종사원의 지식, 정중함, 믿음직하게 느끼게 하는 능력 등으로 정의된다.

믿음(trust)과 확신(confidence)은 증권중개인, 보험대리인, 변호사, 컨설턴트 등과 같이 고객에게 회사의 서비스를 연결하는 사람이 실현해야 할 과제이다. 이러한 서비스의 경우 회사는 핵심접촉인물과 고객사이에 믿음과 애호가 형성되기를 바란다. '퍼스널 뱅커(personal banker)' 란 개념은 이런 아이디어에 착안한 것이다. 고객을 위해 은행원이 선정되면 고객과 개인적으로 친하게 되고 고객에 대한 모든 은행서비스를 조정하게 된다. 이렇게 개인적 관계가 형성되면 그 은행원이 회사를 옮길 때 고객이 따라가는 위험은 있다.

4) 공감성(empathy) : 원활한 의사소통, 고객 개개인에 대한 충분한 이해

공감성은 회사가 고객 개개인에 제공하는 주의(attention)와 보살핌(caring)

으로 정의된다. 공감성의 핵심은 개인화된 고객의 주문 서비스로 고객이 독특하고 특별하다는 것을 전달하는 것이다. 고객은 서비스를 제공하는 회사가 자신을 이해하고 중요하게 느끼기를 원한다. 작은 서비스회사의 직원은 흔히 고객의 이름을 알고, 고객의 개별적인 욕구와 기호까지 알아 이를 감안한 관계를 구축한다. 대규모 회사와 경쟁하는 작은 회사에게 공감성의 차원은 분명히 강점으로 작용한다.

5) 유형성(tangibles) : 물적 요소의 외형

유형성은 물리적 시설, 장비, 인력, 각종 커뮤니케이션 용품 등의 외양으로 정의된다. 이 모든 것은 고객, 특히 신규고객이 품질을 평가할 때 사용하는 서비스의 물리적 표현과 이미지를 제공한다. 유형성은 특히 레스토랑, 호텔, 소매 점포, 엔터테인먼트 회사 등과 같이 고객이 서비스를 받기 위해 시설을 방문하는 접대서비스업에서 강조된다.

〈표 1-5〉 SERVQUAL의 5가지 요소

<table>
<tr><th>서비스품질의
10가지 요소</th><th>SERVQUAL의
5가지 요소</th><th>SERVQUAL 차원의 정의</th></tr>
<tr><td>유형성</td><td>유형성(Tangibles)</td><td>물리적 시설이나 장비의 외양 및 직원 복장</td></tr>
<tr><td>신뢰성</td><td>신뢰성(Reliability)</td><td>약속한 서비스의 수행 능력</td></tr>
<tr><td>반응성</td><td>반응성(Responsiveness)</td><td>고객을 돕고 즉각적으로 신속한 서비스를 제공하려는 자세, 고객 욕구의 반응정도</td></tr>
<tr><td>능 력</td><td rowspan="4">확신성(Assurance)</td><td rowspan="4">직원의 지식과 예절 및 신뢰감, 확신을 불러일으킬 수 있는 능력</td></tr>
<tr><td>예 절</td></tr>
<tr><td>신용성</td></tr>
<tr><td>안전성</td></tr>
<tr><td>접근성</td><td rowspan="3">공감성(Empathy)</td><td rowspan="3">회사가 고객에게 제공하는 개인적 요구에 대한 개별적 관심과 배려</td></tr>
<tr><td>커뮤니케이션</td></tr>
<tr><td>고객이해</td></tr>
</table>

다. 서비스품질 평가

1) 서비스품질 평가의 특징

제공자가 아무리 최고의 기술과 지식을 담은 서비스를 제공하더라도 서비스 이용자가 만족하지 못한다면 그 서비스의 품질은 좋다고 말하기 어렵다. 고객이 가진 지식과 정보가 제공자의 전문적인 지식과 기술을 제대로 평가하기에 부족한 경우라도 고객이 만족하지 못한다면 역시 그 품질은 좋다고 평가받을 수 없는 것이다. 또한 서비스의 최종 산물이 만족스럽다 할지라도 그 전달과정에 만족하지 못했다면 그 서비스는 전체적으로 품질에 문제가 있는 서비스로 평가받으며 그 반대의 경우도 마찬가지다.

이와 같은 점들과 관련하여 서비스품질평가의 특징은 다음과 같다.

- 서비스품질을 평가한다는 것은 제품품질을 평가하는 것보다 어렵다. 또한 고객이 서비스품질을 평가하는 기준을 공급자가 파악하는 것도 쉽지 않다. 예를 들면 의료 서비스에 대한 고객의 평가는 자동차품질에 대한 평가보다는 한층 더 복잡하고 어려운 것이다.
- 서비스 품질의 평가는 결과만 가지고 평가하는 것이 아니라 서비스 제공 과정도 중요하다. 예를 들면 애프터서비스(A/S)를 평가할 때 고장을 수리한 결과만 가지고 평가하는 것이 아니라 제공과정도 평가하는 것이다.
- 서비스품질의 평가에서 특히 중요한 것은 평가 기준을 고객이 정한다는 점이다. 서비스품질의 평가는 기본적으로 서비스에 대한 인식의 차이에서 결정된다.

이를 그림으로 보면 다음과 같다.

〈그림 1-2〉 SERVQUAL 모형 (Zeithaml, Berry, Parasuraman)

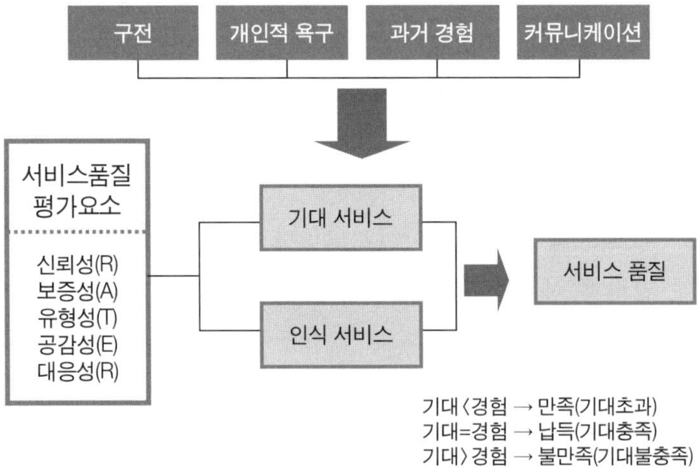

기본적으로 서비스 품질은 기대된 서비스와 인식된 서비스의 관계이다.

고객은 여러 가지 요인 즉, 자신의 경험과 남에게 들은 것, 개인적인 욕구, 광고나 홍보 판촉에 의해서 인식된 정보 등에 의하여 서비스에 대한 일정한 기대(기대 서비스)를 하게 된다.

기대된 서비스 보다 제공(인식)된 서비스가 높으면 서비스 품질은 높은 것이 되어 고객이 만족하게 되고, 기대된 서비스보다 제공된 서비스가 낮으면 서비스 품질이 낮아서 고객이 불만족하게 되는 것이다.

2) 인식 서비스의 허용구간

고객이 기대하고 인식하는 서비스 품질은 중요도가 높을수록 또한 까다롭다.

고객이 바라는 서비스를 '희망 서비스(desired service)'라고 하는데 이는 제공받을 서비스에 대한 희망 수준, 즉 바람(wants)과 소망(hopes)을 뜻한다. 즉, 고객이 '받을 수 있고', '받아야만 한다'고 믿는 수준의 서비스이다. 이와 관련된 개념으로 이상적 서비스(ideal service)가 있다. 이는 고객이 '기원하는(wished-for)' 서비스 수준, 즉 바람직한 서비스 수준을 말한다.

적정 서비스(adequate service)란 '고객은 그들의 서비스욕구가 채워지기를 바라기는 하나 이것이 항상 가능한 것은 아니라는 것을 깨닫는다. 이러한 이유로 해서 그들은 희망수준보다 좀 더 낮은 수준의 기대를 갖게 되는데' 이를 '적정서비스(adequate service)'라고 한다. 이는 "그런 대로 견딜 만한 최하의 기대수준(minimum tolerable expectation)"을 의미하는 것으로, 고객이 받아들일 수 있는 최저수준의 서비스이며, 고객이 그래도 서비스를 받았다고 생각할 수 있는 최저상태를 나타낸다.

고객의 서비스기대 수준은 어떤 한 점에서 결정되는 것이 아니라 '희망서비스' 수준과 '적정서비스' 수준의 사이의 범위로서 설명될 수 있다. 그런 대로 참을 만하다고 여기는 서비스의 수준과 희망하는 서비스의 수준사이의 차이를 보여 주는 것이 '허용영역'이다.

3) 서비스 허용 영역의 차이

서비스 허용영역은 고객별로도 다양하다. 어떤 고객은 허용영역이 좁아 서비스제공자로부터 그에 맞는 서비스를 요구하는 반면 어떤 고객은 서비스의 허용영역이 넓다.

적정서비스 수준은 경쟁자의 활동이나 기타 요인들로 인해 변화하는 반면, 희망서비스는 비교적 안정적이라고 볼 수 있다. 허용영역의 변화는 아코디언의 움직임에 비교될 수 있으나, 희망서비스 수준의 변화라기보다는 적정서비스 수준의 변화로부터 오는 영향이 더 크다고 볼 수 있다.

- 고객 개개인의 허용영역의 차이는 축적된 경험에 의하여 지속적으로 희망수준이 올라가는데서 발생하기보다는 상황에 따라 쉽게 변동하는 '적정서비스' 수준의 차이에서 발생한다고 볼 수 있다. 이 허용영역은 동일한 고객일지라도 상황에 따라 확장될 수도 있고 줄어들 수도 있다.

  예를 들어, 항공기를 이용하려는 어떤 고객이 만일 시간에 쫓기고 있거나 약속이 걱정될 때에는 그 허용공간이 매우 좁을 것이다. 한편 공항에 여유 있게 도착한 고객은 시간에 쫓기는 고객들보다 줄 서서 기다리는 시간에 훨씬 덜 신경을 쓸 것이다.

  서비스 관리자는 반드시 허용영역의 범위 뿐만 아니라, 언제, 그리고 어떻게 이 허용영역이 고객에 따라 커졌다 작아졌다 하는지를 이해해야 한다. 매우 바쁜 고객은 시간에 항상 쫓기기 마련이므로 기다리는 시간이 대체로 짧기를 바라며, 받아들일 수 있는 대기시간의 범위도 좁다.

- 고객 개개인의 허용영역은 가격과 같이 회사가 통제 가능한 요인들을 통해서도 확대되거나 축소될 수 있다.
- 고객의 허용영역은 서비스 속성 또는 차원에 따라 달라진다. 일반적으로 고객은 서비스의 다른 결함보다 신뢰할 수 없는 서비스(지키지 못한 약속, 서비스의 실수)에 대해 더 참을성이 없는데 이것은 고객이 신뢰성이라는 요인에 보다 높은 기대를 한다는 뜻이다. 고객은 가장 중요한 서비스 차원 또는 속성에 대해 더 높은 기대수준을 갖고 있을 뿐만 아니라, 허용영역의 범위도 좁고 엄격하며 '희망서비스' 수준도 높다.
- 고객이 참고 견딜만한 서비스를 '최저 서비스'라고 한다면, 중요도가 낮은 요소의 경우는 고객이 기대하는 품질수준이 낮을 뿐만 아니라, 최저 서비스의 허용범위도 넓다. 그러나 중요도가 높은 요소의 경우는 기대하는 수준도 높고 최저 서비스의 허용구간이 매우 좁다.

한편 고객은 동일한 산업에 속한 서비스회사들에 대해 동일한 기대수준을 갖는가? 예컨대, 모든 레스토랑에 대해 고객이 기대하는 희망서비스 수준은 같은가? 레스토랑 중 패스트푸드 레스토랑에 대한 기대만 같은가? 여러 레스토랑에 대해 갖는 적정서비스 수준은 서로 다른가? 동일한 사업에 속하는 두 조직이 완전히 다른 수준의 서비스를 제공하면서도 고객을 만족시키는 이유가 바로 기대수준 때문이다. 고객입장에서 보면 패스트푸드 레스토랑은 고객에 비해 매우 적은 수의 직원으로 산업화된 초우량 서비스를 탁월하게 제공하고 있는 반면 턱시도를 입은 많은 직원들이 있는 고급 레스토랑이 패스트푸드 레스토랑만 못하다고 생각할 수도 있다.

이는 고객이 서비스 범주별로 비슷한 희망수준을 가지고 있다는 것을 말해주고 있는데, 그 범주가 그렇게 넓은 편은 아니다. 패스트푸드 레스토랑에서는 고객은 깨끗한 환경에서 빠르고, 편리하고, 맛있게 음식을 먹을 것을 희망한다. 반면에 고급 레스토랑에서는 세련된 환경과 우아한 종사원, 촛불, 그리고 고급 음식을 기대한다. 이처럼 범주간에는 다르나, 고객에 의해 정의되는 서비스범주 내에서 고객이 서비스제공자에 대해 기대하는 '희망서비스' 수준은 본질적으로 유사하다고 볼 수 있다.

〈그림 1-2〉 품질요소의 중요도에 따른 기대수준과 허용수준

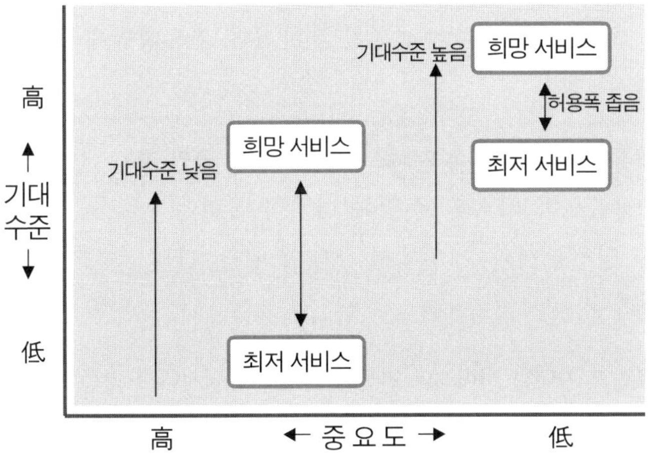

라. 서비스품질 관리 : GAP모델

고객에게 제공되는 상품이나 서비스 품질에는 왜 문제가 발생되는지 원인을 설명한 것이 서비스 GAP모델이다<그림 1-3>.

이 모델은 서비스 품실관리의 중점요소가 무잇이지를 보여주고 있다.

- **갭1 ; 기업에서 고객이 기대하는 바를 알지 못할 때**

이것은 상품이나 서비스가 고객의 니즈를 잘못 이해하고 있는 것으로 시장조사가 잘못되어 있거나, 시장세분화에 문제가 있거나, 경영자, 간부가 고객과 현장을 잘 모르고 있는 것이다. 따라서 시장조사나 고객만족도 조사를 통하여 고객의 기대를 정확히 파악하는 것이 중요하다.

- **갭2 ; 고객의 기대를 반영하지 못하는 서비스품질기준을 명기할 때**

이것은 기업내부의 서비스품질기준이 적합하지 못한 것으로, 고객중심이 아닌 기업중심의 시각에 원인이 있거나, 서비스품질의 향상에 관심이 없는 이유이다.

• **갭3 ; 서비스의 실제성과가 서비스명세서와 일치하지 않을 때**

제공되는 서비스가 기업내부의 품질기준에 미달하는 것으로, 회사의 경영관리나, 품질관리, 조직운영과 종업원의 태도에 문제가 있는 것이다. 한편, 고객이 자기의 역할을 제대로 수행하지 못하거나 수용방법에 문제가 있는 경우에도 발생할 수 있다.

• **갭4 ; 약속한 서비스수준을 서비스성과가 따르지 못할 때**

제공되는 서비스가 약속한 수준에 미치지 못하는 것으로, 과잉약속이나 과대광고 또는 영업부서와 지원부서, 서비스현장 간의 협력이 원활하지 못한 경우에 발생한다.

• **갭5 ; 고객의 기대된 서비스와 인식된 서비스가 일치하지 않을 때**

갭1-갭4의 결과로서 고객의 기대를 고객의 기대수준과 실제 기업이 제공하는 수준의 차이를 말한다. 갭5가 고객불만의 원인이 되는 것이다.

〈그림 1-3〉 서비스 GAP모델 (Zeithaml, Berry and Parasuraman)

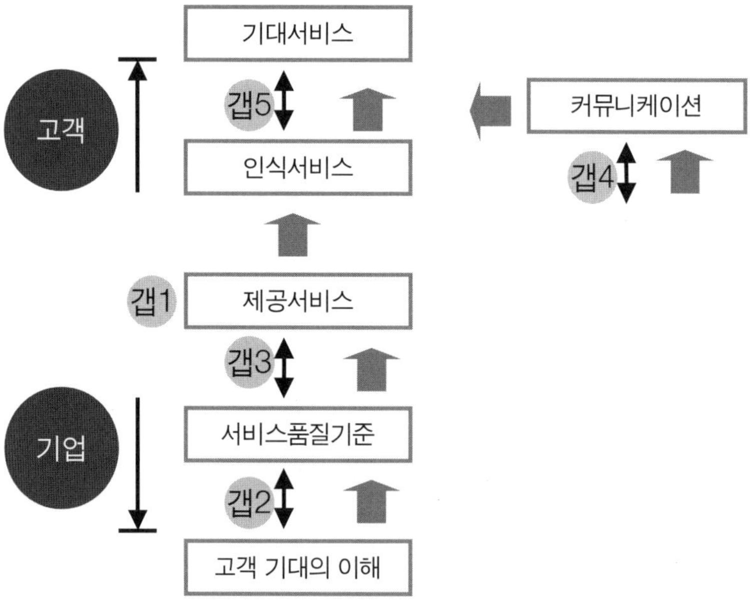

'서비스품질 우수기업' 인증제도

'서비스품질 우수기업 인증제도'는 산업자원부에서 2001년부터 국민생활과 밀접한 백화점 · 택배 · 병원 · 여행사와 비즈니스서비스 분야인 빌딩관리업 · 콜센터 등 48개 서비스업종에 대해 정부가 인증을 해주는 유일한 제도이다. 인증절차는 기업이 신청하면 서류심사, 전문가의 현장평가, 소비자의 고객평가 및 암행평가 등을 거쳐 일정 점수 이상을 받을 경우 인증서를 교부하며 주요 평가사항은 서비스품질 경영평가, 고객정보의 운영 및 활용, 고객접점 서비스 운영관리, 인적자원 및 조직관리, 효과적인 자원활용 및 서비스 경영성과 등이다. 인증신청은 한국표준협회, 한국서비스진흥협회, 한국소기업소상공인연합회를 통해 수시로 할 수 있으며, 인증 유효기간은 2년으로 만료시 재평가를 받아 기간연장이 가능하다. 인증기업의 서비스품질이 지속적으로 유지되게 하기 위해 고객평가 등을 통한 엄격한 사후관리를 실시하고 있다.

Review

- '서비스경제'로 패러다임이 전환되기까지 변화를 촉진한 요인들은 무엇인가?

- '고객서비스'란 무엇인지 나름의 정의를 내려보라.

- 서비스의 기본적인 특성은 무엇이며 각 서비스의 특성이 갖는 문제점의 해결방안은 무엇인가?

- 서비스 품질의 5가지 차원과 각 특성을 설명해 보라.

제2장

고객과 서비스맨 (customer & service provider)

Customer Service

Warming-up

■ 자신이 방문하는 다음 장소에서의 서비스에 대해 생각해 보라.
현장에서 서비스를 체험한 사실을 바탕으로 고객의 입장에서 각 장소에서 고객이 기대하는 서비스가 무엇인지 우선순위로 3가지씩 적어보라.

- 병원
- 백화점
- 세탁소
- 미용실
- 음식점
- 극장

■ 서비스맨은 어떤 일을 하는 사람들이라고 생각하는가?

■ 과거 자신이 고객으로서 만나 본 기억에 남는 서비스맨에 대해 설명해 보라.

- 어떤 점이 인상적이었나?
- 정확하게 서비스맨은 어떻게 말하고 행동했는가?

1. 고객혁명과 고객가치

고객 없이 살 수 없다

우리는 중대한 변화의 한 가운데에 있다. 인터넷 혁명이나 무선 모바일 혁명보다도 더 커다란 이 변화는 바로 고객 혁명(customer revolution)이다.

예나 지금이나 모든 기업의 경영활동의 목표는 '고객만족'일 것이다. 그러나 이제 고객은 기업의 운명을 좌우하는 위치에서 산업 전반의 모습과 사업의 양상을 바꾸어 가고 있으며, 기업의 가치도 고객에 의해 달라지고 있다. 이제 더 이상 기술동향과 투자성향에 따라 경기를 판단하려 한다면 그것은 그 이면의 고객이 주도권을 쥐고 있는 진정한 추세를 놓치는 우를 범하는 일이 될 것이다. 그러므로 경영자에게나 투자자에게나 각기 고객충성도를 높이는 일이 점점 중요하게 되었다. 서비스에서 고객은 흔히 서비스가 생산되고 소비되는 장소에 나타나서 서비스 종사원이나 다른 고객과 상호작용을 한다. 서비스에서 고객의 참여는 서비스 제공에 있어서 불가피하다. 많은 상황에서 종사원과 고객, 그 자리에 있는 다른 사람들까지도 서비스생산을 위해 상호작용한다. 그렇기 때문에 고객은 서비스 조직의 생산과정에서 필수불가결하며 고객 자신의 만족에 공헌할 수도 있다.

성공적으로 서비스를 제공하는 데 있어서 고객의 중요성은 서비스 제공을 연극으로 생각하면 명확해진다. 서비스를 창조하기 위해 상호 작용하는 종사원(배우)과 고객(관객)의 역할을 연극에 비유할 수 있다. 서비스 배우와 관객은 서비스 설비로 둘러싸여 있다. 드라마의 질은 배우의 연기와 관객의 참여에 의해서 결정된다. 이렇게 볼 때 서비스 성과나 서비스 제공 상황은 종사원뿐만 아니라, 고객의 행위에 의해 영향을 받을 수 있는 취약한 프로세스라고 할 수 있다. 성과는 두 집단에 속한 개인이 행동과 그들 사이의 상호작용의 결과이다.

고객이 사업 방향을 알려준다

기업경영에 있어서 고객은 어떠한 위치에 있는가? '고객경영'이라는 말이 들릴 만큼 기업이 경영에서 고객을 의식하기 시작했다. 시장이 판매자 우위에서 구매자 우위로, 즉 고객이 주도하는 시장으로 바뀌고 있기 때문이다.

'고객은 왕이다' '고객 앞에서는 기절을 해야 한다' 등 고객우위론이 구사되고 있지만 어떻게 하면 기업에 도움이 되는 고객을 유치하느냐 하는 것이 큰 문제다. 고객을 위해서 무엇을 해야할 것인가? 모든 것이 고객중심으로 되어 있는가? 이 문제들을 항상 연구하는 기업만이 성장할 수 있다.

제품과 서비스를 제공하는 기업에게 고객들이 감사해야 한다고 생각하는가? 사실은 그 반대다. 고객들이 그 서비스와 제품을 이용하기 때문에 기업이 먹고 사는 것이다. 고객들은 제품과 서비스가 마음에 들지 않으면 가차없이 고개를 돌려버린다. 더 나은 서비스와 제품을 제공하는 기업이 얼마든지 있기 때문이다.

인터넷과 무선 이동 통신 덕분에 고객들은 24시간 내내 세계 곳곳의 기업과 거래할 수 있으며 고객의 요구를 실시간으로 파악하고 그에 대응할 수 있는 수단을 갖게 되었다. 인터넷을 이용함으로써 세분화된 고객을 만날 수 있고 그들을 통하여 신제품을 더욱 빠르게 검증할 수 있게 되었다. 제1장에서 언급했듯이 인터넷의 위력은 새로운 비즈니스 모델을 만들거나 발전시키기도 한다. 기업은 고객들이 주도하는 이러한 비즈니스 모델들을 거부해서는 안되며 그것들을 수용하고 발전시켜야만 한다. 고객서비스 시대를 선도하는 기업들은 다른 업계를 항상 주시하면서 새로운 고객 주도 형태를 경쟁사보다 먼저 채택하려고 노력하고 있는 것이 사실이다.

고객은 기업에 있어서 가장 중요한 주체이며, 고객이란 생산라인에서 가장 중요한 요소이다. 기업이 생산하는 제품과 서비스를 구매하거나 또는 그것들에 의해서 영향을 받는 모든 사람들이다. 기업은 고객과의 관계를 장기간의 신뢰를 통하여 올바르게 구축하여야 하며, 고객들의 현재와 미래의 요구를 정확히 파악하여 고객이 원하는 것이 구입하는 제품과 서비스의 품질임을 확실하게 이해하여야 한다.

진정한 고객가치 인식이 필요하다

고객은 기업의 모든 것을 쥐고 있는 핵심이다. 고객이 기업을 위해 존재하는 것이 아니라 기업이 고객을 위해 존재하고 있는 것이다. 그러나 대부분의 기업들이 말로는 고객의 만족과 감동을 말하면서도 누가 자신들의 고객인지, 어떻게 조직 내에 고객 중심적 사고를 스며들게 해야 할지조차 정해두지 못하고 있다. 현대 마케팅에서 고객은 기업 활동의 대상이자 목표라고 할 수 있다. 즉 모든 것이 고객으로부터 시작되고 고객으로 끝나는 철저한 고객 중심적 사고와 실천이 충만될 때 그 기업은 성장, 유지, 발전할 수 있다.

기업이 이렇게 고객이라는 존재를 중시하고 기업의 생존을 매달고 있음에도 불구하고 이제까지 기업들은 고객을 어떻게 인식해 왔는가? 어느 기업이나 '고객을 왕처럼 모시며', '고객의 입장에서 항상 생각하고 행동한다'고 그럴듯하게 캐치프레이즈를 내걸지만 진정으로 고객이 그런 대접을 받는 기업이 얼마나 될 것인가를 물으면 선뜩 대답이 나오질 않는다. 서비스 업계의 총아라 할 유명 호텔에서도 빈번히 고객의 기대에 어긋나는 서비스로 비난을 받는 것을 보면 더욱 그렇다.

문제는 고객에 대한 철저한 이해와 인식, 그리고 고객 인식을 내부화하여 철저하게 자기 체질화하지 못한데 있다. 고객이 무엇을 원하고 무엇을 필요로 하는지를 제대로 알고 고객이 누구인지를 알려고 하는 노력을 기업 활동 전체의 시발점으로 삼지 않았다. 그저 겉으로 내세운 표현은 고객 중심이었지만 그것은 장사가 잘 될 것 같은 생각 때문에 이야기한 장식에 불과했다. 고객 중심이 고객 공략의 수단이었지 목적이 아닌 것이었다. 다시 말해 고객가치를 올바르게 파악하지 못한 것이다.

고객의 평생 가치(Lifetime Value of Customer)를 알고 있는가

고객의 가치를 과거와 현재적 가치에만 한정하지 않고 이를 미래로 연장해 생각하는 인식이 체질화되어야 한다. 요약하면 이제 기업들은 고객의 범주를 시간적, 공간적으로 확대해서 인식하는 것이 중요하다는 말이다. 그래야만이 고객 가치가 고객 중심 경영 체제의 핵심이 되고 경영계획의 기본 방향을 설정하는 근간이 될 수가 있다.

그러면 고객 가치, 좀 더 정확히 말해 고객의 평생 가치(Lifetime Value of Customer)란 무엇인가? 고객의 평생 가치는 고객이 평생에 걸쳐 거래하고자 하는 기업에 대해 제공할 수 있는 잠재적 공헌도를 말한다. 즉 기업이 고객으로부터 특정한 기간 동안에 벌 수 있는 수익의 순 현재 가치를 말한다. 한 명의 고객으로부터 기업이 얻을 수 있는 가치는 단 한번의 구매 액수로 끝나는 것이 아니다. 물론 실제 이루어진 구매 액만큼 매출액의 증가로 회계 자료에 남겠지만 그것으로 고객과의 관계가 종결되는 것이 아니다. 그 고객이 반복 구매를 한다고 가정했을 때, 고객이 창출할 미래 구매액은 회수가 확실한 수익이 된다. 만족한 고객이 차후 재구매를 계속할 때 기업이 얻는 기대 가치만이 전부가 아니다. 바로 만족한 고객을 통해 그가 새롭게 창출 해내는 구전 효과는 또 다른 부가가치이다.

고객의 평생 가치가 표시된 고객 자산은 실제 대차대조표에는 나타나지 않지만 중요한 기업자산이다. 그래서 고객의 평생 가치는 기업의 성장 전략의 핵심이 되어야 한다.

가치는 고객이 정하는 것

가치(value)는 이미 상투어가 됐다. '고객을 위한 가치창조'류의 광고문구는 이미 수년 된 카피다. 그래서인지 글이나 강연에서 가치를 언급하면 반응이 시큰둥하게 돌아온다. 그러나 단언컨대 가치만 제대로 알게 된다면 경영은 질적으로 한 단계 높아진다.

먼저 곰곰 씹어 볼 화두가 있다. 전설적인 투자가 워런 버펫이 한 말이다. "가격은 우리가 내는 돈, 가치란 우리가 얻는 것(Price is what you pay, value is what you get)."

경영자인 당신이 파는 것은 그러니까 물건이 아니다. 상품도 제품도 서비스도 아니다. 바로 가치다. 가치가 있기 때문에 소비자들은 기꺼이 돈을 낸다. 가격이 결정되는 메커니즘도 그러니까 가치와 밀접하게 연관돼있다. 제공하는 가치가 많을수록, 그리고 다른 데서는 볼 수 없는 가치일수록 가격은 높게 매겨진다.

그런데 절대 잊어서는 안될 중요한 포인트가 있다. 바로 가치가 있고 없음, 많고 적음의 기준이 무엇이냐는 점이다. 어떤 상품이나 서비스가 '가치 있다'고 할 때 그 기준은 도대체 무엇인가. 최고의 품질인가? 누구도 따라올 수 없는 낮은 가격인가? 그도 아니면 세상에 하나 밖에 없는 희귀품인가?

다시 워런 버펫으로 돌아가자. 그의 말을 다른 식으로 풀어보면 '가치는 소비자가 스스로 자신이 필요하다고 여기고 기꺼이 돈을 내면서 사려는 무엇'이다. 가치가 있고 없고, 많고 적고를 결정하는 것은 바로 돈을 내고 사는 사람, 즉 고객이다.

품질을 보자. 최고의 품질을 가치있게 생각하는 사람이 있는가 하면 회사 예산이 적어서 그만저만한 수준의 보통 품질을 원하는 고객도 많다. 값이 싼 것을 좋아하는 소비자도 있지만 허영심이 많아 좀 비싸더라도 남에게 자랑할 만한 브랜드를 선호하는 사람들도 적지 않다. 다시 말해 '최고의 품질', '최저 가격'은 만들어 파는 입장에서만 가치있다고 여기는 것일 수 있다는 얘기다.

어린 시절을 기억해 보시라. 전자시계들이 경쟁을 벌이며 한 때 이런 광고를 했다. '250미터 방수'. 필자는 그 때 "내 인생에 과연 바닷속 250미터에 들어갈 일이 한번이라도 있을까?"하는 의문이 들었다. 필자에게 그 시계가 주는 가치란 없었다. 그런 시계는 개발자끼리의 경쟁의 산물일 뿐이다. 한 회사가 200미터 방수 시계를 만들면, 경쟁사가 또 230미터짜리를 내고, 또 이에 자극받는 다른 회사가 '기술혁신'에 박차를 가해 250미터짜리를 만들고 하는 식 말이다.

아무리 기술적으로 최고라도 고객들이 가치 있다고 생각하지 않으면 헛일이다. 최고의 품질, 최고의 기능, 최저 가격을 갖추면 손님들이 '자연히'사 갈 것이라고 믿는 것은 순진함을 넘어 무지일 뿐이다. 고객들이 가치 있게 생각하는 것이 무엇인지도 모르고 기업 입장에서 의미 있다고 개발하는 것들은 대부분 실패한다. 그런 것들을 '제조업자적 가치'라고 부른다. 제조업자적 가치관은 고객 속으로 들어가 고객들이 뭘 원하는지를 찾아내는데 집중한 '마케팅적 가치'에 무릎을 꿇은 지 이미 오래다. 경영자가 주목해야 할 것은 그러니까 바로 고객의 마음이다. 고객만족경영이란 것도 흔히 오해하듯 친절 운동이 아니다. 고객이 원하고 있는데도 채워지지 않는 그 무엇을 찾아내는 노력이 고객만족의 핵심이다.

<한경비즈니스 2004-4-26>

2. 고객의 개념적 의미

'고객'이란 ?

'고객'이라는 용어는 顧(돌아볼 고), 客(손 객), 접대하는 사람이나 기업의 입장에서 볼 때 다시 보았으면, 또 와주었으면 하는 사람을 '고객'이라 한다.

다음은 여러 가지 고객에 관한 정의들이다.

- 고객은 손님이 아니라 주인이다.
- 고객은 항상 옳다.
- 고객은 돈이다.
- 가장 무서운 고객은 돌아오지 않는 고객이다.
- 20%의 단골고객이 80%의 매출을 올려준다.
- 고객은 월급을 주는 사람이다.
- 顧客은 高客이다. 기업의 입장에서 볼 때 고객보다 높은 사람은 이 세상엔 없기 때뮤이다.
- 고객이 남이 되면 회사는 망한다. 왜냐하면 쓰레기(안 팔리는 물건은 제품이 아님)만 남아서 회사는 돈을 벌 수 없고, 종업원들에게 월급도 줄 수 없기 때문이다.
- 고객은 쉽게 변한다. 입맛에 맞는 곳은 자주 찾아가 단골 손님이 되지만, 맘에 안 들면 갑자기 등을 돌리고 말없이 떠나가 남남이 되어 버리기도 한다.
- 고객은 항상 옆에 있다. 길을 걸을 때도, 밥을 먹을 때도, 잠자면서 꿈을 꿀 때도, 회사에서 회의를 할 때도, 고객은 아무 말 없이 지켜보고 있다.

고객은 누구인가?

고객은 직접 찾아오든 혹은 우편을 통해 오든,
기업에게 가장 중요한 사람이다.
고객은 기업에 의존하지 않는다.
단지 기업이 고객에게 의존할 뿐이다.

고객은 기업이 하는 일의 방해물이 아니라 목적이다.
기업은 고객을 만족시킴으로써 고객에게 호의를 베푸는 것이 아니라,
고객이 기업에게 그런 기회를 제공함으로써 기업에게 호의를 베푸는 것이다.

고객은 논쟁할 상대가 아니다.
누구도 고객과의 논쟁에서 이긴 사람은 없다.
고객은 기업에게 자신이 원하는 요구사항을 전달한다.
그것을 고객과 기업 모두에게 이익이 되도록 만드는 것은 기업이 해야 할 일이다.

〈울고 웃는 고객이야기〉－이유재

3. 고객의 분류

외부고객과 내부고객

일반적으로 고객은 협의의 고객과 광의의 고객으로 분류된다.

흔히 기업에서 사용하는 고객이라는 개념은 제품과 서비스를 제공받는 최종 소비자를 말하며, 이는 협의의 고객 개념이다.

광의의 개념인 고객은 대리점, 거래처 그리고 소비자 등을 포함하는 외부고객(external customer)과 회사 내부 업무를 처리하는 내부고객(internal customer)으로 분류할 수 있다.

외부고객이란 제품을 생산하는 기업의 종사자가 아닌 사람들로서 제품이나 서비스를 구매하는 사람들을 일컫는 협의의 고객, 즉 우리들이 보통 말하는

고객이다.

내부고객은 제품의 생산을 위해 부품을 제공하는 업자나 판매를 담당하는 세일즈맨 등 제품 생산이나 서비스 제공을 위해 관련된 기업 내 모든 종사원들도 고객의 범주에 포함시키는 개념이다. 예를 들어 어떤 생산과정의 다음 공정에서 일하는 작업자는 앞 공정의 고객이 된다. 이는 내부고객 관계에서 직원이 때로는 고객이 되고 또 다른 때는 공급자가 되는 것이다.

가치를 중심으로 보면 내부 고객은 가치를 창출하는 종업원들이 해당된다. 외부 고객은 다시 가치를 전달해주는 사람들, 즉 공급업자, 중간상 등이 있고, 만들어진 가치를 구매해서 최종적으로 소비하는 최종 소비자가 있다.

고객은 넓은 의미로서 '상품이나 변환과정에 의해 영향을 받을 수 있는 모든 사람'이라고 정의할 수 있다.

초일류기업들은 고객의 개념을 단지 '상품이나 서비스를 구매하는 사람' 정도로 생각하는 것이 아니라, 경영조직의 구성원인 내부종사원 및 부품공급업자 까지도 고객으로 간주하고 있으며 여기서 흔히 말하는 최종 소비자만을 고객으로 보지 않고 그런 단계에 이르는 과정에 관련되어 참여한 사람들도 고객으로 보는 시각이 중요하다.

특히 내부 고객인 종업원의 만족이 곧 고객 만족으로 이어진다는 사실은 제조업이나 서비스업 모두에서 깊이 유념해야 할 내용이다. 그래서 '외부 고객에게 팔기 전에 내부 고객인 종업원에게 먼저 팔아라'라는 말이 소위 말하는 '내부 마케팅(Internal Marketing)'의 이름으로 등장하게 된 것이다.

고객을 위한 경영의 진정한 의미는 소비자인 외부고객(customer), 내부고객인 종사원(employee) 및 사회(society) 만족을 동시에 추진함으로써 달성될 수 있다.

4. 고객의 니즈(needs)와 기대

가. 고객 니즈(needs)의 파악

호텔과 같은 고급 시설에서의 식사는 단순히 생리적으로 공복감을 채워주는 것이 아니고, 일종의 커뮤니케이션 수단으로서 이용된다. 즉 가정에서의 식사가 가족의 단란한 장(場)이 되고, 레스토랑에서의 식사가 사회적인 커뮤니케이션의 상징이 되며, 사람들은 식사를 통해서 집단의 귀속 의식과 자존의 니즈(needs)를 충족시킨다. 이러한 사회 심리적 현상에 접해보면, 호텔 레스토랑은 이미 단순한 음식물 제공의 장소라기보다는 일종의 사교장으로서의 성격을 지니고 있다고 할 수 있다.

고객이 이렇게 레스토랑을 인식할 때, 거기서 일하는 서비스맨의 역할에 어떤 것을 기대하고 있을지 그 해답은 명쾌하다. 고객은 서비스맨에게 단순한 주문접수나 음식물의 운반하는 역할을 기대하고 있는 것도 아니며, 기계적인 미소와 가벼운 '어서 오십시오' 의 인사, 형식적으로 경어를 삽입하는 응대를 기대하고 있는 것도 아니다. 고객의 목적은 종사원과의 인간적 커뮤니케이션을 통해서 자기의 존재를 사회적으로 확인하는 것이다. 혹은 종사원의 도움을 받아 귀속집단과 희구(희망)집단(현재 귀속되지 않더라도 장래에 거기에 속하고 싶다고 바라는 집단)에 대한 자기의 지위와 역할을 명확히 하려고 한다고 해도 좋을 것이다.

고객은 무엇을 원하는가

최근 10년간 주요 호텔 체인들은 치열한 경쟁을 하고 있다. 욕실의 TV, 고급샴푸, 로션 그리고 구두주걱과 목욕가운, 헬스클럽, 객실 안의 VCR에 이르는 서비스

경쟁이 계속되고 있다. 그러나 문제는 고객들이 숙박경험으로부터 원하고 기대하는 것이 무엇인지 전혀 고려하지 않고 경쟁하고 있다는 것이다.

해외출장이 잦은 비즈니스맨을 대상으로 설문을 조사한 「월스트리트 저널」에 따르면 이들은 홈바나 헬스, 욕실의 TV에는 별로 가치를 두고 있지 않음이 밝혀졌다. 반면에 그들은 정숙함, 금연객실, 직통전화, 아침 무료신문과 같이 단순한 기쁨에 높은 가치를 두고 있었다.

이 조사는 호텔 서비스품질에서 성공의 비결은 호텔 측이 예상하던 것과는 큰 차이가 있다는 것을 보여 주고 있다. 실제로 많은 호텔들은 고객들의 마음에 도달하기 위한 방편으로 특별한 것을 제공하려고 노력한다. 그러나 고객의 입장에서 요구사항을 읽지 못하면 어떠한 예외적인 것도 효과가 없다는 것을 확실히 알아야 한다.

많은 기업들은 각 기업마다 고유한 특성이 있기 때문에 각기 독특하게 문제를 분석하고 전략을 수립하여 성공할 수 있는 방법을 찾아야 한다고 생각한다. 그러나 사실 모든 기업은 고객만족에 관한 한 동일한 목표를 택해야 하고 이를 높은 품질, 낮은 가격, 신속한 대응, 그리고 높은 유연성으로 만족시켜야 한다는 점에서는 차이가 있을 수 없다.

고객의 실제 니즈[1]는 서비스 제공자의 해석과는 많은 차이를 보이는 경우가 많다. 그러므로 고객의 기대를 이해하고 고객만족을 성취하기 위해서는 고객의 기대가 무엇이며 고객이 과연 무엇을 원하는지 그 요구사항을 정확하게 파악하는 작업이 무엇보다 선결되어야 한다. 간혹 관리자나 종사원이 고객의 기대를 물어 보는 일을 두려워하는 경향이 있는데, 이것이 고객의 기대를 이해하는데 있어 장애 요인 중의 하나가 되고 있다. 이러한 우려는 대개 고객의 기대가 과장되어 있고 비현실적이며 물어 보면 오히려 기대가 더 높

1) Needs와 Wants
Needs와 Wants는 마케팅과 소비자행동을 이론화하는 데 중요한 개념으로서 Needs는 기본적인 것이고, Wants는 인위적인 것이다. Needs는 다른 사람들이 생각하기에도 소비자가 가져야만 되는 물건의 영역에 작용하는 반면, Wants는 갈구되고 추구되는 상품과 서비스부분에 해당한다. 즉, 사람은 살기 위하여 음식이 필요(need)하지만 그 중 스테이크를 원하는(want) 것은 자신이 고기를 좋아하기 때문이다. Wants는 자신을 위하여 무언가를 가지고 싶은 사람의 욕망이지 무엇을 가져야만 하는 필수적인 것은 아니다.

아질 것이라는 막연한 생각에 기인한다. 제공자는 각기 고객의 요구사항을 나름대로 해석하여 충족시키기 위해 고유한 상품을 설계하여 생산할 수 있는 형태로 만들어야 한다.

고객은 기본적인 것을 원한다

고객의 서비스에 대한 기대는 매우 단순하고 기본적이다.

첫째, 고객은 서비스기업들이 하기로 되어 있는 것만을 그대로 해 주길 바라고 있다. 고객은 환상적인 것이 아니라 기본적인 것을 원하며, 공허한 약속보다는 실행하는 것을 원한다. 고객은 약속한 대로 서비스가 제공되기를 바란다. 그러나 불행하게도 많은 고객은 기업이 그들의 기본적인 서비스 기대도 충족시켜 주지 못하는 것에 대해 실망하고 있다.

둘째, 고객의 욕구를 이해하는데 있어서 중요한 또 한 가지의 사실은 소비자들이 단순히 제품 자체를 구매하는 것이 아니라 제품의 효용을 구매한다는 것이다. 즉, 물리적으로 작동하는 제품 뿐만이 아니라 제품에 부가된 쾌적성, 편리성, 상징성과 같은 효용을 함께 구매한다는 것이다. 고객은 자신이 지불한 돈의 가치와 효과적이고 효율적인 서비스를 기대한다. 또한 서비스를 받는 동안에도 어떤 무언가를 기대하게 된다. 이러한 의미에서 고객만족을 추구하는 기업이라면 '만들 수 있는 것'이 아니라 '고객이 원하는 것'을 만들어야 한다.

기업이 아무리 좋은 제품을 새로 개발했다고 하더라도 고객의 의견을 무시하고 개발을 한다면 그 제품은 아무런 의미가 없다. 언제나 고객에서 생각하고 고객에서 배우고 고객을 동반자로 생각해야 앞으로 기업이 발전할 수 있는 길이 된다. 이것이 바로 성공적인 고객만족경영을 위한 첫 번째 조건이다.

고객이 원하는 일반적인 사항들을 요약해보면 다음과 같다.

■ **상품요소**

- 품질 : 고객의 사용 목적에 상품이 얼마나 적합한가의 정도
- 안전 : 신체에 해를 입히지 않는 안전도
- 유연성 : 수량, 납기, 그리고 상품 자체를 변경할 수 있는 폭, 교환이나 환

불의 용이성

- 가격 : 상품 구매하는 고객이 지불할 금전적 비용
- 리드타임 : 시기적절한 서비스 및 업무처리의 속도, 적절하고 편리한 문제 해결

■ **인적요소**

- 서비스 수준 : 서비스를 요구할 때에 즉시 제공할 수 있는 능력
- 고객 인식 : 고객을 알아차려 주길 바라는 욕구
- 정당한 대우
- 예의와 존경의 정중한 서비스
- 열성적이고 적극적인 서비스
- 전문가적 기질 : 정보의 정확성
- 공감 : 고객의 입장에서 고객의 관점에서 원하는 것을 찾도록 이해받기를 원하는 욕구
- 인내심 : 간혹 고객이 부당하고 비현실적이라 하더라도 이에 대해 감정적으로 말하고 반응하려는 욕구를 참는 서비스맨의 인내심

〈표 2-1〉 서비스 유형별 고객의 니즈분석

서비스유형	고객의 니즈
자동차 수리	• 기술적 역량이 있어야 한다. ("한 번에 제대로 고쳐 달라"). • 고객이 알고 싶어하는 것에 대해 설명해 주어야 한다. ("지금 내가 왜 이러한 수리를 받아야 하는지 설명해 달라.") • 고객을 존중해야 한다. ("여자는 당연히 자동차에 대해 모르니까 설명해 줄 필요가 없다는 식이어서는 곤란하다.")
호텔	• 고객에게 깨끗한 객실을 제공해야 한다. • 객실의 보안을 철저히 해야 한다. • 고객을 초대한 손님처럼 대해야 한다.
장비 수리	• 고객의 긴급함을 같이 느껴야 한다. (반응의 신속성) • 기술적 역량이 있어야 한다. ("때때로 종사원들이 매뉴얼조차 이해 못할 때가 있다"). • 항상 준비되어 있어야 한다 ("모든 부품을 준비하고 있어야 한다.")

나. 서비스 기대의 영향요인

칼 알브레히트(Karl Albrecht)는 '고객만족의 기준이 되는 고객의 기대는 진화한다'고 하였다. 고객의 수준은 나날이 발전한다. 자신이 체험을 했던 하지 않았던 상관없이 서비스의 최고수준을 알고 있으며 그런 수준의 서비스를 기대하고 있다.

서비스에 대한 욕구와 기대가 날로 커지는 것이다. 이렇게 달라지고 있는 고객의 기대를 충족시켜 경쟁에서 이기려면 기업자신이 더 빠르게 변화하여 고객의 기대를 파악하고 고객만족을 이루어내야 한다.

서비스에 대한 고객의 기대에 대한 영향요인으로는 내적요인, 외적요인, 상황적요인, 기업요인이 있을 수 있다.

1) 내적 요인

■개인적 욕구

고객의 욕구를 이해하는데 심리학자인 매슬로우(Maslow)의 욕구 5단계 모델에 적용시켜볼 수 있다.

가장 일차원적인 욕구인 '생리적 욕구'는 의・식・주에 대한 욕구이다. 두 번째 욕구는 물리적인 위험에서 보호받고자 하는 '안전의 욕구'이다. 세 번째 욕구는 '사회적 욕구'로서 가족 및 다른 사회 성원들에게 받아들여지고 싶어 하는 소속 욕구이다. 네 번째 욕구는 '자기 존중의 욕구'로서 타인들로부터 존경받을 수 있는 사회적 신분을 추구하려는 욕구이다. 마지막 단계는 '자아 실현의 욕구'이다.

이는 개인적인 목표성취를 통해 자기만족을 추구하는 단계이다. 매슬로우의 욕구 단계설에 따르면 사람은 저차원의 욕구가 충족되거나 어느 정도 만족되면 그보다 상위의 욕구단계로 이행하게 된다.

〈표2-2〉 매슬로우의 욕구단계

욕구의 단계	내 용
자아실현 욕구	• 자신의 최고의 가능성에 도달할 수 있게 해 주는 모든 것들 • 교육제도, 전문적인 세미나 등
자기존중 욕구	• 존중이나 자아의 욕구, 자신의 지위나 특권을 차지하는 것 • 타인으로부터 존경받는 느낌을 주는 품목 • 의복, 자동차, 가구, 보석, 장신구 등
사회적 욕구	• 집단에 소속되고 사랑받는다는 느낌에 대한 욕구 • 그룹이나 단체에 소속되어 잘 어울리고자 하는 행위 • 꽃, 선물, 사랑을 나타내는 물건 등
안전 욕구	• 자신들이 보호받고 있다는 느낌을 줄 수 있는 상품과 서비스에 대한 관심 • 소화기, 보험, 안전장치, 상품에 대한 보증
생리적 욕구	• 기본적 심리적인 단계에서 시작되는 욕구 • 의식주, 물, 공기, 생리적 필요

■ **관여도**

고객이 해당 서비스에 자신이 어느 정도 관련되어 있다고 느끼는지에 따라서 기대가 영향을 받는다. 관여도는 두 가지 측면에서 기대에 영향을 미친다. 첫째, 관여도가 증가할수록 이상적 서비스 수준과 희망서비스 수준 사이의 간격이 좁아지게 된다. 둘째, 관여도가 높아질수록 허용영역이 좁아지게 된다. 미용 성형의 경우를 생각해 보자. 자신의 얼굴과 관련된 것이므로 고객은 매우 관여도가 높다. 이 경우 조금의 이해와 양보없이 고객의 적정서비스 수준과 이상적 서비스 수준은 모두 거의 일치할 것이다. 따라서 미용 성형의 경우는 환자의 기대를 완벽히 관리하는 것이 성공의 관건이라 할 수 있다. 반면 관여도가 낮을 경우 이상적 서비스 수준과 희망서비스 수준, 그리고 적정서비스 수준이 서로 멀리 떨어져 있으므로 허용영역이 매우 넓은 경향이 있다.

■ **과거의 경험**

고객이 과거에 해당 서비스의 경험 유무가 그 고객의 기대와 희망에 영향을 미치는 또 하나의 요소이다. 고객이 어떤 서비스를 예상할 때 영향을 미치는 고객의 과거 서비스 경험은 특정 서비스 기업에 대한 경험을 포함할 수도 있고, 동일한 서비스를 제공하는 다른 서비스 기업에 대한 경험을 포함하기도 하며, 또는 관련된 유사한 서비스에 대한 경험을 포함하기도 한다. 예를 들면, 고객이 어떤 호텔에 숙박할 때 얼마 전 그 호텔에서 숙박한 경험이 있다면, 고객은 그 호텔에서의 경험뿐만 아니라 다른 호텔에서의 경험들도 비교하게 될 것이다. 그리고 일반적으로 경험이 풍부할수록 기대가 올라가는 경향이 있다.

2) 외적 요인

소비자의 서비스에 대한 기대에 영향을 미치는 외적 요인에는 세 가지가 있다. 경쟁적 대안들, 사회적 상황, 구전 효과가 그것이다. 이러한 요인들은 희망서비스 기대수준 및 적정서비스 기대수준에 모두 영향을 미칠 수 있는데, 그 중 가장 우선적인 영향을 미치는 것이 경험에 의해 형성된 적정서비스 기대 수준이다.

■ 경쟁적 대안들

어떤 특정한 서비스 기업으로부터 기대하는 수준은 그 소비자가 이용할 수 있는 다른 대안들에 의해서 영향을 받는다. 예를 들어, 타동네 유치원에서는 셔틀버스를 운행하고 영어도 가르쳐 준다는 것을 아는 어머니는 근처에 새로 생긴 유치원에서도 그러한 서비스를 제공하기를 기대할 것이다.

■ 사회적 상황

일반적으로 사람들은 다른 사람과 함께 있을 때, 희망 기대수준이 더 올라간다. 특히 자신에게 중요한 사람들이 함께 있을 때 더욱 그렇다. 예를 들어, 애인의 생일을 축하하기 위해 레스토랑을 예약하려는 사람은 이왕이면 서비스가 더 좋은 곳을 고르려고 고심할 것이다. 또 평소보다 허용영역이 더 좁아져 약간의 실수에도 민감하게 반응할 것이다. 그 이유는 사람은 누구나 탁월한 선택에 대해 칭찬 받기를 원하며 자신의 선택 능력을 인정받고 싶어하기 때문이다.

■ 구전

고객이 서비스에 대한 기대를 형성하는 데 있어서 강력한 원천이 되는 것이 바로 구전(WOM:word of mouth) 커뮤니케이션이다. 사람들은 보통 어떤 서비스를 구매하기 전에 다른 사람들에게 물어보거나 조언을 구한다. 이러한 구전으로부터 얻어진 정보는 고객의 예측된 기대를 형성하거나 또는 강화하는 역할을 한다. 특히, 지식이나 경험이 부족할 경우 구전은 이상적 서비스 수준 또는 희망 서비스 수준을 형성할 수도 있다.

3) 상황적 요인

상황적 요인은 정상 상태에 대한 일시적인 변화로서 소비자의 기대에 영향을 미친다. 여기에는 소비자의 기분, 날씨, 시간적 제약 등이 있다.

■ **소비자의 기분**

소비자의 기분 상태가 기대에 영향을 미칠 수 있다. 일반적으로 사람들은 기분이 좋을 때 서비스 직원에게 더욱 관대해진다. 이 때는 허용영역이 넓어지고 적정서비스 기대수준이 낮아진다. 백화점에서도 아름다운 실내장식과 좋은 향기, 친절하고 단정한 용모의 매장 직원 등으로써 고객들의 기분을 상승시키려고 한다. 어떤 음식점에서는 기다리는 손님들을 지루하지 않게 하기 위해 대기 공간에 뮤직비디오를 설치해 두기도 한다. 이는 오래 기다린 손님이라도 그다지 불쾌하지 않도록 하기 위한 것이다.

■ **날씨**

날씨는 일시적인 상황요인으로서 고객들의 기대수준을 변화시키는 역할을 한다. 예를 들어, 항공기 승객들이 정시에 도착하기를 희망한다 할지라도 밖의 날씨가 안 좋다는 걸 알면 도착이 지연될 수도 있다는 걸 깨닫게 된다. 그러면 희망서비스 기대수준은 그대로 남아 있더라도 예측된 서비스 기대수준은 낮아지게 된다. 특히 날씨는 기업의 통제 영역 밖에 있는 경우이므로 고객들은 이에 따라 서비스 기대수준을 비교적 쉽게 낮추는 경향이 있다.

■ **시간적 제약**

시간이 제한되어 있을 때, 고객들은 서비스에 대한 예측된 기대수준을 낮추는 경향이 있다. 서비스제공자가 충분한 서비스를 제공할 만한 시간이 없다고 생각하기 때문이다. 반면, 응급환자가 생겨 구급차를 불렀다거나, 시간적으로 급박한 상황에서는 기다림에 대한 허용영역이 좁아지는 경향이 있다.

그러나 반대로 서비스 직원이 내 앞에 나보다 더욱 심각한 사태가 발생한 사람의 일을 처리하고 있다면 허용영역이 더 넓어질 것이다.

4) 기업 요인

기업 측의 약속은 기업이 고객들에게 약속을 보장하기 위해 광고, 인적 판매, 가격 설정 등의 마케팅 활동을 함으로써 고객의 기대 수준에 영향을 미칠 수 있는 요소들이다.

■ 촉진

기업 측의 약속은 고객의 서비스 기대에 직접, 간접적으로 영향을 준다. 따라서 지키지 못할 과대 약속은 오히려 금물이다. 기업이 고객에게 전달하는 광고, 안내책자 등에서 주장하는 메시지는 그 서비스에 대한 고객의 희망수준에 영향을 미친다.

■ 가격

일반적으로 높은 가격은 고객의 서비스 기대수준을 높이고, 허용영역을 좁히는 역할을 한다. 그런데 가격은 경쟁상황에 매우 민감하게 반응하게 되는 요인이므로 서비스 품질보다는 저렴한 가격에 더 끌리는 고객과 반대로 더 많은 돈을 주고라도 고품질의 서비스를 원하는 고객들은 쉽게 분리된다.

높은 가격을 주고 구매한 서비스가 적정서비스 수준 이하이면 고객은 실망할 것이고 불만도 클 것이다. 따라서 기업은 적당한 가격 설정으로 고객들의 예측된 기대수준을 높여 서비스 구매를 증가시키되, 그 가격에 맞는 서비스 품질을 달성해야만 단골고객을 유지할 수가 있다.

■ 유통

체인점을 운영하는 프랜차이즈 업체의 경우, 체인점이 많을수록 소비자들의 이용을 증가시킬 수 있다. 피자헛, 맥도널드, 스타벅스 커피 등과 같은 프랜차이즈 체인점이 점차 증가할수록 이에 대한 소비자들의 예측된 기대수준은 점차 강화된다. 따라서 어느 체인점에 가든지 동일한 수준의 서비스를 받을 수 있을 것이라는 기대를 하게 된다. 이러한 체인점들은 이용의 편리성과 어느 지점에 가더라도 일정하고 동일한 품질의 서비스를 받을 수 있다는 점

때문에 이용하는 고객들이 점차 증가하게 된다.

■ **서비스 직원**

서비스 직원의 용모, 말씨, 태도, 상품지식, 상품설명능력 등이 고객의 서비스 기대수준을 변화시킬 수 있다. 유니폼 하나도 고객들의 예측된 기대수준에 영향을 미친다. 예를 들어, 싱가포르항공사의 승무원 유니폼과 MK택시 기사들의 유니폼은 최고의 디자이너에게 의뢰하여 디자인한 옷이라고 한다. 이는 기업을 대변하여 고객과 직접 접하고 있는 서비스 직원들에게 기업의 이미지를 투영하여 고객들의 기대를 관리하고자 하는 의도에서 비롯된 전략으로 해석할 수 있다.

■ **유형적 단서**

고객은 제공받게 될 서비스에 대한 정보를 여러 가지 단서들을 통해 간접적으로 추론하게 된다. 이때 가장 큰 역할을 하는 것은 바로 서비스의 유형적 단서들(tangible cues)이다. 예를 들어, 가격이나 물리적 외양 등은 서비스와 관련된 품질의 단서로서, 그 서비스가 어떠할 것이며 또 어떠해야 하는지를 추론하게 해 주는 기업 측의 약속이라 할 수 있다, 즉, 허름한 호프집과 화려하고 세련된 호텔 바(bar)에 대한 서비스 기대수준은 다를 수 밖에 없는 것이다. 값비싼 장식재로 치장한 호텔을 방문한 고객은 그에 준하는 서비스를 기대하는 게 당연한 일이다.

■ **기업 이미지**

이미지가 좋은 기업의 경우, 고객들의 기대는 상승한다. 기업 이미지가 높으면 예측된 서비스 기대수준이 희망서비스 수준 또는 이상적 서비스 수준과 매우 가까워지는 경향이 있다. 반면, 이미지가 별로 안 좋을 경우 예측된 서비스 기대수준은 적정서비스 수준과 더 가까워질 것이다.

기업 이미지는 허용영역에도 영향을 미친다. 고객이 어떤 서비스 기업에 대해 낮은 이미지를 갖고 있을 때보다 높은 이미지를 갖고 있을 때 서비스 실패에 대해 보다 관대할 수 있다. 즉 허용영역이 커진다.

다. 고객 기대의 관리

어떻게 고객의 기대를 초과할 수 있을까

샘 월튼(Sam Walton) 월마트 창업자는 "항상 고객의 기대를 넘어서라. 만약 당신이 항상 고객의 기대를 넘어선다면 그들은 다시 오고 또 올 것이다. 그들에게 그들이 원하는 것을 주라. 나아가 그 이상을 주라."고 하였다.

오늘날 많은 기업들은 고객의 기대를 초과하는 것에 -고객이 예상하는 것보다 더 많은 것을 제공함으로써 그들을 놀랍고 기쁘게 하는 것- 대해 얘기를 한다. 1992년 말콤 볼드리지 품질대상 수상자인 AT&T의 '유니버설 카드 서비스'가 내세운 주요 서비스 주제가 '고객감동(delighting the customer)'이다.

한 번 찾은(구매한) 고객이 다시 찾도록(구매하도록) 하기 위해서는 첫 만남에서 고객의 기대를 넘어서야 한다. 그러나 기본적인 서비스에 대한 고객의 기대를 초과하기란 사실상 불가능하다. 예약한 객실을 이용할 수 있어야 하는 것과 같은 기본적인 약속은 기업 입장에서 당연히 해야만 하는 것이다. 서비스제공자가 이러한 기본적인 것들을 제공했을 때 고객이 기뻐하지는 않는다. 결론적으로 말하자면 신뢰할 만한 서비스를 제공해서 고객을 늘 감동시킨다는 것은 매우 어렵다는 것이다.

그렇다면 어떻게 기업은 고객의 기대를 초과하여 그들을 기쁘게 할 수 있을까?

어떠한 서비스든 '고객과의 관계'[2]를 발전시키는 것이 고객의 서비스기대를 넘어서는 접근법일 수 있다.

첫째, 고객에게 그들의 기대에 대해 조사하고 물어 본다. 이는 그들의 기대수준을 올리는 것이 아니라 고객의 기대에 관한 정보와 관련해 고객을 위해 기업이 무엇인가 할 것이라는 믿음을 높여 주는 것이다. 최소한 고객이 현재 어떤 것을 받고 있는지 기업은 알고 있고, 더 나아가 그들의 기대와 관련된 문제를 해결하도록 노력하고 있음을 고객에게 보여 주어야한다. 실제로 노력했음에도 불구하고 기업은 고객이 제시한 기대를 제대로 제공하지 못하는 경

2) 제4장 고객관계관리 내용 참조.

우가 많다. 이럴 경우의 대처방안은 고객의 희망서비스가 현재 왜 제공되지 못하는가에 대해 고객을 이해시키고 앞으로 제공하기 위해 기울이는 노력을 알게 하는 것이다.

고객 관계를 위해 정보 기술을 활용한 사례가 1992년 말콤볼드리지 품질대상을 받은 리츠칼튼호텔이다.

이 호텔은 매우 개별화된 배려를 고객에게 제공한다. 호텔은 종사원들에게 고객이 좋아하는 것과 싫어하는 것을 적도록 하고, 이를 컴퓨터 고객프로필에 입력시켜 고객의 개인적 취향에 관한 풍부한 정보를 바탕으로 보다 개별화된 고객서비스를 제공하고 있다. 이러한 서비스를 하는 이유는 단순히 고객의 기대를 충족시켜 주는 것을 넘어 그들에게 '기념될 만한 방문(memorable visit)'의 기억을 심어 주기 위해서이다. 기업은 고객의 기대를 초과해서 충족시키기 위해 고객에 관한 정보를 이용할 수 있다. 단골고객이 숙박을 위해 예약센터에 전화를 걸었을 때, 예약직원은 그 고객의 취향에 관한 정보에 접근할 수 있다. 그래서 그 정보를 예약이 가능한 특정 호텔에 전자통신 네크워크를 통해 전송하는 것이다. 이 호텔은 고객신상과 기호에 대한 자료를 종사원에게 전달한다. 종사원은 고객이 숙박 등록을 할 때 단골고객에게 친밀하게 인사하며 맞아들이고 고객의 욕구나 취향을 예상하여 미리 대처할 수 있다.

또 다른 접근법으로는 고객이 현재 받고 있는 서비스를 보다 잘 활용할 수 있도록 교육하는 캠페인을 전개하는 것이다. 고객에게 서비스활용에 대해 알려 주면 고객은 회사의 서비스개선 노력을 신뢰하게 된다.

어떤 연구자는 고객의 기대를 충족 또는 초과시킬 가능성을 높이기 위해 약속을 낮추는 것도 신중히 고려해 볼 만하다고 한다. 약속을 낮게 설정하는 것은 서비스기대를 보다 현실적으로 만들어서 기대와 지각 간의 갭(gap)을 좁게 만들 수 있으나 자사의 서비스 상품의 경쟁력을 충분히 검토하여 신중을 기할 필요가 있다.

고객의 서비스에 대한 기대가 상승할 때는 어떻게 해야하나

고객의 서비스에 대한 기대는 매우 역동적이다. 서비스기대는 -여기서는 적정서비스에 대한 기대- 서비스제공 또는 약속이 올라간 만큼 재빨리 올라간다. 특히 매우 경쟁적이고 급변하는 산업에서 고객의 기대는 재빨리 올라간다.

다른 조건들이 동일하다면 기업의 목적은 경쟁자보다 더 고객의 기대를 충족시키는 데 있다.

급변하는 환경으로 인해 최저 서비스기대가 급속히 변화하고 있는 현실에서 경쟁사보다 앞서기 위해서 기업은 지속적으로 적정서비스 수준 뿐만 아니라 희망서비스 수준 또한 초과되도록 노력해서 고객의 변함 없는 애호를 받도록 노력해야 할 것이다.

그렇기 때문에 기업은 적정서비스 기대를 모니터 할 필요가 있으며, 변화의 속도가 빠른 산업일수록 이러한 모니터링은 더 자주 실시할 필요가 있다.

고객이 설명한 요건
프로젝트 리더의 이해
애널리스트의 디자인
프로그래머의 코드
영업의 표현, 약속
프로젝트의 서류
구현된 운용
고객에의 청구금액
받은 서포트
고객이 정말 필요한 것

5. 고객심리

서비스 종사자는 고객입장에서 생각하는 마음과 자세를 가져야 한다. 고객을 이해하고 고객의 말에 귀를 기울이면 고객도 종사자의 입장을 생각하는 마음을 갖게 된다. 고객의 마음을 읽고 기본심리를 존중하여 서비스하는 것이 중요하다.

고객의 마음을 읽기 위해서는 고객의 심리를 이해하는 기술이 필요하다. 대화할 상대의 마음을 읽는 능력을 길러야 한다. 상대방은 무슨 생각을 하고 있는가? 무슨 말을 건네면 즐거워하는가? 상대방의 특징을 잘 관찰하여 고객에게 맞는 화법을 개발함으로써 좋은 서비스가 이뤄지도록 한다.

고객 개개인이 갖는 상황에 따른 다양한 심리요인도 있을 수 있으나 서비스맨은 고객의 일반적인 심리를 기본적으로 이해함으로써 고객의 입장에서 생각하고 행동하여 고객 만족과 감동의 서비스를 창출할 수 있어야 한다.

가. 환영기대 심리

고객은 언제나 환영받기를 원하므로 항상 밝은 미소로 맞이해야 한다.

고객으로서 가장 바라는 심리는 점포를 찾아갔을 때 나를 왕으로 대접해 주길 바라는 것이 아니라 나를 환영해주고 나를 반가와 해 줬으면 하는 것이다.

나. 독점심리

고객은 누구나 모든 서비스에 대하여 독점하고 싶은 심리를 갖고 있다. 그러나 고객 한 사람의 독점하고 싶은 심리를 만족시키다 보면 다른 고객들의 불편을 사게 된다. 따라서 모든 고객에게 공평한 친절을 베풀 수 있는 마음자세를 가져야 한다.

다. 우월심리

고객은 서비스 종사자보다 우월하다는 심리를 갖고 있다. 그러므로 서비스 종사자는 고객에게 서비스를 제공하는 직업의식으로 고객의 자존심을 인정하고 자신을 낮추는 겸손한 태도가 필요하다. 고객의 장점을 잘 찾아내어 적극적으로 칭찬하고 실수는 덮어주는 요령이 필요하다.

라. 모방심리

고객은 다른 고객을 닮고 싶은 심리를 갖고 있다.

반말하는 고객이라도 정중하고 상냥하게 응대하면, 고객도 친절한 태도로 반응하게 되며 앞 고객이 서로 친절한 대화를 나누었다면, 그 다음 고객도 이를 모방하여 친절한 대화를 나누게 된다.

마. 보상심리

고객은 비용을 들인 만큼 서비스를 기대하며, 다른 고객과 비교해 손해를 보고 싶지 않은 심리를 갖고 있다.

언제나 고객의 기대에 어긋나지 않는 좋은 물적, 인적 서비스를 공평하게 제공하는 것이 중요하며, 특정 고객에게 별도의 서비스를 제공할 때에는 그 서비스를 받는 고객보다 주변의 다른 고객에 대해 더욱 신경을 써야 한다.

바. 자기본위적 심리

고객은 각자 자신의 가치 기준을 가지고, 항상 자기 위주로 모든 사물을 판단하는 심리를 가지고 있다.

6. 서비스맨의 역할과 중요성

가. 서비스맨의 역할

오늘날 서비스 기업 뿐만이 아니라 어떤 직업을 선택하든 모든 사람은 기본적으로 '서비스맨'[3]이다. 누구나 다른 사람에게서 서비스를 받고, 또한 자신은 누군가에게 서비스를 제공하며 살아간다. 최고의 서비스맨이야말로 최고의 생활인이다.

고객과 특별한 관계를 형성한다

서비스맨은 고객을 접대함에 있어서 고객과 많은 시간을 갖고 고객이 감지하는 일정한 서비스를 형성하게 되며 그 태도와 행동 여하에 따라 고객의 만족도가 결정되게 된다. 서비스의 질적 수준이나 고객 만족도가 서비스맨의 손에 달려있음은 여러 번 강조해도 지나치지 않을 것이다.

서비스형성에 있어서 일선 접점직원과 고객 사이에는 심리적으로 밀착관계에 있다고 한다. 또한 서비스의 질적 수준면에서 종사원이 생각하는 것과 고객이 생각하는 것과는 차이가 있다는 것이다. 이러한 차이를 고객과 서비스

3) '서비스맨'의 용어
본서에서는 서비스맨(serviceman)을 원래 영어 단어 의미와는 다르게, 고객에게 서비스를 제공하는 역할을 하는 사람(service provider)으로서 서비스제공자, 서비스종사원, 서비스종업원 등과 같은 의미의 통용화된 직업적 개념으로 사용한다.

맨 사이에 강력한 유대관계로 좁혀나가고 해소할 수 있다.

고객과 서비스맨은 서로 대화를 나눌 수 있을 정도로 근접되어 있기 때문에 어느 누구보다도 가까운 사이에 있으며 고객의 의견, 생각 그리고 감정 등은 종사원을 통하여 전달된다. 고객이 종사원에게 제공하는 각종 정보의 양은 더 나은 서비스를 위한 유용한 자료가 되기도 한다.

고객 편익(Customer Benefit)을 제공한다

고객편익은 고객들이 제품 및 서비스를 구입해서 얻고자 하는 궁극적인 것이다. 마케팅믹스에서 제품은 기업 관점에서 본 것이고, 이를 고객 관점에서 보면 '편익(benefit)'이 된다.

예를 들어 마케팅 권위자 레빗(Levitt)은 드릴을 살 때 고객이 진정으로 원하는 것은 '4분의 1인치짜리 구멍'이라고 지적하고 있다. 다시 말해 드릴 자체는 구멍을 뚫겠다는 목적을 위한 수단인 것이다. 이와 마찬가지로 화장품을 사는 사람은 '아름다움'을 사는 것이고 프로젝션 TV나 벽걸이용 대형 TV를 사는 사람들은 영화관에서 느끼는 '즐거움'을 사는 것이다. 따라서 기업은 단순히 드릴, TV 같은 제품을 팔아서는 안 되며 아름다움, 즐거움, 신뢰 같은 편익을 고객에게 제공해야만 한다.

즉 새로운 서비스맨의 역할은 고객에게 '상품'이 아닌 '서비스'를 팔아야 하는 일이다. 평범한 서비스, 상품만이 전달되는 서비스는 더 이상 고객의 발길을 붙들지 못하기 때문이다.

만일 내가 고객이라면 무엇을 어떻게 원할 것인지를 생각해 보라. 그리고 나서 고객서비스를 제공하는 것을 잊지 마라.

서비스의 주체가 된다

서비스를 인적 서비스와 물적 서비스 두 가지로 나누어 보았을 때 인적 서비스는 서비스맨의 언행, 배려, 인사, 응답, 미소, 신속성 등을 나타내고 물적 서비스란 상품, 근무 규정이나 방법, 제공되는 음식, 정보, 기술 등 눈에 보이는 일련의 가격, 양, 질, 시간 등으로 구성되어 있다.

대부분 회사나 기업들은 서비스 정책에 있어서 물적인 면을 강조하며 서비스 훈련에 있어서도 근무 규정이나 방법, 정해진 규칙 등을 중요시하면서 서비스맨의 서비스태도 등 인적서비스의 중요성은 간과하고 있기도 하다. 실제 서비스 개선을 위한 회사의 비용 지출은 물적인 면의 변화에 많이 투자되고 있는 것이 사실이며 실제로 가시적인 효과를 가져오기도 한다. 그리고 좋은 물적 서비스 없이 좋은 인적 서비스를 기대하기 힘든 것 또한 사실이다.

성공적인 서비스는 물적인 서비스와 인적인 서비스가 조화를 이루어야만 하나의 종합적인 가치를 구현하게 되는 것이다. 그러나 종종 서비스에 관한 불평을 들었을 때 그 대부분의 이유는 고객이 심적으로 만족치 못했을 때가 많다. 고객들은 불만을 표출하기 위해 물적 서비스의 결점을 찾을 것이다. 그러나 대체로 인적 서비스가 충분히 좋다면 그들은 불평하지 않는다. 즉 진정한 서비스는 인적서비스가 제 가치를 발휘할 때 그 진가가 나타나는 것이다. 그러므로 서비스에 대한 고객만족의 여부는 바로 가치있는 인적서비스를 수행하는 서비스맨에게 달려있다.

조직의 경계에서 일하는 경계연결자(boundary spanner)이다.

경계연결자는 외부고객 및 환경을 조직의 내부운영과 연결한다. 이들은 자기회사와 외부의 정보를 해석하고 이해하며 여과하여 자사나 외부 관계자에게 제공하는 역할을 한다.

이러한 경계연결자는 누구인가? 어떤 사람이, 어떤 직책이 경계연결 역할을 담당하는가? 모든 사람, 즉 직무나 경력에 관계없이 고객과 접하는 접점에서 일하는 종사원이면 누구나 경계연결자의 역할을 하게 된다.

나. 서비스맨의 중요성

서비스 조직에 대해 흔히 인용되는 말이 있다. “서비스 조직에서는 직접 고객을 접대하고 있지 않더라도 어떤 누군가에게 서비스하고 있다.”

접점직원과 이들을 뒤에서 지원하는 직원 모두 서비스 조직의 성공에 결정적으로 중요하다. 서비스제공은 인간 활동으로 서비스회사의 직원은 물론이거니와 고객과 현장에 있는 다른 고객까지도 서비스의 제공활동에 참여하게 된다.

서비스직원은 바로 서비스 자체이다

서비스 제공에 있어서 많은 경우 접점 종업원이 곧 서비스 그 자체가 될 수 있다. 예를 들면, 대부분의 인적 서비스에서 접점 직원이 단독으로 전체 서비스를 제공한다. 서비스 제공자인 일선 종사원이 바로 상품이다. 그렇기 때문에 서비스를 향상시키기 위해 종사원에 투자하는 것은 제조업체가 제품을 개선하기 위해 투자하는 것과 같은 것이다.

제품을 만드는 것은 기업이지만 제품을 사는 것은 고객이다. 고객은 제품 구매시 본인과 주변 사람의 사용 경험, 기업과 제품의 이미지, 각종 광고 등을 참고하여 만족도를 상상하며 제품을 결정하게 된다. 서비스맨이 업무를 하면서 만나는 모든 사람들은 회사의 고객이거나 고객에게 영향을 미치는 사람들이다. 종사원 한 사람 한 사람의 언어, 행동, 예의범절은 향후 고객이 제품 구매시 회사의 총체적 이미지가 되어 중요한 결정요인으로 반영된다.

직원은 곧 그 회사의 상품이다.

고객의 눈에는 종사원이 서비스기업 그 자체로 보인다. 즉 회사의 대표자이다

많은 직원이 실수하는 일 중 하나가 회사의 대표 역할을 하지 못한다는 것이다. 일례로 고객들을 대할 때 나와 회사를 분리하는 경우이다.

"저는 해드리고 싶은데 회사방침이…", "회사측에서는…"라고 변명하는 것은 옳지 않다. 자신의 행동이나 말에 책임을 지고 필요하다면 고객을 만족시키는데 실패한 다른 사람들의 행동에도 책임을 져야한다. 무엇인가 잘못되었다면 책임을 지고 긍정적이고 즉각 문제를 해결하는 것이 바람직하다. "제 실수로 불편하게 해드려 죄송합니다. 이 문제를 위해 제가 해드릴 수 있는 일은……."하고 응대하는 것이 바람직하다.

고객들은 회사내부의 시스템이나 과정에는 관심이 없다. 그저 자신의 요구가 충족되길 바랄 뿐이다.

서비스맨은 회사를 대표하고 고객들은 서비스맨을 통해 반응한다. 설령 접점 직원이 혼자서 서비스를 수행하지 않을지라도 고객의 눈에는 종사원 한 사람이 바로 서비스 기업으로 보인다. 예를 들어, 호텔의 모든 직원이 -서비스를 제공하는 전문가에서 경리나 사무직원에 이르기까지- 고객들에게는 호텔을 대표하는 것으로 보이며, 이들이 행동하고 말하는 모든 것이 조직에 대한 고객의 지각에 영향을 미칠 수 있다.

휴식시간의 항공기 승무원, 혹은 비번인 음식점 종사원들조차도 그들이 몸담고 있는 조직을 대표한다. 만약 이들이 자기회사의 상품을 잘 모르거나 무례한 언행을 한다면, 그 직원이 비록 비번일지라도 그 조직에 대한 고객의 지각은 손상을 입게 된다. 이러한 이유로 디즈니사는 직원들로 하여금 고객이 보는 곳에서는 언제나 '무대 위(on stage)'의 태도와 행동을 유지하도록 하고 비번일지라도 고객이 이들을 볼 수 없는 '무대 뒤(back stage)' 혹은 지하의 터널 속에서만 긴장을 풀도록 하고 있다. 그들은 기업의 이미지를 형성하는데 매우 중요한 역할을 하며 고객 대면 서비스의 최일선에서 회사를 대표하게 되기 때문이다. 개개인의 이미지가 회사 전체를 대표하는 이미지를 형성하고 나타낸다는 사실을 인식해야 한다.

서비스직원은 마케터이다

서비스직원 즉 접점종업원은 그 조직을 대표하고 고객의 만족에 직접적으로 영향을 미칠 수 있기 때문에 이들은 스스로가 마케터(marketer)의 역할을 수행하고 있다. 이들은 서비스를 물리적으로 구체화시켜 걸어다니는 광고게시판 구실을 하며, 또한 어떤 직원은 판매를 하기도 한다. 비슷한 현상이 텔레커뮤니케이션(tele-communication)에서도 일어나고 있는데, 고객서비스 요원들이 컴퓨터를 통하여 고객의 구매와 서비스 기록에 바로 접근하여 마케팅과 판매활동을 지원한다. 능동적이든 소극적이든 간에 서비스직원은 마케팅 기능을 수행하고 있다. 이들이 이러한 기능을 잘 수행하면 조직에 도움이 될 것이고 잘못하면 손해를 끼칠 것이다.

고객은 회사의 입장에서 볼 때 오랜 세월을 통해 이익을 내는 가장 중요한 요인이 된다. 그리고 서비스 제공자로서의 서비스맨은 직접 고객을 대하기 때문에 회사의 결정적인 성공에 두 번째 중요한 집단의 구성원이라고 할 수 있다.

조직 속에서 다른 일을 하는 그룹들 즉 내부 고객들도 결국은 고객을 대면하는 서비스맨의 노력을 지원하기 위해 일하는 것이다. 서비스맨의 지식, 기술, 특색있는 성격, 고객응대 태도가 서비스맨 자신의 미래와 고객과 함께 하는 회사의 성공에 궁극적으로 이바지하는 것이 된다. 결국 모든 것은 서비스맨에게 달려 있다해도 과언이 아닐 것이다. 외부고객을 대한 서비스 주체자로서 친절하고 상냥한 서비스 종사자의 이미지 구축에 각자 노력해야 한다.

7. 서비스맨이 갖춰야 할 능력

가. 서비스맨에게 필요한 능력

서비스역량과 서비스성향

서비스종사원은 서비스역량(service competencies)과 서비스성향(service inclination) 두 가지의 보완적인 능력이 필요하다고 한다.

서비스역량은 서비스직무에 따라 요구되는 역량은 다르나 직무를 수행하는데 필요한 기술 및 지식을 말한다. 여기에 서비스품질의 다차원적인 특성, 즉 믿을 수 있고, 빨리 반응해야 하며, 공감할 수 있어야 한다는 점을 고려하면 서비스역량 이상의 것이 서비스직에 요구된다. 그래서 서비스성향이란 조건이 추가되는 것이다.

서비스성향이란 서비스업무 수행에 대한 관심을 말하는 것으로 고객과 동료에 서비스하는 것과 서비스에 대한 태도에 영향을 미치기 때문에 직원을 선발할 때부터 중시된다. 일반적으로 서비스직에 지원한 사람들은 어느 정도의 서비스성향을 갖고 있으며 또한 일단 서비스조직에 들어오게 되면 서비스성향을 갖게 된다. 그러나 다른 사람에 비해 보다 많은 서비스성향을 가진 사람, 즉 타고난 기질이 서비스맨에게는 중요하다. 이는 교육과 훈련을 통해서 만들어 질 수도 있겠으나 타고난 성품이 있어야 하므로 서비스기질이 몸에 밴 서비스맨을 선발하는 것이 서비스기업체의 관건이 되기도 한다. 서비스업체에서 별도로 인성검사 등을 실시하는 이유도 바로 여기에 있다.

배려성(helpfulness), 사려성(thoughtfulness) 및 사교성(sociability)과 같은 서비스 지향적 성격과 서비스 효과성이 상관관계가 있다는 연구가 있는데, 이 연구에서는 서비스 성향성을 '적응을 잘하고, 좋아하고, 사회질서를 잘 따르며, 대인접촉기술이 있는 것을 포괄하는 하나의 행동양식'으로 정의하고 있다.

그러나 타고난 성품만으로 불특정다수의 고객들의 다양한 욕구를 만족시키기에는 부족하므로 고객의 입장에서 고객을 끌어들이는 서비스감각 또한 요구된다. 서비스맨의 필수요건 중 하나가 센스있는 행동이다. 고객의 눈빛만 보아도 고객의 기분을 알아차려 민첩하게 행동할 수 있는 감각이 필요하다. 그렇지 못할 경우 오히려 의도하지 않는 고객불평을 야기할 수 있기 때문이다.

신뢰감을 주는 서비스맨

고객은 서비스맨을 통해 원하는 상품과 서비스를 받고 서비스맨은 일의 가치를 느낄 것이다. 고객이 안심을 하는가 못하는가는 고객의 신뢰감을 어떻게 만들어 내느냐에 달려 있다. 또 고객이 서비스맨을 신뢰하는가 못하는가는 서비스맨의 지식과 경륜을 어떻게 보여주느냐에 달려 있다.

고객의 신뢰는 다음 4가지 사항을 갖출 때 비로소 얻을 수 있다.

■ 제품에 관한 지식

고객들은 서비스 회사가 만들거나 판매하는 그 어떤 제품이라 할지라도 서비스맨이 그 제품의 사양과 특징, 그리고 부가 서비스에 대해 잘 알고 있기를 기대한다. 오디오 시스템을 어떻게 연결해야 할지 몰라서 고객 앞에서 사용설명서를 뒤적거리는 판매원은 능력 있는 사람으로 보일 수가 없다.

■ 회사에 관한 지식

고객들은 서비스맨이 맡고 있는 담당 업무 이외에 다른 업무에 대해서도 잘 알고 있기를 기대한다. 만일 고객의 특정한 욕구를 채워주는 일이 서비스맨의 권한 밖의 일이라면 고객들은 최소한 서비스맨이 조직의 구성을 잘 알고 있어서 그들의 요구를 해결해 줄 사람에게 안내해 주기를 기대한다.

■ **경청의 기술**

고객들은 자신의 특정한 욕구를 서비스맨에게 설명할 때 서비스맨이 귀기울여 듣고 이해하여 그것에 대응해 주기를 기대한다. 또한 서비스맨이 고객들을 더 잘 돕기 위해 필요한 질문을 그들에게 던져주기를 기대한다. 그리고 서비스맨이 이야기를 주의깊게 듣고 일을 제대로 수행해서 다시 더 말하지 않아도 되기를 기대한다.

■ **문제해결 기술**

고객들은 자신들의 욕구를 표현할 때 서비스맨이 제대로 이해한 다음 회사가 제공하는 서비스를 활용해서 신속하게 처리해주기를 기대한다. 그리고 일이 잘못 되거나 문제가 발생할 경우 서비스맨이 나서서 문제를 해결해 주기를, 그것도 이왕이면 신속히 해결해 주기를 기대한다.

나. 서비스맨의 인적 능력

■ **커뮤니케이션 능력**

인간이 인간다운 것은 언어를 잘 구사할 수 있기 때문에 다른 유기체와 구별되며, 특히 인간생활에서 말은 커뮤니케이션의 중요한 수단으로서 중요한 인간의 즐거움과 밀접하게 관계된다. 고객과의 커뮤니케이션에는 언어적 행동(문맥, 어휘, 발음, 화법)과 비언어적 행동(태도, 표정, 동작)이 조화를 이루어야 한다.

■ **인간관계 대처능력**

다종 다양하고 복잡한 심리상태를 갖는 고객을 대상으로 원만한 관계를 유지함에 있어서 자신의 행동과 관계없이 곤경에 처할 수도 있다. 이러한 상황에 서비스맨은 자신의 감정을 조절하여 예기치 못한 상황에 적응할 능력이 필요하며, 평소 이에 대한 노력과 훈련이 필요하다.

■ 판단력

다양한 상황에 접하게 되는 서비스맨에게는 분석력 · 이해력 · 표현력 등이 필요하며, 이런 능력의 기초가 되는 것이 판단력이다. 특히 다양한 욕구를 지닌 고객과 접객상태에서 빠른 상황판단력으로 고객의 욕구를 파악하여 대처하는 능력이 필요하다.

■ 창의력

서비스맨은 다양한 고객과 접촉하기 때문에 여러 가지 문제해결능력을 갖고 있어야 하며, 창의력을 바탕으로 보다 나은 고객서비스 실현방향을 모색하고 여러 가지 상황에 대처할 능력을 배양해야 한다.

■ 기억력

서비스맨의 기억력은 근무 중에 갖추어야 할 필수요건 중의 하나라 할 수 있다. 고객의 성명, 주문사항, 부탁받은 일 등을 기억하는 것은 매우 중요하며, 이를 위해 메모지 등을 활용하는 것도 유용한 방법이다.

■ 전문성과 직업의식

서비스맨은 전문인임을 스스로 자각하고, 서비스정신의 실현, 국가경제에 공헌한다는 자부심, 철저한 전문가정신과 직업의식을 가져야 한다.

서비스맨에게 필요한 능력

Lucas는 저서 「customer service」에서 고객은 직원이 회사의 규모와 무관하게 다음과 같은 특징을 지닐 것을 기대한다고 하였다.

- 제품과 서비스의 폭넓고 일반적인 지식
- 대인관계 대화기술
- 제품판매와 서비스에 관련된 기술전문가
- 긍정적이면서 고객중심적인 열의 있는 태도
- 솔선수범
- 동기부여
- 성실
- 충실
- 팀정신
- 창의력
- 윤리적 행동
- 시간관리기술
- 문제해결능력
- 충돌해결능력

Review

- '고객'의 의미와 '고객가치'에 대해 설명해보라.

- 고객은 무엇을 원하는가?

- 외부고객과 내부고객의 개념에 대해 설명해보라.

- 서비스맨은 어떤 역할을 하는 사람인가?
  고객이 기대하는 서비스맨상은 어떤 것인지 제시해 보라.

- 기업체에서 직원들에게 업무지식과 더불어 서비스교육을 강조하는 이유는 무엇인가?

- 서비스 기업에서 일반적으로 찾고 있다고 생각되는 직원의 유형을 다음 항목별로 설명해 보라.
  - 직원의 성향
  - 직원의 능력

- 자신이 서비스맨으로서 적합하다고 생각하는가?
  그렇다면 그 이유는 무엇인가?

제3장

고객만족 (customer & satisfaction)

Warming-up

◐ 최근 이용한 서비스 장소에서의 경험을 바탕으로 다음 항목들을 생각해 보라.

- 입구에 들어서면서부터 나올 때까지 고객의 입장에서 받게 된 서비스의 흐름을 모두 나열하여 적어 보라.

- 전체적으로 서비스에 특별히 만족(또는 불만족)했는가?
  구체적으로 어떤 이유로 만족(불만족)했는가?

- 서비스의 흐름 중 어느 접점이 당신이 느끼는 서비스품질에 가장 큰 영향을 주었는가?

- 그렇게 인식하게 된 요인은 무엇이라고 생각하는가?

- (불만족한 경우)
  당신이라면 서비스를 개선하기 위해 어떤 방안을 제시할 수 있나?

1. 고객만족전쟁

모든 길은 고객만족으로 통한다

풍요로운 시대의 도래와 함께 시장이 성숙되고 포화상태가 됨에 따라 기업 간 경쟁은 더욱 치열해지고 있다. 이와 함께 지금까지 판매자 측에 있던 시장의 주도권이 구매자인 고객에게 이행되고 철저히 고객이 판매자를 선택하는 시대가 되었다. 따라서 기업이 제공하는 상품 및 서비스가 고객의 만족을 얻지 못하면 판매되지 못하게 되므로 최대의 관심사는 곧 고객만족이 되고 있는 것이다.

고객만족은 표면상의 원칙 및 방편으로 끝나는 것이 아니라 현실적으로 실천에 옮기지 않으면 고객의 신뢰 및 지지를 얻지 못하게 된다. 즉 고객에게 만족을 파는 것이 기업의 최고 목적이 되고 현 시대에 살아남을 수 있는 절대적인 조건이 되고 있다.

물론 이제까지 고객제일주의, 고객우선주의 등의 낱말이 빈번히 고객만족이라는 말과 유사하게 사용되어져 왔다. 그런데 왜 새삼 고객만족인가?

매상을 올리기 위해 필사적으로 노력을 기울여도 어쩐 일인지 고객이 모이지 않는 가게가 있다. 반면 같은 상품과 서비스를 제공하는데도 고객이 많이 모여 매상이 쑥쑥 올라가는 가게도 있다. 어떻게 하면 더 많은 고객에게 더 좋은 상품과 서비스를 제공할 수 있는지, 그 비밀은 고객만족의 본질과 서비스의 본질, 고객 만족을 제공하는 기업의 자세에 있다.

세계적인 서비스 기업 MK 택시를 일구어낸 유봉식 회장은 '택시는 서비스업'이라고 강조한다. 성공 비결을 '보통 사람의 상식을 실현한 것 뿐'이라며 기업이 고객에게 만족스런 서비스를 제공하는 것은 당연한 일이라고 말한다. 또한 '급여는 고객에 대한 봉사의 대가'라고 사원을 가르치는 디즈니랜드의 서비스 교육 철학은 시사하는 바가 크다.

실로 지금은 고객만족 실천의 시대가 도래하였다고 할 수 있다. 기업이 영속적으로 운영되기 위해서 이익의 확보는 지상명령이지만 이익을 확보하는 것에서부터 기업경영이 시작하는 것이 아니라, 고객만족을 추구하는 것에서부터 출발하여 그 결과로서 이익을 확보한다고 해야 하는 것이다.

고객은 만족을 주지 못한 회사와 다시는 거래를 하지 않기 때문이다.

2. 만족의 개념적 의미

'만족'이란 ?

한자로는 滿(찰만), 足(발족)이며, satis(충분)+facere(만들다, 혹은 하다)라는 라틴어에서 유래한다고 한다. 이에 따르면 만족은 '성취하거나 무엇을 채우는 것'이라고 할 수 있다. '원하는 것이 찰 만큼 가득 차서 다리가 휘청거릴 정도로 넘치는 것'을 우리는 '만족'이라고 하며 만족하는 상태나 정도를 수학적으로 표현할 때 '만족도'란 용어를 사용한다.

따라서 고객만족은 고객이 바라고, 원하는 것을 채우는 것, 즉 '고객의 욕구와 기대에 최대한 부응한 결과, 고객이 그 제품과 서비스를 다시 구입하고, 아울러 고객의 신뢰감이 연속되는 상태' 라고 요약할 수 있다. 또한 '고객의 제품에 대한 사전 기대와 구매 후 제품의 지각된 실제 성능을 비교함으로써 나타나는 심리적 상태' 라고 정의할 수 있다.

미국 소비자문제 전문가 굳맨(J. A. Goodman)은 고객만족이란 '고객의 니즈와 기대에 부응하여 그 결과로서 상품 서비스의 재구입이 이루어지고 아울러 고객의 신뢰감이 연속되는 상태'라고 정의하였다. 말 그대로 고객이 만족한 상태를 말하는 것이다. 즉 '서비스맨이 어떻게 했느냐'가 아니라 '고객이 어떻게 느꼈느냐'가 고객만족의 핵심이다.

고객 만족의 기준은 고객 기대이다

만족의 기준은 기대이다. 즉 만족도는 고객의 기대와 결과치에 따라 여러 가지, 각양각색, 천차만별로 나타나게 된다. 만족의 기준은 고객의 기대보다 인식이 크거나 높은 상태를 말한다.

- 대만족(환상적/감동적) : 기대치 << 결과치
- 만　족(합리적/순응적) : 기대치 < = 결과치
- 불만족(부정적/반항적) : 기대치 >> 결과치

그렇다면 고객은 어떤 경우에 만족하는가? 고객은 자신의 기대와 실제 서비스의 이용을 통해 인지한 정도를 비교해서 기대보다 크거나 같을 때 만족한다. 예를 들어 찾아오기 전에 가지고 있던 기대 수준보다 실제 서비스가 더 낫거나 같을 때 비로소 만족하는 것이다. 즉 고객의 기대치가 너무 높거나, 결과치가 너무 작을 경우 문제가 발생하게 된다.

고객에게 만족을 주는 진정한 서비스가 무엇인가에 관해서는 일본 굴지의 재벌회사 마츠시다의 창업자 고노스케의 정의가 있다.

"비지니스에는 서비스가 따르기 마련이고 그것은 하나의 의무라고도 할 수 있다. 그러나 그것을 단순히 의무라고 생각해서 하려고 한다면 그것처럼 피곤한 일이 없을 것이다. 또한 나만 피곤한 것이 아니라 고객에게도 그 느낌이 전달되고 만다. 서비스란 상대에게 기쁨을 주고 또한 내게도 기쁨이 생기는 것이어야 한다. 자신이 기뻐하고 고객에게 기쁨을 주는 그러한 모습 가운데 참된 서비스가 존재할 수 있는 것이기 때문이다."

서비스는 제공하는 것이 아니라, 고객이 받아서 서비스라고 느낄 때, 진정한 서비스가 된다. 서비스맨은 서비스를 받는 고객에게 평가받는 것이기 때문에, 다른 기업과 경쟁하는 것보다 고객과의 경쟁에서 이겨야 인정받는 것이다. 결국 나의 경쟁 상대는 고객이다.

3. 고객만족의 구성요소

가. 고객만족의 요소

고객은 어떠한 요인에 만족하는가

고객을 만족시키는 필요한 구성요소로는 첫째 상품, 둘째 서비스, 셋째 기업이미지 이며, 이 세 가지 요소를 종합한 것이 고객만족도가 된다.

시대적으로 보면 이전에는 상품의 하드적인 가치로서의 품질, 기능, 가격 등의 비중이 컸고 상품의 품질이 좋고 가격이 저렴하면 고객은 그것으로 만족하였다. 그러나 물질적으로 풍요로운 시대가 되면서 고객은 그것만으로는 만족하지 않게 되고 상품의 소프트적 가치로서의 디자인, 사용용도, 사용의 용이성 등을 중시하게 되었다.

또한 감성의 시대로 진전됨에 따라 상품 그것만이 아니고 구매 시점의 점포 분위기, 판매원의 접객태도가 영향을 미치게 되었고 점차 서비스가 차지하는 비중이 높아지게 되었다. 따라서 기업으로서는 판매방법에도 세심한 주의를 기울이지 않으면 고객이 만족하지 않게 되었다.

이제 상품의 측면에서는 그다지 차이가 없게 되었기 때문에 판매시점의 서비스의 차이가 기업의 우열을 결정하게 되었다. 고객만족의 비중이 상품에서 서비스로 이행하고 있는 것이다.

고객만족의 구성요소는 직접적으로는 '상품과 서비스' 두 가지이지만 간접적으로 앞으로 중요시되는 것은 '기업이미지'이다. 기업이미지의 내용으로는 지역사회공헌 활동 및 환경보호 활동 등 우리 기업이 그 동안 등한시 해왔던 기업의 사회적 책임을 통한 활동 등을 적극적으로 펼침으로써 사회 및 환경문제에 진정으로 관계하는 기업으로서의 이미지가 향상되어 고객에게 좋은 인상을 주게 되는 것이다. 이는 고객과 사회, 그리고 환경을 주요 이해 관계로 인식하게 됨으로써 대두되게 되었다. 즉 아무리 상품 및 서비스가 우수하다 하더라도 사회 및 환경문제에 진심으로 관계하지 않는 기업은 평가가 하락하고 고객의 만족도는 낮아지게 되는 것이다.

고객만족은 고객이 느끼는 가치에 달려있기 때문에 주관적이고 가변적인 요소를 내포하고 있다. 다양한 고객만족 요인을 개발하여 고객중심의 서비스 시스템을 갖추어나가는 일이 중요하다.

〈표 3-1〉 고객만족의 구성요소

상품(직접요소)	상품의 하드적 가치	품질, 기능, 성능, 효율, 가격 훈련 프로그램과 광범위한 고객 데이터 베이스를 포함하는 업무지원 시설 및 시스템 등 서비스 하부구조
	상품의 소프트적 가치	디자인, 칼라, 향기, 소리, 편리성, 사용설명서
서비스(직접요소)	점포 내 분위기	호감도, 쾌적성
	판매원의 접객서비스	복장, 언행, 배려, 인사, 응답, 미소, 상품지식, 신속성
	애프터, 정보서비스	상품의 애프터 서비스, 라이프스타일 제안, 정보제공 서비스
기업이미지(간접요소)	사회공헌활동	문화스포츠활동 지원, 지역주민 시설 개방, 복지활동
	환경보호활동	리사이클링, 환경보호활동

나. CS triangle (Hardware, Software, Humanware)

고객만족의 구성요소와 유사하지만 다른 견해로 칼 알브레히트(Karl Albrecht)의 서비스 트라이앵글을 이해하는 것이 도움이 될 수 있다. 그는 고객만족서비스의 가장 중요한 세 가지 요소로 '고객만족전략', '고객만족시스템', '인적응대' 세 가지를 강조하고 있다.

이와 같은 맥락에서 볼 때 고객만족마케팅의 성공요인은 '전략-시스템-사람'의 조화라고 할 수 있다. 즉 고객만족을 통해 조직이 발전하기 위해서는 올바른 전략이 수립되고, 전략 추진을 위한 시스템이 잘 갖춰져야 하며, 전략 실행 및 시스템을 운영할 능력 있는 사람이 조화를 이루어야 한다는 의미이다.

진정한 고객만족경영에 접근하기 위해서는 고객을 중심으로 전략, 시스템, 인적자원이 상호 작용하는 서비스 트라이앵글 모델을 개발, 적용해야 한다고 역설하고 있다.

4. 고객만족서비스 프로세스의 관리

가. 대기 관리

어느 날 점심시간이었지만 중요한 업무 준비가 있어 시간을 아껴야겠기에 패스트푸드점을 찾았다. 그러나 마침 그곳도 손님이 몰려 주문한 음식이 나오려면 7분 정도 기다려야 한다며 나에게 따뜻한 커피 한 잔을 권하는 종업원이 있었다. 정성이 느껴지는 커피 한 잔을 내밀면서 거듭 죄송하다고 말하는 모습에 도리어 내가 미안할 정도였다. 나이 어린 아르바이트 학생이었지만 고객이 조금이라도 불편할까 봐 전전긍긍하며 배려를 아끼지 않는 주인 정신에 기분이 좋아졌고 그 때문인지 오후 업무 진행에도 활기와 의욕이 넘쳤다.

서비스의 소멸성, 비분리성으로 인해 서비스를 받는 고객들은 줄을 서거나 일정 장소에서 종종 기다려야 한다. 이처럼 대기는 고객이 서비스를 받을 준비가 되어 있는 시간부터 서비스가 개시되기까지를 의미하는데 서비스를 제공받기 전, 도중, 후에 모두 발생할 수 있다. 대부분의 고객들이 서비스받기까지 기다리는 것을 부정적인 경험으로 인식하고 있으며 이는 고객만족과 재구매에 영향을 주게 된다.

고객의 대기를 효과적으로 관리하여 고객에게 만족을 주기 위해 다음의 원칙을 알고 있어야 한다.

- 아무 일도 하지 않고 있는 시간이 뭔가를 하고 있을 때보다 더 길게 느껴진다.
- 구매 전 대기가 구매 중 대기보다 더 길게 느껴진다.
- 근심(anxiety)은 대기시간을 더 길게 느껴지게 한다.

- 언제 서비스를 받을지 모른 채 무턱대고 기다리는 것이, 얼마나 기다려야 하는지를 알고 기다리는 것보다 그 대기시간이 길게 느껴진다.
- 원인이 설명되지 않은 대기시간이 더 길게 느껴진다.
- 불공정한 대기시간이 더 길게 느껴진다.
- 서비스가 더 가치 있을수록 사람들은 더 오랫동안 기다릴 것이다.
- 혼자 기다리는 것이 더 길게 느껴진다.

대기관리를 위한 서비스기법

대기는 다음과 같이 크게 두 가지 기법으로 관리할 수 있다.

첫째, 서비스 방법 등 시스템을 변화시켜 실제 고객의 대기시간을 감소시키는 방안이다.

- 예약, 텔레뱅킹, 은행 ATM을 활용한다.
- 고객과의 커뮤니케이션을 적극 활용하여 고객에게 혼잡한 시간을 피하도록 하고 그에 맞는 인센티브를 제공한다.
- 예약 이행을 존중하는 공정한 대기 시스템을 구축한다.

둘째, 고객의 지각을 변화시켜 체감대기시간을 줄이는 것이다.

- 다양한 서비스로 서비스가 시작되었다는 느낌을 준다.
  물적서비스를 이용하여 대기 중 볼거리, 음료 등을 제공함으로써 가급적 고객이 이미 서비스 받고 있다는 느낌이 들도록 한다.
- 총 예상 대기시간을 시시각각 알린다.
  어느 장소에 문의 전화를 할 경우 '몇 초 후에 응대하겠다'는 정보가 제공된 기다림은 '무작정 기다리라'는 안내음을 듣고 있는 것보다 낫다.

- 일을 하고 있지 않는 직원은 보이지 않도록 한다.
  대기중인 고객에게 일을 하고 있지 않는 직원이나 사용되지 않는 서비스 시설을 보이는 것은 고객의 불만을 가중시킨다.
- 고객을 유형별로 대응하라
  대기시간에 대한 고객의 지각에 따라 서비스유형을 달리한다.

나. 구매과정 관리-'진실의 순간(Moments of Truth)'

불과 몇 초간의 짧은 접촉에서 고객은 만족과 감동을 느낄 수 있다. 이를 MOT(Moments of Truth)라고 칭하며, 서비스품질에 대한 인식에 결정적인 역할을 하므로 '진실의 순간' 또는 '중요한 순간', '결정적인 순간'이라고 한다. 이 말은 스웨덴의 마케팅이론가 리처드 노먼(Richard Norman) 교수가 제창한 개념으로 고객과의 접촉에 있어 가장 중요한 결정적인 순간을 뜻하는 용어이다. 원래는 투우에서 투우사가 소와 일대일로 대결하는 최후의 순간을 말하는 용어로 스페인말로는 절대절명의 순간을 뜻하는 'Moment De La Verdad'라고 한다.

'승부는 여기에서 결정난다'는 이 용어는 골프교습서에서도 자주 볼 수 있다. 골프 스윙에서 진실의 순간은 공과 골프 클럽이 직각으로 만나는 바로 그 찰나다. 그 이전의 준비가 아무리 그럴 듯 했어도 공이 빗맞으면 아무 소용이 없다. 반대로 이전 동작들은 엉터리였어도 이 진실의 순간에 제대로 맞히기만 한다면 공은 똑바로 날아간다.

이 외에도 진실의 순간은 우리 생활 곳곳에 있다. 하루 수면을 3~4시간으로 줄여가며 1년을 공부한 고3 수험생도 수능시험 당일 컨디션이 나빠 시험을 망치면 모든 것이 수포로 돌아간다. 스무 번의 슛을 했어도 골인시키지 못하면 축구는 이길 수 없는 법이다.

기업에서 '진실의 순간'은 언제인가? 바로 직원들이 고객을 만날 때다.

노먼 교수의 말을 빌리면 '고객이 광고를 볼 때, 주차장에 차를 세울 때, 회사 로비에 들어설 때, 우편으로 받은 청구서를 처음 읽을 때'가 바로 진실의 순간이다. 이때 고객의 마음을 사로잡으면 물건이 팔리고 평생 단골이 생긴다. 반대로 이때 고객의 눈 밖에 나면 물건은 팔리지 않고 판매 기회를 경쟁사에 빼기게 된다. 마케팅 용어로서 '진실의 순간'이 중요한 것은 이 개념이 곱셈의 규칙과 관련이 있다는 점이다. 고객은 서비스를 더하기가 아니라 곱하기 개념으로 받아들인다는 얘기다. 한번 0점이나 마이너스(-) 점수를 받게 되면 여하한 노력으로도 만회가 어렵다는 뜻이다. 그러므로 고객서비스는 '99%는 0%와 같다'고 한다. 오직 100%만이 의미있다고 한다. 고객만족에서 100-1은 99가 아니라 0이다.

이 개념을 제대로 활용해 성공한 경영자가 있다.

> 지난 80년대 스칸디나비아항공(SAS) 사장이던 얀 칼슨(Jan Carlzon)이 그의 저서 「고객을 순간에 만족시켜라 : 결정적순간」에서 접촉순간의 중요성을 강조한 후 고객과의 접촉을 표현하는 대표적인 용어가 되었다. 그는 70년대 말 오일쇼크로 2년 연속 적자를 기록한 이 회사에 81년 39세의 나이로 사장이 됐다. 그는 한해에 천 만 명의 승객이 각각 5명의 종업원과 접촉했음을 강조하고 1회의 응접시간이 평균 15초임을 알아냈다. 즉 직원들이 고객을 만나는 15초 동안이 '진실의 순간'이라고 강조했다. 이 15초 동안에 고객을 평생 단골로 잡느냐 원수로 만드느냐가 결정된다는 것이 그의 주장이었다.
>
> 그는 "기내식 식반이 지저분하면 승객들은 비행기 전체가 불결하다고 느낀다."며 식반 닦는 종업원들에게도 '진실의 순간'을 직접 강조할 정도로 전사적 운동을 벌였다.
>
> 결과는 대성공이었다. 8백만 달러 적자였던 경영수지가 1년 만에 7천1백만 달러 흑자로 바뀌었다. 에너지를 쓸데없는 데 소비하지 않고 결정적인 부분에 집중한 결과였다.

서비스에 있어서 고객과 서비스맨 사이의 무의미한 접촉보다 고객이 서비스에 대해 어떠한 인상을 얻을 수 있는 접촉이 되어야 한다. 이 결정적 순간에 어떠한 서비스인가가 판가름나며 그것들이 쌓여서 전체 서비스의 품질을 결정하게 되는 것이다.

가장 열악한 서비스가 전체를 결정짓게 된다. 곧 수많은 접점 중에서 가장 불량한 수준이 그 서비스의 전체를 대표하게 되는 것이다. 그러므로 접점 하나 하나 고객만족을 위해 소홀히 해서는 안된다. 서비스사이클 중 단 한 명의 불만족스러운 서비스가 그 회사 전체의 서비스를 망치게 할 수 있다. 설령 100명의 종업원 중 99명의 서비스맨이 만족한 서비스를 제공한다하더라도 단 한 명의 서비스맨으로부터 불만족한 서비스를 받는다면 그 고객에게 있어서 그 한 명이 그 회사 전체를 대표하는 것이 된다. 즉 그 한 사람을 통해 고객은 회사 전체를 평가할 수밖에 없는 것이다.

고객과의 접점에서 발생하는 결정적 순간이 중요한 것은 고객이 경험하는 서비스품질이나 만족도는 이처럼 곱셈의 법칙이 적용된다는 것이다. 어느 한 순간의 경험이 나쁜 경우 고객을 잃어버릴 수 있다. 그러므로 서비스 전 과정에 있어 고객을 접하는 접점을 소홀히 하면 안 될 것이다.

특히 서비스 전 과정에 걸쳐 잘해놓고도 마지막 마무리를 잘 못해서 전체 서비스의 평가가 낮아지는 경우가 있으며, 그 반대의 경우도 있다.

필자가 항공사에서 비행 근무할 때의 일이다.

일본 어느 도시, 밤늦게 호텔에 도착하여 다음날 일찍 체크아웃 하던 터라 호텔 서비스를 느낄 시간이 없었다.

다음날 아침 공항으로 출발하는 셔틀버스를 타고 버스에서 짐을 다시 점검한 후, 멀어져가는 호텔건물을 한번 돌아보았다. 그런데 아까 입구에서 배웅하던 호텔 직원들이 셔틀버스가 사라질 때까지 머리 숙여 인사를 하고 있는 것이 아닌가? 그 마지막 접점이 지금껏 기억으로 생생하다.

〈표 3-2〉 호텔객실 이용시의 결정적 순간 서비스사이클

단계	서비스
고 객	예약서비스(전화, FAX, 인터넷 등)
호텔도착	예약서비스(전화, FAX, 인터넷 등) 차량(Pick up) 서비스 건물외관 · 조경서비스 주차시설서비스, 주차서비스(valet parking) 도어맨 서비스
현 관	벨맨 서비스 GRO(guest relation officer)
프론트 (check-in)	프론트 서비스, 체크인 서비스, 턴어웨이(turn away) 서비스, 벨맨 서비스 메시지 서비스, 컨시어즈 서비스 엘리베이터 및 에스컬레이터 서비스
객실	하우스키핑 서비스, 룸 서비스 실내장식, 분위기, 전망서비스 어메니티(amenity : 침실 · 욕실비품, 테스크탑, F&B, TV, 오디오, 조명 등) 서비스 냉 · 난방서비스, 모닝콜 서비스 의료서비스, 맛사지서비스 비즈니스센터서비스, 세탁서비스
프론트 (check-out)	벨맨 서비스, 포터 서비스 회계 서비스, VIP 카드제도서비스 후원제도서비스, 할인 · 무료서비스 알선서비스(concierge 서비스 등) 수하물 · 분실물보관서비스 체크아웃 서비스
호텔출발	차량서비스

다. 서비스접점의 유형

서비스접점은 서비스전달체계의 형태로서 크게 직접적인 접촉과 간접적인 접촉으로 나눌 수 있다. 직접적인 접촉은 대면접점을 말하는 것이며 간접적인 접촉에는 원격접점, 전화접점 등이 있다. 고객이 서비스기업과 관계를 맺을 때에 세 가지 접점 중의 한 가지, 혹은 세 가지 모두를 경험할 수 있다.

직접적인 접촉환경에서는 고객들과 직접적으로 상호작용하는 반면 간접적인 체계에서는 주로 과학기술을 통한 경우이다.

1) 직접적인 접촉

■ **대면접점(face-to-face encounter)**

은행원, 항공사, 호텔 등의 예약담당 종사원, 변호사 등 소비자가 직접 만나는 접점이다. 테마공원을 예로 들면, 고객과의 대면접점은 티켓 판매원, 탑승시설요원, 식사와 음료서비스 요원 등과 직접 대면해서 만나는 것이다. 다른 유형에 비해 대면접점의 서비스품질을 파악하고 판단하기가 제일 복잡하다. 이는 언어적 행동뿐만 아니라 비언어적인 행동도 중요한 품질의 결정요인이 되는데, 예를 들면 종사원의 복장이나 기타 서비스의 상징들(예를 들면 장비, 브로셔, 물리적 구조물 등)이 있다. 또한 대면접점에서는 상호작용 중에서 고객자신이 협조적 혹은 비협조적인 고객 자신의 행동 역시 서비스품질에 영향을 미치게 된다.

2) 간접적인 접촉

■ **전화접점(phone encounter)**

최종소비자와 서비스기업은 전화를 통해 가장 빈번히 만난다. 즉, 전화접점(phone encounter)이 가장 많다. 대부분의 기업들은(제조기업이든 서비스기업이든) 고객서비스와 문의 및 주문을 전화로 한다. 전화접점의 품질평가는 원격접점의 품질평가보다 훨씬 복잡한데, 전화접점의 경우에는 접점직원의 음성, 어조,

상품 지식, 효과적/효율적인 소비자 문제해결이 중요한 판단 기준이 된다.

- **원격접점(remote encounter)**

어떠한 인적 접촉 없이 서비스기업과 접촉하는 것이다. 예를 들면 고객이 금전출납기계(ATM), 온라인 뱅킹을 이용하여 은행과 거래하거나, 자동티켓발매장치, 컴퓨터를 통해 티켓을 구입하는 온라인컴퓨터예약, 화면을 통한 영수증조회, 또는 통신판매를 통해 우편주문서비스를 받는 것, 디지털이미지 인터넷전송 등이다. 또한 원격접점은 기업이 청구서나 기타 정보를 우편으로 소비자에게 전달하는 것, 전자우편 등도 해당한다. 비록 원격접점에서는 직접적인 인적 접촉은 일어나지는 않지만 고객의 품질지각을 긍정적으로 쌓거나 더욱 강화할 수 있는 기회가 될 수 있다. 원격접점에서는 서비스의 유형적 증거와 기술적 프로세스 및 시스템이 품질 판단의 근본이 된다.

라. 서비스사이클의 중요성

위와 같이 고객이 서비스를 받는 과정에서 결정적 순간의 경험 축적, 즉 일을 보러왔다가 돌아갈 때까지 거치게 되는 모든 과정을 서비스사이클(service cycle)이라고 한다. 즉, 고객이 서비스를 받기 위해 서비스장소에 입장하여 일을 보고 나갈 때까지 각각의 접점에서 여러 가지 연속적인 경험을 하게 되는데 이 과정의 연쇄를 말한다.

이 서비스과정은 서비스가 전달되어지는 절차의 흐름을 의미하는데 이러한 고객접점의 분석은 서비스의 구체적인 문제를 인식하고 개선점을 찾게 해준다.

서비스는 그 동시성과 비분리성 때문에 고객과 서비스 프로세스 안에서 일정한 역할을 수행하게 되며 각 단계와 서비스맨의 처리능력은 고객의 눈에 가시적으로 보여지고 서비스의 품질을 결정하는데 중요한 역할을 하며 고객만족과 재구매 의사에 결정적인 영향을 끼치게 된다.

이 서비스사이클은 길거나 복잡할수록 고객응대시간이 길어지게 되므로 고객이 인식하는 서비스만족도가 떨어지게 된다.

예를 들어 병원서비스의 경우 그 구성원 중에서 고객 만족에 가장 중요한 역할을 하는 사람은 누구일까? 진료의 핵심 인력인 의사만 노력하면 고객은 만족할까? 또 안락하고 고급 시설에 장비가 최첨단이면 고객은 만족할까? 고객의 만족을 결정짓는 사람은 고객을 대하는 일선 업무에 종사하는 모든 사람들이다. 고객과 직접 대하는 최일선의 구성원 각자가 제공하는 서비스의 질이 더 중요하다. 의사를 만나기 전에 접수창구의 직원이나 상담요원 때문에 기분이 나빠진 고객에게 의사가 아무리 양질의 진료를 제공하려고 노력해도 고객을 만족시키기 어려운 경우가 많다. 병원을 찾아오는 고객들이 접수창구의 직원이나 상담요원을 만나는 시간은 매우 짧은 시간이다. 그러나 그 짧은 시간이 바로 오랫동안 고객의 머리 속에 남아 있는 병원의 인상을 결정짓는다.

고객과의 접점에 있는 최일선의 종사자들은 그 짧은 시간 동안에는 병원을 대표하는 사람이 된다. 병원건물 안에서 근무하는 사람 뿐만 아니라 외곽의 경비원이나 주차요원도 고객의 만족을 결정짓는 중요한 역할을 한다. 고객이 자신이 찾은 병원에 대해 오길 정말로 잘 했다고 생각하게 하려면 그 짧은 순간에 고객을 만족시켜야 하며, 그러기 위해서는 고객과의 접점에 있는 직원들 모두가 진실의 순간에 대한 준비가 필요하다. 이들에게 적절한 책임과 권한을 위임해야 함도 물론이다. 만약 문제가 생겨날 때마다 상사나 책임자에게 보고하고 결재를 받아야 한다면, 귀중한 진실의 순간은 소중한 고객을 상실하는 허탕한 순간이 될 수 있다.

고객 경험 관리를 향상시키는 가장 좋은 방법 중 하나는 서비스 분석 사이클을 이용하여 서비스의 수준을 높이는 것이다. 직원들에게 고객을 만나는 순간-고객접점(Moment of Truth)과 고객이 경험하는 서비스 사이클을 분석하고 맵핑하도록 함으로써, 조직은 고객 개인에게 실제로 가장 중요한 것이 무엇인가를 염두에 두면서 서비스 수준 향상이나 프로세스 리엔지니어링(재정비)의 시작을 이끌어 낼 수 있다. 내부의 이런 노력은 프로세스를 현저하게 변화시키고 서비스에 영향을 미쳐, 결국 고객이 회사에 대해 가지고 있는 인상을 바꾸는 계기가 된다. 이런 노력은 서비스 분석 사이클과 함께 이루어지면 더욱 효과적이다. 이런 시각으로 접근하면 고객의 경험을 바탕으로 하여 프로세스와 시스템의 변화를 이끌어 낼 수 있으며, 결과적으로 고객충성도에 긍정적인 영향을 미치게 된다.

5. 고객만족측정 설계와 계량화

오늘날 치열한 시장경쟁에서 살아남기 위한 고객만족경영을 실천하기 위해서는 먼저 고객의 기대수준, 자사 제품에 대하여 고객이 인식하는 성능수준, 그리고 고객의 만족수준을 조사하여 서비스효과를 계속 측정하여야 한다. 고객 가치를 측정하고 고객에게 중요한 것을 모니터해야만이 완벽한 고객 경험을 전달할 수 있기 때문이다. 즉 고객 만족을 위해 가장 중요한 일은 고객의 기대수준과 내용을 정확히 파악해서 그에 적합한 서비스를 제공하도록 하는 것이다.

고객만족도가 기업에게 이렇게 중요한 의미를 가지고 있지만, 기업의 입장에서 그것을 관리하기란 그다지 만만한 일은 아니다. 고객만족관리를 위한 첫 출발은 정확한 고객만족도 측정으로부터 비롯될 수 있다. 즉, 현 상태를 파악하는 것은 고객만족 활동의 방향을 결정짓는 중요한 시발점이 될 수 있다. 이런 이유로 많은 기업들이 고객만족도를 측정하고 있다.

앞서 언급한 결정적 순간의 중요성은 고객이 서비스기업과 어떤 한 측면들과 접촉하는 것이므로 기업측면에서는 간파하기 힘들다. 그러므로 여러 가지 조사기법들을 활용하여 접점의 평가를 알아내는 것이 필요하다. 일단 서비스 평가가 이루어지면 단점을 보완하고 장점을 강화하기 위해 측정결과를 직원들과 공유한다.

무엇을 어떻게 측정할 것인가?

기업의 가치는 고객 관계의 가치와 밀접하게 연결되어 있으므로 고객을 확보하고 유지하며 긴밀한 고객 관계를 구축하고 장기 수익을 증대시키는 과정을 정확하게 측정해야 한다. 그리고 고객 경험은 고객 충성과 밀접한 관련이 있으므로 모든 곳에서 일어나는 고객 경험을 정확하게 모니터하여야 한다.

제품이나 서비스에 대한 고객의 기대와 만족을 파악하고 조사하는 방법에는 간단한 기법에서 복잡하고 정교한 기법에 이르기까지 다음과 같이 여러 가지 방법이 있다.

가. 고객만족조사

■ **소비자와의 직접면담**

고객과의 직접 대화, 전화를 통해 구두로 알아내는 방법으로 표본의 크기와 면담자의 편견에 유의해야 한다.

■ **설문지의 사용**

질문하는 내용의 범위가 제한되어있으며, 심리학, 통계학 및 관련분야에 대한 전문적인 지식이 필요하다.

■ **인터넷**

전 세계적으로 인터넷의 사용은 기하급수적으로 증가 추세에 있으며 기업은 온라인을 통해 고객의 욕구를 파악하고 신속하게 대응할 수 있다.

웹을 개설하여 고객에 필요한 정보를 제공하고 고객불평, 불만사례, 고객의견접수게시판 운영 등 시스템을 이용한다.

나. 암행고객(mystery shopper)

고객서비스가 얼마나 잘 이루어지는지 알아보기 위해 내부직원이나 외부경영 상담자들이 고객으로 가장하여 방문하거나 전화를 한다.

다. 포커스그룹

직원그룹은 고객서비스와 회사와 관계된 논의와 다양한 주제들에 대해 아이디어를 내거나 발전시키고 자유스럽게 소수의 사람들과 대화하여 의견을 도출하게 되며, 고객그룹은 제품이나 서비스의 어떤 양상과 관련된 질문을 통해 고객조사를 실시하는 형식이다.

라. 기타

그 외 직원 사퇴시 면접, 경영자 현지 방문, 손익계산서나 경영보고서, 이탈 고객 조사, 시장동향 조사, 고객관련기록을 참조하여 고객의 욕구분석 등을 통해 고객만족도를 조사하기도 한다.

국가고객만족지수

기업의 제품 및 서비스에 대한 고객의 만족도를 나타낸 수치로서 약어로 NCSI(National Customer Satisfaction Index)라고도 한다. 기업을 비롯하여 산업, 경제부문, 국가 차원의 품질경쟁력을 향상시키고자 하는 목적으로 만들어졌다. 기업의 목표 중 하나인 고객만족을 추구하고 관리하기 위한 것으로, 정확한 고객만족도를 측정할 수 있는 지표를 제공하며 나아가 기업의 성과도 측정할 수 있는 중요한 측정수단이다. 한국생산성본부가 미국 미시간대학교의 국가품질연구소(National Quality Research Center)와 공동으로 개발하였다. NSCI는 국내외에서 생산, 국내 최종소비자에게 판매되고 있는 제품 및 서비스 품질에 대해 해당제품을 직접 사용해 보고 이 제품과 관련된 서비스를 받아 본 고객이 직접 평가한 만족수준의 정도를 모델링에 근거하여 측정, 계량화한 지표를 의미한다.

최소 측정 단위는 개별기업이 생산하는 제품 또는 제품군이며, 측정 결과는 개별기업, 산업, 경제부문 그리고 국가 단위로 발표된다. NCSI 모델은 제품 및 서비스에 대한 고객의 기대수준, 품질인지수준, 인지가치, 종합만족수준, 고객불만수준, 고객충성도(고객유지율)로 구성되어 있으며, 모델 구성요소 간의 인과관계를 종합적으로 분석할 수 있어 신뢰도와 완성도가 매우 높다. 특히 기업의 최대관심사인 고객만족도의 변화가 수익성에 어떤 영향을 미치고 있는지를 NCSI 분석 소프트웨어를 통해 알아볼 수 있다. 이는 단순히 고객만족도를 측정하는 것에서 벗어나 미래의 기업성과를 예측할 수 있는 예측력을 가지고 있는 것이 특징이다. 또한 한국에서 생산·판매 활동을 하는 외국기업의 제품과 서비스를 측정대상에 포함시키고 있어 한국기업과 품질을 비교할 수 있으며, 공공기관과 민간기업에 의해서 제공되는 서비스 만족도도 비교·평가할 수 있다.

Review

- 고객만족의 구성요소에는 어떠한 것들이 있는가?

- 대기관리를 위한 서비스기법에는 어떠한 것들이 있는가?

- '진실의 순간(Moment of Truth)'이란 무엇을 의미하는가?

- 서비스접점관리의 중요성에 관해 설명해 보라.

- 고객만족 측정의 중요성과 방법에 관해 설명해 보라.

제4장 고객관계관리 (customer relationship management)

Customer Service

Warming-up

■ 자신이 고객으로서 일회성의 만남(구입)이 아니라 정기적으로 혹은 비정기적으로 지속적인 관계를 맺고 있는 서비스기업(업체)이 있는가?

- 구체적으로 어떠한 방법인가?(어떠한 기업의 노력이 있는가?)
- 고객으로서 그 기업에 대한 이미지는 어떠한가?

■ 자신이 요즘 거래하는 한 서비스기업을 택하여 고객의 입장에서 어떻게 대우받기를 원하는지 생각해 보라.

- 고객서비스를 제공하는 직원에게 받고자 하는 행동들을 적어보라.

■ 자신이 고객으로서 경험한 서비스 불만족 사례를 하나 들어 보라.

- 서비스 실패의 원인은 무엇이었나?
- 서비스맨이 어떻게 처리했는가?
- 어떻게 했어야 했는가?

1. 고객관계관리의 개념과 중요성

가. 고객관계관리의 개념

고객관계관리란 무엇인가

오늘날의 기업들은 다양한 환경변화 요인에 의해 많은 도전을 받고 있다. 정보기술, 특히 인터넷의 발전에 따라 시간과 공간을 초월한 글로벌 커뮤니케이션이 가능해지고 쌍방향의 의사소통이 가능해짐에 따라 과거 소유의 개념이었던 정보와 지식이 이제는 공유의 개념으로 변화되었다. 그러므로 고객들은 특정 제품 또는 서비스에 대한 정보의 공유와 교환을 통해 많은 사람들의 경험이 통합된 지식을 획득할 수 있는 경험공동체 형성이 가능하게 되었고 이에 따라 제품 또는 서비스의 기대수준이 한층 높아지게 되었다. 따라서 기업은 고객을 제품 또는 서비스의 단순 구매자로서가 아닌 제품 또는 서비스를 같이 만드는 공동 참여자로서 인식하는 고객지향적 경영체제로의 변환이 불가피하며, 완벽한 고객정보의 수집과 분석을 통해 고객의 요구에 부응하는 제품 또는 서비스를 제공하고 장기간에 걸친 고객과의 긴밀한 관계 유지야말로 치열한 기업경쟁 체제에서 살아 남기 위한 필수 요소라는 인식을 하게 되었다.

고객관계관리란 고객관리에 필수적인 기술 인프라, 시스템 기능, 사업전략, 영업프로세스, 조직의 경영능력, 고객과 시장에 관련된 영업정보 등을 고객중심으로 정리, 통합하여 고객과의 접촉을 통해 이루어지는 모든 고객활동을 개선함으로써, 고객과 장기적인 거래 관계를 구축하고 이를 통해 기업의 경영성과를 지속적으로 개선하려는 목적 달성을 위한 새로운 경영방식이다.

즉 고객관계관리는 '고객에 대한 정확한 이해를 바탕으로 고객이 원하는 제품과 서비스를 지속적으로 제공함으로써 고객을 오래 유지시키고 결과적으로 고객의 평생가치(Life time value)를 극대화하여 수익성을 높일 수 있는 통합된 프로세스'로 정의할 수 있다. 여기서 고객의 평생가치란 고객이 특정 회사의 제품이나 서비스를 구매하였을 때부터 마지막으로 구매할 것이라고 판단되는 시점까지의 예상 누적매출 또는 누적이익이라 할 수 있다. 따라서 고객의 평생가치 극대화란 고객이 평생동안 경쟁사의 제품 또는 서비스를 구매하지 않고 자사의 것만을 구매할 수 있도록 하는 것을 의미한다.

이를 위해서는 진정한 가치를 주는 고객은 누구인가, 고객이 어떤 특징을 가지고 있는가, 고객이 진정 원하는 것이 무엇인가 등 고객에 대한 올바른 이해가 선행되어야 한다.

이러한 이해를 바탕으로 고객이 원하는 제품과 서비스를 제공하고 고객에 따라 차별화된 마케팅 전략을 구사하는 등 적절한 대응 전략을 수립하여 실행함으로써 고객과의 관계를 지속적으로 강화해 나가야 한다.

고객관계관리는 이렇듯 고객과의 관계를 긴밀히 유지함으로써 새로운 고객을 획득하고, 이탈고객을 최소화하며, 기존 고객을 좀 더 우량 고객으로 변화시키는 것을 목적으로 한다. 고객서비스에서는 이러한 고객과의 관계를 잘 만드는 것이 중요하므로 고객관계관리는 필수적이며 제품판매보다는 고객관계(Customer Relationship)에 중점을 두게된다.

마케팅 패러다임의 변천

마케팅 패러다임의 변천은 산업사회의 성숙기에 즈음하여 경쟁의 포화상태에 이른 시장에서, 보다 시장을 세분화해서 실속 있는 수익을 올리려는 일련의 움직임이라고 볼 수 있다. 그러나 단순한 세분화된 시장 크기의 변화보다는 마케팅 활동의 중심이 어떻게 변화했는가가 중요하다. 즉, 단순한 상품판매와 시장점유율 증대를 목적으로 하는 일회적 거래나 교환에서, 장기적으로 고객과의 관계를 구축하고, 더 나아가서는 고객과 기업이 파트너쉽을 형성하는 단계로까지 나아가게 되는 관계마케팅(Relationship Marketing)지향으로의 변화가 시장 세분화를 이끈 좀 더 주요한 측면이라고 할 수 있다.

기업과 고객사이의 가능한 관계는 예상고객 단계, 고객 단계, 단골 단계, 옹호자 단계, 동반자 단계의 5가지가 있다. 고객의 수가 엄청나게 많고, 제품 단위당 이윤이 작을 경우 기본적 수준의 마케팅을 실행할 것이고, 고객이 소수지만 이윤 폭이 클 때는 협동적 관계를 구축하려고 할 것이다.

기업과 고객 사이의 관계는 파트너쉽 관계가 되도록 노력해야 한다.

〈표 4-1〉 고객과의 관계제고 단계

단 계	내 용
예상고객(prospect)단계	아직 기업과 첫 거래를 하지 않은 상태에서 상품구입 가능성이 높거나 정보를 요구하는 유망고객
고객(customer)단계	예상고객이 첫 거래를 한 이후의 단계로 할인 등 인센티브로 인해 재구매 동기를 갖게 되는 단계
단골(client)단계	불만족이 생기지 않는 한 지속적인 구매성향을 갖게 되는 단계
옹호자(advocate)단계	상품의 지속적인 구입을 넘어 다른 사람에게 적극적으로 사용을 권유하는 구전으로 광고효과를 발생시키고 이탈고객을 불러오기도 하는 단계
동반자(partner)단계	기업과 고객이 함께 완전히 융합된 상태로 고객이 기업의 의사결정에 참여하고 함께 이익을 나누는 단계

고객관계관리 어떻게 하나

고객관계관리란 한 마디로 지속적으로 서비스하는 것이다. 지속적으로 서비스를 제공하는 것은 아마도 가장 중요한 서비스 구성요소 중 하나일 것이다. 서비스는 서비스대면이나 판매가 끝났을 때에도 지속된다. 혹여 서비스 중에 미진한 면이 있다해도 고객이 확실히 만족하도록 할 수 있는 기회가 무수히 남아 있다.

고객만족조사, 전화응답시스템, 비공식적인 감사카드, 기념일 카드, 특별할인 안내 우편 등 비용과 노력이 많이 들지 않아도 실행에 옮길 수 있는 일들이 많다. 이러한 형태의 서비스노력은 고객과의 관계를 강화하고 고객이 서비스맨의 고객을 유지하기를 원한다는 것을 알 수 있게 된다.

예를 들어, 애프터서비스(A/S)부서에 근무하는 직원이야말로 고객을 가장 자주 접하는 사람으로 이 직원은 자주 방문하는 거래처 고객의 특성과 정보, 취향을 가장 많이 알고 있다. 그러나 대부분의 기업에서는 가장 확실하고 가장 신뢰할 수 있는 정보임에도 불구하고 이러한 정보를 제대로 활용하지 못하고 있다. 고객의 불만, 고객의 특징, 고객의 취향 등의 정보를 마케팅부서에서 활용한다면 직접적인 시장의 변화를 느낄 수 있으며, 고객의 변화를 통한 새로운 마케팅이 가능하게 될 것이다. 고객관계관리는 이처럼 전사적으로 고객과 고객정보에 대한 마인드를 바꾸고 개선하며 집중적인 관리를 통해 완전한 정착단계에 이를 수 있다. 고객관계관리(CRM)는 고객정보, 사내 프로세스, 전략, 조직 등 경영 전반에 걸친 관리체계이며, 이는 정보기술이 밑받침되어 구성되는 것이다.

고객관계관리를 off-line CRM과 e-CRM으로 구분할 수 있을 것이다. 양자 간에는 고객을 바라보는 관점, 고객대응에 관한 방향성 그리고 활동은 동일하나, 고객정보 수집방법과 커뮤니케이션 수단에서 차이가 있다. 전자의 경우 점포, 우편, 전화 등의 비인터넷을 이용하여 고객정보를 수집하며 다이렉트메일(direct mail), telephone marketing 등을 이용하여 고객과 커뮤니케이션을 수행한다. 반면, e-CRM은 인터넷을 이용하여 구매이력 등의 고객정보를 수집하며, e-mail 등을 통해 고객과 커뮤니케이션을 한다. 또한 고객에 대응할 때는 한 가지 방법이 아닌 통합된 형식의 CRM이 필요하다.

나. 고객관계관리의 중요성

기업의 당면과제는 고객관계개선 만이 해결책이다

기존의 마케팅 방향은 모든 소비자를 대상으로 대량 생산한 제품을 대량 유통시키고, 대량 촉진(Promotion)을 해 왔다. 이는 고객 중심이라기보다는 기업의 입장에서 제품을 생산한 것이다. 반면 고객관계관리는 고객에 입장을 맞추는 것이다. 고객과의 관계를 기반으로 고객의 입장에서 제품을 만드는 것이다. 고객이 원하는 상품을 만들고, 고객의 관계에서 고객의 니즈를 파악하여 그 고객이 원하는 제품을 공급하는 것이며, 이러한 고객관계관리의 전략적 방향은 기업의 성공을 제공한다. 고객관계관리는 기업과 고객간에 발생하는 관계를 고객 정보를 바탕으로 컴퓨터를 이용해 과학적으로 분석함으로써 고객에게 최상의 서비스와 최적의 만족도를 제공하기 위한 것이다. 물론 최대의 목적은 고객의 니즈에 부합하는 서비스를 개발하여 고객에게 제공함으로써, 고객의 이탈을 방지하고, 새로운 소비를 창출해 고객의 기업에 대한 기여도를 높이기 위한 것이다. 뿐만 아니라 고객에 대한 서비스의 질을 높임으로써 치열한 경쟁 속에서 살아 남기 위한 경쟁우위를 확보하기 위한 것이다.

현 시대의 고객들은 점점 더 많은 선택권과 통제권을 갖게 될 것이므로, 고객들과 긴밀한 관계를 형성하고 신뢰를 유지하며 고객 가치를 제공하는 것만이 미래 수익을 보장하는 유일한 길이 된다. 이에 따라 고객관계에 초점을 맞춘 마케팅이 필요하다. 새로운 고객만족 마케팅은 일회성 거래가 아닌 고객과의 관계를 형성, 발전 및 유지시키려는 것이므로 상호작용적 마케팅이 중요해진다. 여기에는 직원의 고객 지향적 사고, 참여자로서 고객의 존재 및 역할, 그리고 서비스 환경이 주요 내용이 되므로 마케팅과 운영부문, 인사부문의 연계가 기본이다.

GE는 '물건을 판 후에도 우리는 당신을 버리지 않습니다'라는 광고문구로 수백만명의 고객을 감동시켰다고 한다. 서비스시대에 적응해 가는 기업의 전형적인 모습이 아닌가 생각된다. 서비스 경제에서는 무엇보다 사람과 사람의 관계가 중요해진다. 인사를 잘하고 저렴하게 파는 것으로 끝나는 것이 아니라 고객 한 사람 한 사람에게 무엇이 정말로 의미 있는가를 다시 생각해야 한다.

2. 고객관계관리의 단계별 목적

가. 신규고객 유치

고객의 평생 가치가 표시된 고객 자산은 실제 대차대조표에는 나타나지 않지만 중요한 기업자산이다. 그러므로 고객의 평생 가치는 기업의 성장 전략의 핵심이 되어야 한다. 그러한 고객을 창출하는 과정에서 가장 힘들고 비용이 많이 드는 고객은 첫 번째 고객이다. 즉 초기 구매자이다. 이들을 통해 기업은 신뢰를 얻기도 하고 잃기도 하며, 또 신뢰를 통해 새로운 잠재 고객을 얻기도 하고 아예 놓치기도 한다. 기존 고객의 유지보다 신규 고객의 획득하기 위한 비용이 더 들고 어렵다. 반면 고객을 유지하는 기간이 길수록 고객은 기업에 더 많은 수익을 가져다준다. 또 고객의 평생 가치가 커질수록 고객은 기업에 대해 충성도가 높아져 다른 경쟁 기업의 저가격 공세에도 쉽게 흔들리지 않게 된다. 그런 브랜드 충성자들은 강력한 기업의 옹호론자가 되고 타인들에게 그 브랜드의 구매를 강력히 권고하게 된다.

나. 기존고객 유지

"실제로 기업에 수익을 가져다주는 고객은 20%의 고객이다. 나머지 80%의 고객은 잠재 수익력이 20% 이하에 불과하다."

"새로운 고객을 획득하는 비용은 기존 고객을 유지하는데 드는 비용의 3-5배가 소요된다."

"미국의 기업들은 5년마다 자사 고객의 절반을 잃는다"

"만족한 고객은 그 경험을 새로운 5명의 고객에게 이야기하고 그 이야기를 들은 고객은 그렇지 않은 고객에 비해 6배 정도 기업에 이익을 준다."

"만족한 고객은 일반 고객에 비해 50% 더 기업의 제품을 구매한다."

위와 같은 일련의 연구에서 밝혀진 논의를 통해 기업은 수익이 되지 않는 고객에게 많은 광고와 마케팅 비용을 투자하는 것이 얼마나 소모적인 것인가 깨닫게 되었다. 고객 중 기업에게 수익을 가져다주는 고객은 전체의 일부에 지나지 않으며, 이러한 고객은 지속적으로 투자해야 할 대상이다. 이들 고객을 유지하는 활동은 신규고객을 획득하기 위해 투자하는 것보다 훨씬 적은 비용으로 높은 효과를 얻을 수 있다. 회사의 고객층을 파악하고 세분화해서, 이익을 높이는 방향으로 마케팅활동은 전개되기 시작한 것이다.

숨어있는 가치, 기존고객 유지에 힘써라

마케팅활동의 초기에는 더 많은 고객을 획득하기 위해 노력해왔다. 심지어는 정보를 제공해주는 고객들에게는 다양한 상품 및 할인정책을 제시하기도 하였다. 그러나 이제는 바뀌고 있다. 한 사람의 우수한 고객을 통해 기업의 수익성을 높이며, 이러한 우수한 고객을 유지하는 것에 중점을 두고 있다. 매스 마케팅을 통해 검증되지 않은 고객들을 획득하기보다는 검증된 한 명의 우수한 고객이 기업에게는 훨씬 더 도움이 되는 것이다.

과거 고객만족 경영방식에서는 '모든 고객은 왕이며 모든 고객이 동일하게 중요하다'라는 인식 하에서 출발하였다. 그러나 CRM은 이런 측면에서 다소 다른 관점을 취한다. '기업 수익의 80%는 상위 고객 20%에 의해 창출된다'는 80대 20법칙에 따라 모든 고객을 대상으로 일시적 수준의 마케팅 활동을 전개하기보다는 진정으로 기업에 수익을 주는 고객에게 보다 정교한 대응을 하는 차별화된 마케팅 전략을 구사하는 것이다. 즉, 질적으로 우수한 고객과의 관계를 지속적으로 유지함으로써 다른 비즈니스 기회가 창출될 수 있도록 하는 데 주안점을 두고 있다.

기업 간의 경쟁 심화로 제품 차별화와 신규 고객 획득이 점점 어려워지고 있다. 신규고객 획득에 소요되는 비용은 기존 고객 유지비용에 비해 3-5배 더 소요된다고 한다. CRM에서는 신규고객의 수를 늘리려는 노력보다는 기존 고객을 유지하고 이탈고객을 최소화하며 기존 고객과의 관계를 긴밀하게 유지하여 고객의 평생가치 극대화를 추구하는 것을 더 강조하고 있다. 이제 고객들은 한 기업에 붙잡혀 있기를 거부한다. 그들은 만족할 만한 서비스와 저렴한 가격과 혁신적인 제품을 원한다. 만약 이를 충족시키지 못한다면 고객들은 미련 없이 다른 기업으로 떠나갈 것이며, 또한 그 사실을 세상에 널리 알릴 것이다. 이와 같은 이유로 인해 기업은 고객유지를 위해 전력투구하고 있으며 신규고객 창출을 위한 공격적 마케팅 전략에서 방어적 마케팅 전략으로 전환하고 있다.

고객유지를 중요한 과제로 설정할 경우 기업은 두 가지 방법을 취할 수가 있다. 첫 번째는 고객이 타제품과 서비스로 이탈하지 못하도록 장벽을 높게 세우는 것이고, 두 번째는 차원 높은 양질의 고객만족을 꾸준히 제공하는 것이다. 이같이 보다 강력한 고객충성을 창출하고 유지하는 과업이 관계마케팅이다.

한 번 구입한 고객을 '왕'으로 모신다

'고객카드'라도 한 장 작성해 놓으면 그 고객은 '왕'으로 대접받게 되어 서비스업체로부터 '왕이 잘 지내고 계신지' 지속적으로 관리도 받을 수 있다. 카드 마일리지가 누적되어 일정 금액에 도달하면 그 액수만큼 할인을 해 주고, 사은행사 및 할인행사가 있으면 미리 연락이 오기도 한다. A/S라도 받으면 며칠 후 본사 직원으로부터 '서비스는 만족스러웠는지, A/S기사가 불친절하지는 않았는지' 꼼꼼하고도 친절한 목소리의 확인전화가 오는 등 경쟁업체보다 조금이라도 저렴한 가격에, 보다 나은 서비스를 제공하기 위한 업체들의 전략들도 주위에서 쉽게 찾아볼 수 있다.

고객 만족을 위한 많은 기업(조직)들의 경영혁신이 고객과의 관계를 지속적으로 유지하기 위한 노력으로 점차 드러나고 있다.

고객의 경험을 관리한다

고객을 유지하는데 있어 가장 중요한 것은 고객의 경험을 효과적으로 관리하는 것이다. 이를 위해서는 '고객에게 가장 중요한 것이 무엇인가'를 생각할 때 사고의 변화가 있어야 하며, 관리자와 직원들이 고객과의 결정적인 순간을 이해하고 분석하는데 있어서도 변화가 필요하다.

정책이나 절차에 있어 유연성이 중요한 것처럼 견고한 고객에 대한 스킬도 매우 중요하다. 또한 직원들을 교육시키고 어느 정도의 권한을 부여하여, 고객과의 접촉시 고객의 필요를 충족시킬 수 있도록 하는 것도 중요하다.

이런 전략은 직원들이 개인적으로는 선택권을 갖고, 고객이 긍정적인 경험을 하도록 지속적인 노력을 하게 하며, 팀원으로서는 서비스 사이클을 분석하고 맵핑하여 서비스의 수준 향상을 위한 좋은 아이디어를 내고, 관리 하에 이를 적용할 수 있게 한다.

고객과 상의한다

거래하는 기업이 신규고객에게 기존고객보다 더 나은 조건을 제시하고 있다는 사실을 아는 경우, 기존 고객은 배신감을 느끼게 된다. 오늘날 정보의 개방과 직원들의 잦은 이동으로 고객에게 제시하는 가격에 대한 비밀은 절대 유지될 수가 없다.

이러한 점을 잘 간파한 한 아시아의 전자부품 제조업체는 신규고객 유치를 위하여 불가피하게 신규고객에게 특별가격 할인을 해주겠다는 사실을 주요 고객들에게 통보하고 양해를 구했다. 신기하게도 신규고객에 대해 특별 가격 할인을 해주는 정책에 부정적인 반응을 보였던 고객들은, 이 회사가 솔직하게 전략을 설명하고 양해를 구했을 때에는 이 회사의 입장을 이해하는 긍정적인 반응을 보였다. 이처럼 고객과 상의하는 것도 고객의 중요성을 인정해 주는 중요한 테크닉의 하나이다.

다. 고객과의 관계 제고

장기적이고도 충성스러운 관계를 통해 양질의 고객들과 지속적인 관계를 유지하는 것이야말로 기업이 수익을 내는 원천이다. 그런데 여기서 중요한 사실 두 가지가 있다.

먼저, '양질의 진정한 고객'이다. 기업은 평균 고객들의 거래액을 훨씬 넘어서는 이들 고객들에게 집중해야 한다. '진정한 고객'이란 회사에서 취급하는 상품이나 서비스를 기꺼이 구매하는 사람, 신상품이 나오면 한 치의 망설임도 없이 구매하는 사람, 회사의 상품이나 서비스를 다른 사람에게 소개해 주는 사람을 말한다. 한번 고객으로 만들면 그들은 웬만해서는 떠나지 않으므로 어떤 사람들이 고객이냐에 따라 그 회사의 운명이 달라진다고 할 수 있다.

둘째, '충성스러운 관계'이다. 충성도는 단지 로열티 카드로 대변되는 것이 아니다. 그것은 어떤 기업이 경쟁 기업에 비해 비싼 값으로 상품이나 서비스를 제공하더라도 기꺼이 그것을 구매함을 의미한다. 충성고객은 주변 사람들에게 자기도 모르는 사이에 자신이 쓰는 브랜드를 권하는 사람들이다. 이는 친구처럼 믿는 마음이 없으면 결코 기대하기 어려운 행위이다.

간단히 말해서, 충성스러운 관계는 살아 있는 관계이다. 그것은 컴퓨터의 데이터베이스와 효율적인 고객관리 프로그램을 넘어서는 개념이다. 만약 고객의 충성을 원한다면, 고객의 마음가짐과 행동 모두를 충성스럽게 만들어야 하며, 기업은 고객에게 법인체가 아닌 사람으로 인식되어야 한다.

Customer Satisfaction이 아닌 Customer Loyalty가 구매결정력을 갖는다

통상 오래된 기존 고객, 즉 '일정한 기간 동안', '두 회 이상 구매'한 고객을 충성고객이라 하며, 충성 고객은 다음과 같은 이유로 기업에게 이익이 된다.

- 막대한 기업의 마케팅 비용을 절감시킨다.
- 경쟁사가 가격을 낮추어도 크게 동요되지 않기 때문에 기업은 고객을 확

보하기 위해 이윤을 낮출 필요가 없다.

- 자신이 선호하는 제품에 대해 친지들에게 알려주는 구전효과를 통해 상품을 홍보하는 역할까지 동반하므로 추가 수익을 발생시킨다.
- 충성고객들은 제품 사용법이나 제품과 관련된 안내 사항 등에 익숙하므로 서비스 비용을 절감할 수 있다.

그동안 기업들은 주로 고객만족의 향상이 상품 구매에 중요한 요소가 된다고 보고, 많은 마케팅 활동을 기업 이미지 개선, 브랜드 인지도 확보를 위해 투자했다. 그러나 고객만족도가 높은 제품이나 기업이 반드시 수익을 올리지는 않는다. 고객만족도는 측정 수단에 따라 오차가 많을 수 있으며, 실제 구매로 직접 연결되지는 않는다. 고객 만족도가 고객의 태도에 관한 문제라면 충성도는 행동에 관한 개념이다. 고객 만족도가 피상적이고 일시적인 태도라면, 고객 충성도는 오랜 기간의 구매 행동을 통해 축적된, 보다 강력하며 또한 장기적인 개념이다.

충성고객은 긍정적인 고객경험으로부터 만들어진다

오늘날의 기업들은 마케팅의 초점을 모든 고객에게 두는 것이 아니라 기업에 수익을 안겨주는 고객에게로 집중하고 있다. 말하자면 기업들은 자사의 제품에 단순히 만족하는 고객이 아니라 고객 자신의 친지와 동료들에게 제품이나 서비스를 자발적으로 소개하는 충성스러운 고객을 찾아 나선 것이다.

고객을 만족시키고 이윤을 내기 위해서는 무엇보다도 고객충성도를 확보해 나가야 한다. 고객의 충성도란 단지 만족의 차원을 넘어 적극적으로 지지하고 홍보하며 신규고객 창출에 기여하고 평생가치를 보여주는 것으로서 한번 고객을 평생고객으로 만들어 가는 것을 말한다.

고객 경제 시대에는 충성스러운 고객들이 가장 귀중한 자산이다. 오늘날 기업에게 희소한 자원은 자본, 제품, 인력 따위가 아니며 브랜드도 아니다. 그것은 바로 고객충성(customer loyalty)이다. 새로운 고객 경제 시대에는 고객관계(customer relationships)가 가장 중요한 자원이다. '고객'이라는 자본이 투자자본 이상으로 중요해졌다. 현재와 미래의 고객 관계의 총가치 즉 고객의 잠재적 총가치(customer franchise)가 회사의 가치를 결정한다.

고객경험 컨설턴트 숀 스미스(Shaun Smith)와 조 휠러(Joe Wheeler)가 공동으로 저술한 「브랜드 가치를 높이는 고객경험」은 세계적인 기업들로부터 얻은 풍부한 사례를 통해 고객경험이 기업에 어떠한 결과를 가져다 줄 수 있는지 소개한다. 여기서 저자들은 "고객은 상품을 사는 것이 아니라 경험을 사는 것"이라면서 "기업들도 고객의 경험을 직접적으로 개입하여 경험을 분석하고 발전시켜 기업이 의도하는 방향으로 이끌 필요가 있다"고 지적한다.

또한 브랜드화된 고객경험을 창조하는 데에는 두 가지의 길이 있다고 강조한다.

첫 번째 길은 브랜드를 경험화하는 것이며, 두 번째는 경험을 브랜드화하는 것이다. 만일 성숙된 시장에서 이미 확립되어 있는 브랜드로 존재하는 기업은 브랜드를 경험화하는 길로 가야할 것이고, 자신을 차별화하기 위해 노력하는 기업은 새로운 고객경험과 브랜드를 창조하는 것이 훨씬 효과적이다.

브랜드의 경험화는 브랜드로 시작해서 그것을 약속으로 바꾸고 그 약속을 이행하는 과정을 거친다.

10년전 영국의 슈퍼마켓 테스코는 식료품 시장에서 별로 각광을 받지 못하여 '많이 쌓아 놓고 싸게 파는' 전략이 고작이었다. 그러나 테스코는 '고객을 위한 가치창조와 일생에 걸친 충성고객 확보'라는 목표를 세운 후 '어떤 사소한 도움이라도 고객에게 성실하게 제공한다'는 약속을 이행하는 전면적인 변화 프로그램을 실시했다. 테스코는 가상 충성심 높은 고객의 구매패턴과 욕구를 더 잘 이해하기 위해 테스코 클럽카드의 사용, 도시 중심부의 도시형 점포부터 외곽의 대형 슈퍼마켓에 이르는 새로운 형태의 점포, 그리고 가게에서 쇼핑하는 것을 좋아하지 않는 사람들을 위한 홈쇼핑 등을 도입했다. 그 결과 테스코는 싸구려 브랜드라는 이미지를 벗고 세계에서 가장 큰 온라인 식료품 업체로 변모할 수 있었다.

이와 달리 경험의 브랜드화는 고객들에게 혁신적인 경험을 하도록 하고, 그 후 그 고객들의 경험을 브랜드화하는 전략이다.

영국의 미드랜드 은행은 몇 년 전만 해도 현재의 브랜드와 사무실 업무에 기초한 전통적인 사업방식으로는 시간과 편의성을 중요시하는 고객층의 욕구를 충족시킬 수 없었다. 그래서 미드랜드 은행은 새로운 경험을 만들어냈고 그것을 마케팅할 브랜드로 '퍼스트 다이렉트'를 창조했다. 퍼스트 다이렉트의 고객이 하루 중 언제라도 전화로 자신의 계좌에 접근할 수 있도록 한 것이다.

고객 충성심을 높이는 가장 강력한 요인은 바로 브랜드화된 고객경험이며 이는 일관성, 브랜드를 뒷받침하는 고객경험을 제공하는 의도성, 경쟁브랜드와 차별화되는 차별성, 중점고객의 욕구를 충족시키기 위한 제품과 서비스를 제공하는 가치성 등의 특징을 갖는다. 뛰어난 브랜드는 단순한 광고에 의해서 만들어지는 것이 아니라 고객들에게 제공하는 경험과 가치에 의해 구축되는 것이다.

고객 충성도란 지극히 개인적인 개념이다

일반적으로 고객은 성의에 감동하여 단골이 된다. 고객의 충성도(customer loyalty)를 확립하는데 있어 가장 중요한 요소는 고객이 회사와 접촉하며 겪는 경험을 전략적으로 관리하여 회사에 대해 긍정적인 기억을 심어주는 것일 것이다. 고객과 좋은 관계를 유지하고 높은 신뢰를 얻으려면 고객 경험을 관리하는데 힘써야 할 뿐만 아니라, 관리상의 우선 순위를 재점검하고, 서비스의 수준을 향상시키려는 노력을 어떻게 이끌어낼 것인가 재고해 봐야 할 것이다.

고객 중심의 조직을 만들기 위해서는 먼저 관리상의 우선 순위를 재조정하여 고객을 그룹이나 단체가 아닌 개인으로 대해야 한다. 고객의 충성은 한 번에 한명의 고객에게서만 얻을 수 있다. 예를 들어 한 회사를 고객으로 갖는 것은 조직에 있어 매우 큰 이득이며 마케팅 효과에 있어서도 중요하지만, 한 회사의 충성을 기대할 수는 없다. 충성이란 각 개인으로부터 나오기 때문이다.

개인으로서의 고객은 회사와의 일련의 거래(서비스 사이클이라 한다)를 통해 나름대로 그 회사의 서비스를 평가한다. 이 서비스 사이클이 이루어지는 동안, 고객은 회사와의 다양한 순간을 통해 여러 가지를 경험하면서 자신이 당초 기대했던 것과 실제로 경험한 회사의 서비스 수준을 비교하게 된다.

만약 고객이 기대 이상의 서비스를 받았다면 매우 기뻐하고 흡족해 할 것이며, 기대했던 것과 비슷한 수준이었다면 만족스러워 할 것이다. 하지만 기대 이하인 경우엔 실망하게 될 것이며 상황에 따라선 피해를 봤다고 느끼거나 분개하게 될 지도 모른다.

똑같은 방법이라도 만족도는 서로 다르다

어치브 글로벌(Achieve Global)사는 고객이 개인적으로 특정 조직이나 기업에 충성하게 되는 요인에 대해 20년 이상을 연구해 왔다.

그 결과 고객은 저마다 다른 기대치와 필요성을 가지고 있으며, 각기 상황이 틀린 고객을 똑같은 방법으로 대하면, 만족하는 고객이 있는 반면에 불만을 갖는 고객 또한 생기게 된다는 결론에 도달하였다. 고객 충성도를 높이려면 조직은 고객 개개인이 회사와 긍정적인 접촉을 꾸준히 할 수 있는 환경을 마련해야 한다. 개인 고객들은 처한 상황에 따라 필요로 하는 것이나 기대치가 서로 다르기 때문에 고객들의 긍정적인 반응을 이끌어 내려면 다양하고 폭 넓은 대응 방법을 갖추어야만 한다.

그러기 위해서는 직원들에게 폭 넓은 대고객 응대스킬과 다양한 상황을 교육시켜 유연성을 길러주어 서로 다른 상황에 있는 고객들을 효과적으로 다룰 수 있도록 해야한다. 중요한 것은 정책과 절차를 점검하여 직원들이 상부의 승인 없이도 문제를 해결하고 결정할 수 있도록 재량권을 마련해 주는 것이다. 또한 고객과의 관계를 즉시 회복해야 하거나 고객의 입장에서 봤을 때 시정해야 할 점이 있을 경우 적용할 수 있는 가이드라인을 설정해야 한다. 유연성은 고객과의 관계를 원활히 만드는 중요한 요소이다.

3. 고객관리 방법

고객과의 약속은 반드시 지킨다

서비스맨은 고객과 수많은 약속을 하게 되는데 그 약속을 지키는 것이야말로 고객관계관리의 기본이다. 고객과의 약속은 반드시 지켜야 한다. 만약 약속한 기일이나 시간대를 지킬 수 없다면 고객에게 돌아가서 재조정하라. 그렇지 않으면 고객의 신뢰를 잃을 수 있다. 특별히 고객과의 관계를 유지, 개선하기 위한 노력은 그 다음이다.

고객과의 관계는 신뢰 위에서만이 형성될 수 있다. 신뢰를 얻고 유지하기 위해서는 우선 고객과의 약속을 지켜야한다. 고객과의 사소한 약속이라도 결코 소홀히 해서는 안된다. 고객과의 약속을 지키는 것은 고객에 대한 존경심의 표현이다. 고객과의 약속은 천명(天命)이다.

10년 전의 약속

2001년 1월 2일 요코하마(橫濱)와 가와사키(川崎) 두 곳에 있는 오카다야(岡田屋) 모아즈 백화점에서는 21세기 첫 영업일 아침부터 고객들의 발길이 이어졌다. 이들은 핸드백이나 주머니 속에서 유인물(間紙) 한 장씩을 꺼내들고 있었다. 직원들의 안내로 고객들은 자그마한 선물 하나씩을 받고 되돌아갔다.

일본의 모아즈 백화점은 10년전 개업할 때 2001년 첫 영업일에 '이 광고 전단을 가져오면 감사의 표시로 선물을 드립니다' 라고 적힌 광고 전단을 1991년 1월 1일자 신문에 끼워 돌렸다고 한다. 10년이 지난 뒤 2001년 모아즈 백화점 정문 앞에는 약 1,200명의 고객이 그 전단을 갖고 몰려들었고 백화점에서도 그들을 위한 선물을 준비하고 있었다. 이 직원들은 이 약속을 지키기 위해 직원 인사이동 때 어김없이 이 사실을 인계했고 10년 간 대물림하면서 최우선적으로 처리했다고 한다. 그 날 1천2백여 명의 고객들이 접시시계 하나를 받기 위해서 백화점을 다녀갔다.

뉴 밀레니엄 고객사은(顧客謝恩) 2001 대 잔치

항상 저희 오카다야(岡田屋)모아즈 백화점을 이용해주시는 고개 여러분께 감사의 말씀을 드립니다. 저희 백화점에서는 고객 여러분의 성원에 보답하는 한편, 새로운 21세기에도 지속적으로 고객여러분께 최선을 다해 보답하고자 하는 열망에서 다음과 같이 고객사은 대 잔치를 계획하였습니다. 고객 여러분의 많은 관심을 바랍니다.

「이 유인물을 소지하고 21세기 첫 영업일에 저희 오카다야 모아즈 백화점을 방문해 주시는 고객 여러분에게는 소정의 기념품을 증정하고자 합니다」

1991년 1월 오카다야(岡田屋) 모아즈 백화점 직원(職員) 일동(一同)

데이터베이스 마케팅으로 고객관계를 극대화시킨다

고객관계를 관리하는데 고객과 관련된 다양한 데이터를 수집 분석하여 마케팅의 효율성을 극대화하는 데이터베이스 마케팅(Database Marketing)이 절대 필요하다. 데이터베이스 마케팅을 통해 기업은 우수한 고객을 선정할 수 있고 그에 따라 보상이 가능해지며, 또 신규 고객을 선택할 수 있으며, 반응률을 높일 수 있는 효율적인 촉진을 할 수 있으며, 관련성 있는 제품의 교차 판매도 가능하게 된다.

이러한 데이터베이스 마케팅이 선진국은 물론 우리나라에서도 최근 항공사, 금융기관, 자동차, 소비재 등 다양한 분야에서 도입되어 관심을 끌고 있으나 운영 효율성에는 문제가 있다. 바로 데이터베이스 마케팅에 대한 고객의 반응들이 아직은 낮다는 점이다. 피상적이며 단순한 고객 정보를 중심으로 한 데이터베이스 마케팅으로는 고객과의 연계가 극히 미약하기 때문이다. 이런 상태에선 고객의 욕구를 제대로 파악하여 고객 가치를 극대화시킬 수가 없으며 고객과의 장기적인 관계를 형성할 수가 없다. 고객이 기업으로부터 피상적이고 모호한 대상으로 인식된다는 것을 알 때 반응할 동기나 욕구가 생기지 않는다. 고객 욕구가 자발적이고 지속적인 참여로 기업으로 투입되고 그것을 통해 친밀한 개별적인 관계가 형성될 수 있다면 1:1 커뮤니케이션 혹은 1:1 마케팅은 저절로 실현될 수가 있을 것이다.

고객 개인의 정보를 관리한다

고객이 어떠한 것을 좋아하는지, 싫어하는지 고객이 무심코 혹은 의도적으로 흘리는 정보는 절대 놓치지 않는다. 그러므로 고객이 요구하기 전에 미리 알아서 제공되도록 한다.

> 어느 대학교 앞 중국음식점 배달원은 주고객인 학생들이 음식을 주문할 때 늘 수업시간에 쫓기고, 자장면과 짬뽕의 선택을 고민한다는 점을 파악하여, 가장 빨리 배달하고 또 자장면에 짬뽕국물을 서비스했다고 한다. 후에 그 배달원은 유명한 CS 강사로 변신하였다.

또한 기업이 고객 상호간의 요구와 가치를 신속하게 파악하고 충족시키기 위한 일련의 업무과정에서 다양한 형태의 자료가 발생한다. 예를 들면 고객의 이름, 나이, 거주지, 직업 등과 같은 고객 관련자료와 상품이나 서비스를 설명할 수 있는 자료 즉, 거래자료 및 분석결과 자료가 바로 그것이다.

기업에서 마케팅 활동에 활용되는 자료는 이것 뿐만 아니다. 인구통계 자료나 라이프 스타일을 설명해주는 사회통계 자료 그리고 날씨, 교통정보 등도 활용된다. 또한 고객의 가치는 기업의 입장에서 모두 동일한 것은 아니다. 어떤 고객은 기업의 매출과 수익성을 개선하는 데 큰 영향을 미치지만, 어떤 고객은 별 도움이 되지 않는다. 예컨대 상위 20% 고객이 백화점 전체 매출액의 80%를 차지하고 있다는 사실은 백화점의 광고, 영업장의 판촉행사, 상품 진열 그리고 DM발송 등 백화점 마케팅 활동에 커다란 영향을 미친다.

또한 기존 고객을 유지 관리하는 비용이 신규 고객을 창출하는 데 드는 비용보다 5배 정도 더 적게 든다는 새로운 마케팅의 원칙과, 고객과의 지속적인 관계를 통하여 고객의 생애가치를 증대시키는 것에 중점을 두는 것이 기존 마케팅 활동과 다른 점이다. 고객 중심의 마케팅 환경에서는 이와 같은 고객과 관련된 정보를 기초로 훨씬 다양한 형태의 세분화된 시장과 고객의 수요를 창출할 수 있고, 세분화된 시장별로 차별화된 대 고객서비스를 개발할 수 있다.

고객의 요구와 가치를 파악해서 그들의 구매형태를 예측하는 일이나 고객 가치창출을 위한 마케팅 활동을 정의하고 실행하는 일, 그 반응 정보를 분석해서 전략적으로 활용하는 일, 그리고 고객의 정보를 지적자산으로 전환하는 일에서 고객별 점수화된 정보를 얻을 수 있다. 이러한 차별화된 고객정보는 경쟁기업보다 훨씬 다양한 마케팅 활동을 전개할 수 있도록 해준다.

리츠칼튼의 고객정보 데이터베이스 구축 사례

리츠칼튼호텔이 고객만족경영의 모델이 되는 것은 미국 품질경영부문 최고상인 말콤볼드리지상을 받았기 때문만은 아니다. 리츠칼튼호텔은 고객의 사소한 행동까지 관리해 고객의 감동을 자아내는 것으로 더 유명하다. 호텔의 이용자는 자신도 모르는 사이에 많은 '흔적'을 호텔에 남기고 가는데, 호텔은 이것을 놓치지 않는다.

미국출장에 나선 고객이 샌프란시스코의 리츠칼튼호텔에 묵게 되었을 때, 서양식 푹신한 베개가 싫어 프론트에 전화를 해 약간 딱딱한 베개를 갖다 달라고 부탁했다고 하자. 이곳 용무를 마치고 다음 목적지인 뉴욕으로 이동해 그곳 리츠칼튼호텔에 투숙했다면 그 고객이 상상도 못하게 침대 위에는 딱딱한 베개가 놓여 있을 것이다. 샌프란시스코의 직원이 '고객기호 핫라인'이라는 내선번호에 전화를 해 고객이 좋아하는 베개를 등록해 놓았기 때문이다. 이처럼 리츠칼튼호텔에는 고객이름만 입력하면 고객기호를 알게 해주는 공유 데이터 베이스가 있다.

리츠칼튼호텔을 단골 호텔로 삼는 사람들의 이유는 다양하다. 중후한 내장과 외장, 우아한 분위기의 객실, 고급레스토랑 등을 그 예로 들 수 있다. 그러나 고객들이 이 호텔을 계속 이용하는 진정한 이유는 앞서 언급된 세심한 배려 때문이다. 너무 사소한 일이어서 호텔 측의 대응을 고객이 모르고 지나칠 수도 있다. 하지만 적어도 고객이 귀찮은 일을 덜 수 있게 하는 것이 리츠칼튼호텔의 철저한 고객만족 경영이다. 호텔 측은 어떤 고객이든 세 번만 투숙하면 그 고객이 어떤 물건 혹은 서비스를 좋아하는지 파악할 수 있다고 자신한다.

직원들이 근무 중에 관찰한 사실도 고객정보를 보충하는데 이용된다. 모든 직원들은 항상 고객취향첩(guest preference pad)이라는 작은 수첩을 갖고 다니는데, 고객서비스 향상에 도움이 될 가능성이 있다고 생각되는 사실을 발견하는 즉시 여기에다가 기록한다. 예를 들어 룸메이드가 객실 정리를 하다가 테니스 라켓과 신발 및 테니스 잡지가 방 안에 있는 것을 보았다면 "301호실에 투숙한 버틀러 씨가 테니스를 좋아하는 것 같다"라고 기록한 뒤, 이를 고객 코디네이터에게 전해 준다. 이를 전달받은 코디네이터는 해당 직원에게 테니스장 개방시간과 고객에게 도움이 되는 기타 서비스 정보를 제공하라고 주의를 환기시킨 다음 이 정보를 데이터베이스에 입력한다.

체인 호텔들이 이러한 고객정보 데이터베이스를 공유하고 있기 때문에, 이 고객이 어느 곳에 있는 리츠칼튼 호텔에 다시 투숙하게 되더라도 동일한 서비스를 제공받을 수 있다. 호텔 내의 특정한 일이나 서비스에 대해 불만을 제기한 고객에 대해서는 특별히 신경쓰고 있다. 예를 들어 어떤 고객이 무엇인가에 대해 불평하거나 화를 낼 경우, 이 고객을 상대한 직원은 사건의 경위와 고객의 불만 원인 및 이를 해결하기 위해 자신이 무엇을 어떻게 조처했는지 기록용지에다가 상세히 기입한다.

이 정보를 활용하면 같은 고객에게 동일한 실수가 재발되는 것을 방지할 수 있다. 예를 들어 아틀란타에 있는 호텔에서 불만을 토로하였던 고객이 캔사스에 있는 체인 호텔에 숙박예약을 했다면, 캔사스의 코디네이터는 고객이력 데이터베이스를 통해 이 사실을 알 수 있다. 또한 그는 상황을 보다 상세히 알기 위해 아틀란타에 전화를 걸어 사실을 확인하고, 자기 호텔의 직원들에게 이 고객에 대해 보다 각별한 주의를 기울여 줄 것을 미리 당부한다.

고객관계를 위해 고객을 귀찮게 하지 말라

개인적인 인간관계에서 보통 친구들끼리는 어떠한 정보도 개인적인 일도 숨김없이 털어놓는다. 기업은 이러한 사고방식을 대고객 관계에 도입하여 CRM이라는 미명 하에 고객들에게 개인적인 신상정보를 더 많이 내놓으라고 요구한다. 구매성향분석 목적상 필요하다며 가계의 총소득, 자선행위형태, 연령, 성별, 옷 사이즈, 직업, 즐기는 레저, 술 소비량 그리고 어떤 신문 방송 프로그램을 보는 지도 다 물어본다. 영국의 경우 특정 가계에 대한 동일 정보들이 여기 저기 기업에서 하루에 40번씩 검토 분석되고 있다고 한다.

문제는 고객과 기업과의 정보 교류가 상호 간에 이루어지지 않고 기업 쪽으로만 흘러 들어가고 있다는 데에 있다. 이러한 상황에서 기업과 고객 간에 올바른 관계가 구축될 수 없는 것은 자명한 일이다. 기업은 오로지 고객 개인정보를 이용하여 어떻게 하면 소비자들의 생활 속으로 뚫고 들어가 더 많은 상품을 판매하여 수익을 올릴까 하는 생각만 하고 있다. 많은 기업 관계자들이 CRM하면 컴퓨터를 이용한 고객정보 수집으로 생각한다. 그러므로 CRM의 초점이 고객보다는 당연히 기업에게 맞추어지고, 고객의 사생활이 수시로 침해받는 현상이 발생하는 것이다. 기업중심이라는 것은 기업과 고객의 관계가 기업의 이익만을 쫓는 방향으로 간다는 것을 의미한다. 고객 정보를 기업 경비절감을 위해서, 그리고 기업 매출 및 이익 증가를 위해서 사용하면서 동시에 고객에게도 만족을 주는 방안을 모색해야한다.

흔히 피자가게에 피자를 급히 주문하려고 전화를 하면 주문도 받기 전에 고객카드를 만든다며 이름, 주소, 전화번호부터 꼬치꼬치 캐묻는 경우가 있다. 고객만족서비스를 한다면서 고객을 귀찮고 불편하게 해서는 안 된다. 좋은 서비스는 고객이 가장 편하게 느끼는 서비스이다. 고객이 개인신상에 관한 정보를 제공한 만큼의 이익이 고객에게 서비스로 제공되어야 한다.

4. 불평고객관리

가. 서비스 실패의 원인

서비스 실패의 원인은 매우 다양하다. 고객의 욕구가 점차 개성화되고 주변 소비환경이 빠르게 바뀌는 여건에서 서비스 전 과정에서 수많은 요인들이 고객의 기대를 저버릴 수 있으며 고객불만족 요인은 만족요인만큼이나 까다롭고 다양하다. 그러나 이 요인들은 서비스를 회복하는데도 영향을 미칠 수 있으므로 고객의 불만 요인을 피드백하여 서비스개선자료로 이용하는 일이 중요하다.

서비스 실패 원인을 다음 세 가지 범주-기업, 직원, 고객-로 대별하여 정리할 수 있다.

1) 기업 요소

- 인적자원
- 기업 및 구조
- 프로세스 및 프로그램
- 제품 및 서비스배달
- 내부 커뮤니케이션
- 기술 및 지원시스템
- 기준 및 가치

2) 종업원 요소

- 커뮤니케이션 기술
- 지식 및 기술적인 기능

3) 고객 요소

- 제품이나 서비스 정보를 정확하게 사용하지 못하는 경우
- 고객이 지시사항을 따르는 역할을 완수하지 못하는 경우

나. 불평고객 관리

고객을 컨설턴트로 모셔라

고객들이 기업이나 서비스에 불평을 하기 시작한 것은 사실 얼마 되지 않았다. 과거에는 고객이 기업에 불평을 하는 것에 대해 소홀히 여기고 듣지도 않을 뿐 아니라 심지어 무시하고 창피를 주기까지 하였다. 그러나 소비자들이 스스로의 권리에 대해 인식하고 소비자 운동을 통하여 그 권리를 지키고자 행동하면서부터 더 이상 소비자의 불평은 무시할 수 없는 부분이 되었다. 더구나 세계의 경제가 서비스산업 위주로 변화하면서 고객만족의 중요성이 부각되고 그것이 곧 기업의 성패와 직결될 수 있다는 인식의 결과를 낳게 되었다.

구매 후 고객을 관리하는 것은 서비스기업에 있어 중요한 문제이다. 그 중에서도 실패한 서비스를 회복시키고 고객의 불평을 관리하는 것이 가장 중요하다. 불평스러운 문제를 다루는 서비스맨의 태도는 고객만족에 대한 관심을 표현하는 단서가 된다.

대부분의 고객은 어느 정도 합리적인 근거를 가지고 불만을 얘기하게 되는데 이 때 이를 무시하거나 외면하지 않고 적극적으로 성실히 대처한다면 고객들은 오히려 더욱 만족하고 단골고객이 될 수 있는 중요한 전환점이 될 수도 있다.

고객은 항의할 권리가 있음을 항상 기억해야 한다. 불평하는 고객이 있다는 것은 또 다른 기회가 될 수 있다는 의미이다.

불평하는 고객을 존중하라

불평이란 단순하게 말해서 어떤 상태가 기대를 충족시키지 못할 때 불만을 토로하는 행위이다. 그러나 서비스를 제공하는 직원이나 기업의 입장에서는 보다 적극적인 의미에서 불평을 다음과 같이 인식해야 한다. 즉, 고객의 불평을 처리한다는 것은 고객만족 또는 고객감동 서비스의 연장선상이라고 보는 것이다.

요즘은 고객과의 일회적 거래를 중시하지 않고 구매 후 지속적인 관계를 유지, 발전시키는 것을 강조하게 되는데 그러므로 불평 고객을 지속적인 고객으로 끌어들이는 것이 매우 중요하며, 불평 고객이 기업에 직접적으로 불평을 제기하도록 유도해야 한다는 주장들이 설득력이 있다. 불평하는 고객도 VIP다. 고객의 불평은 곧 역전의 기회이다.

고객불평은 또 하나의 기회이다

고객 불평이 왜 중요하며, 고객 불평이 또 다른 기회가 되게 하려면 어떻게 해야 할까?

고객이 제품에 어떤 불만을 느꼈는지, 개선할 점은 무엇인지 말해준다면, 그만큼 다행스러운 일은 없을 것이다. 그런 이야기를 해준다는 것 자체가 제품에 관심과 애정이 있다는 말이 되는 것이다. 또한 이러한 고객의 불만사항을 바로 해결해 줄 수 있어야 그 관심이 지속될 수 있음은 당연한 말이다. 고객의 소리는 최고의 정보이다.

그러나 대부분의 고객이 불만을 느끼면서 개선점을 말해주는 일은 흔치 않을 것이다. 오히려 불만이 생기면 다른 경쟁사를 먼저 찾는 것이 고객의 심리이다. 즉 말하지 않고, 바로 등을 돌리는 행동으로 보여주는 것이다.

고객을 계속 붙들어 놓기 위해서는 무엇보다 숨겨져 있는 고객의 애로사항을 놓치지 않아야 한다. 그러기 위해서는 고객이 잠깐씩 내비치는 고민을 잘 파악해 낼 필요가 있다. 또한 말투나 표정을 읽을 수 있어야 하며 고객의 말이나 행동이 진심인지 아닌지 상대방의 입장에서 생각해 볼 수 있어야 한다. 이를 통해 고객이 현재 어떠한 점에서 불만, 불편사항을 가지고 있는지 판단할 수 있어야 한다.

단, 고객의 불만을 추측해서는 안 된다. 고객의 입장에서 고객의 불만을 파악해야한다. 정작 고객의 불만은 회사의 입장에서 파악하는 것이 아니라 서비스하는 입장과 다를 수 있다. 당사자인 고객에게 끊임없이 질문해야 한다.

고객이 불만을 말하지 않는 이유

- 귀찮다.
- 어디에 말해야할지 모르겠다.
- 이야기해본들 소용이 없을 것 같다.
- 시간과 수고의 낭비이다.
- 차라리 한 번 손해보고 앞으로 거래를 끊으면 된다.
- 시간이 지나고 말하려니 증거로 제시하기 모호하다.
- 불쾌한 것은 빨리 잊고 싶다.
- 특정한 사람의 행동을 비난하기 싫다.
- 불만을 말하고 불이익이 올지 모른다.
- 까다로운 사람이라는 이미지를 주기 싫다.

다. 불평고객이 중요한 이유

문제점을 일찍 파악하여 해결하도록 해준다

고객의 불평은 상품의 결함이나 서비스의 문제를 조기에 발견하여 그 문제가 확산되기 전에 신속하게 해결할 수 있게 해준다. 즉, 고객불평을 적극적으로 수용하고 원인을 파악하여 기업전체의 업무처리 방식 자체에 대한 대대적인 혁신을 일으킬 수 있다. 고객의 불평은 기업이 미처 생각하지 못한 부분에 대해 정보를 주는 것이기 때문에 그것을 잘 분석하면 고객의 기대에 못 미친 서비스 영역이 어디인지를 알 수 있게 되므로 고객불평은 기업에게 아주 중요한 정보를 제공하는 것이다.

고객유지율을 증가시킨다

실제로 공정거래위원회의 연구결과 사람들은 물건이나 서비스에 불평을 했을 때 만족스럽게 처리되면 4분의 3이 같은 상표의 제품을 사지만 불평이 제대로 처리되지 않았을 때는 2분의 1정도만이 같은 상표를 다시 사겠다고 밝혔다고 한다. 즉, 불평이 만족스럽게 해결되지 않는 경우라 할지라도 불평을 하는 사람이 불평을 하지 않는 사람보다 반복구매의 경향이 훨씬 높다는 것이다. 이는 TARP(Technical Assistance Research Programs) 보고서의 내용으로도 증명된다. 이 연구에 의하면 고객의 불평을 만족스럽게 처리한 데서 오는 평균이익 증가율은 100%-170%에 달하는 반면, 새로운 고객을 끌어들이는 데는 기존 고객을 유지하는 것보다 5배 정도 비용이 더 든다고 한다.

부정적인 구전효과를 최소화한다

불만족한 고객은 흔히 친구, 이웃, 친지 등에게 자신의 불만족스러운 경험에 대해 이야기한다.

아마 어떤 물건을 사려 할 때, 또는 어떤 식당에 가려 할 때 아는 사람으로부터 "그 가게는 나쁘다/불친절하다/맛이 없다" 등 부정적인 소문으로 인하여 다른 것을 사거나 다른 곳을 간 경험이 누구에게나 있을 것이다. 그렇다면, 부정적인 구전효과는 왜 무서운 것일까? 사람들은 좋은 경험보다 나쁜 경험에 대해 더 많은 이야기를 하는 경향이 있다고 한다.

GM사의 한 중역의 말에 따르면 만족한 고객은 평균 8명에게 그것을 말하는 반면 불만족한 고객은 평균 25명에게 그것을 말한다고 한다. 따라서 불만족한 고객 1명의 구전효과를 만회하기 위해서는 3명의 만족고객이 필요한 셈이 되는 것이다.

5. 서비스회복

가. 서비스회복 시스템의 단계

최근 많은 국내 기업들은 불황기를 맞아 고객 확보를 위해 치열한 경쟁을 펼치고 있다. 높은 품질, 뛰어난 서비스를 제공하는 것을 뛰어 넘어 고객만족경영을 통해 고객의 총체적인 만족을 추구하는 것을 다양한 기업에서 관찰할 수 있다. 그러나 뛰어난 제품과 서비스를 제공하고 고객만족경영을 아무리 잘하는 기업이라도 고객들의 불만은 발생할 수 밖에 없다. 그리고 이런 불만을 어떻게 관리할 것인가 하는 것은 큰 고민이 아닐 수 없다. 더욱이 높아지고 있는 고객들의 기대 수준, 정보 매체의 발달은 고객들의 불만을 확대, 재생산하고 있다. 기업과 서비스맨은 고객 불만을 해소하고 로열티를 제고하기 위한 서비스 회복 전략을 터득함으로써 고객의 불만을 고객만족으로 전환시켜 평생고객을 만들 수 있다.

고객 불만의 효과적인 관리를 위한 서비스 회복 전략(Service Recovery Strategy)은 다음과 같다.

1) 무조건 경청한다.

- 고객의 항의에 겸허하고 공손한 자세로 인내심을 갖고 끝까지 경청한다.
- 고객 자신이 스스로 불평을 모두 말하도록 한다. 잘 듣는 것만으로도 불만의 상당 부분은 해소된다.
- 고객의 의견을 무시하는 서비스맨의 변명은 효과가 없다.
- 고객의 불만을 서비스맨 개인에 대한 불만으로 생각하지 않는다. 사람에게 초점을 맞추지 말고, 문제 자체에 초점을 맞춘다. 서비스맨 자신이 아닌 회사나 제도에 항의하는 것이라는 생각을 가져야 고객의 심한 분노의 표현으로부터 자유로울 수 있다.

- 선입견을 버리고 고객의 입장에서 생각하고 문제를 파악한다.
- 고객의 자극적인 말이나 도전적인 태도에 말려들지 않도록 한다. 화난 고객 때문에 힘이 빠져도 자신의 회사, 동료, 상품, 서비스에 대한 혹평에 동의하거나 말려들지 말고 가급적 긍정적인 태도를 유지한다.
- 나의 감정을 다스려 불쾌하거나 짜증스런 모습은 삼가며 냉정하고 침착하게 처신한다. 서비스맨이라면 사람과의 만남에서 오는 부담감을 극복하고 자신의 감정까지도 통제할 수 있어야 한다. 프로와 아마추어의 차이는 그것을 통제할 수 있느냐 없느냐의 차이일 것이다.
- 고객과 언쟁하지 않도록 한다. 고객과의 싸움은 백전백패이다. 고객과의 논쟁은 문제를 해결하는 것이 아니라 문제를 일으킬 뿐이다.
- 고객의 불만을 정확하게 이해했는지 다시 한 번 확인하고 고객의 감정상태와 화가 난 이유를 인지한다.

2) 고객의 항의에 공감하고, 감사의 인사를 한다.

- 고객의 항의에 공감한다는 것을 적극적으로 표현하며, 고객의 심정(분노, 실망)을 충분히 이해할 수 있음을 인정한다.
- 감정이입을 통해 상대를 이해하고 배려하는 마음을 보여주는 것은 모든 서비스의 원천이다. 이 때 긍정적인 비언어적 신호를 활용한다.
- 불만사항에 따라 필요한 경우, 고객에게 일부러 시간을 내서 그 문제점을 지적하여 해결의 기회를 준 데 대해 감사의 표시를 한다.

3) 진심어린 사과를 한다.

- 고객의 의견을 경청한 후 그 문제점을 인정하고 잘못된 부분에 대해 당사자가 재빨리 정중히 사과한다.
- 괜한 변명은 오히려 마이너스이며 잘못을 솔직히 인정하고 이해와 용서를 바라는 것이 문제해결의 지름길이다. 설사 고객에게 잘못이 있다고 하더라도 직원의 역할은 고객들에게 책임

을 묻는 것이 아니라는 점을 알아야 한다. 게다가 고객이 정확하게 이해하고 있는지를 다시 한번 물어 보고 확인시켜 주는 작업을 하지 않았을 경우 그에 대한 서비스맨의 책임도 있을 것이며 궁극적으로는 고객이 문제를 잘 해결하도록 돕는 것이 서비스맨의 직무이다.

- 진심 어린 사과는 오히려 고객의 마음을 가라앉히고 호감을 갖게 하는 반전이 될 수 있으나 사과 없는 변명은 고객을 더욱 불쾌하게 할 수 있다.
- 분위기를 자연스럽게 이끌어 상황을 진정시킨다. 서 있는 경우 앉을 자리를 권하거나 사람이 많은 경우 장소를 옮긴다. 화가 난 고객을 응대할 때는 고객의 감정을 조절하도록 유도한다.

4) 설명하고 해결을 약속한다.

- 불만상황에 대해 관심과 공감을 보이며 고객이 납득할 해결 방안을 제시, 문제를 시정하기 위해 어떤 조치를 취할 것인지 설명하고 해결을 약속한다.
- 설사 서비스맨 자신과 관련없는 불평사항이라 하더라도 고객에게는 누가 담당자인지가 중요한 것이 아니라 자신의 문제를 해결해 줄 것인지 아닌지가 중요하다.

5) 정보를 파악한다.

- 문제해결을 위해 꼭 필요한 질문만 하여 해결 정보를 얻는다.
- 최선의 해결책이 불가능할 경우 고객에게 어떻게 하면 만족할지를 솔직히 묻는다.

6) 신속한 처리를 한다.

- 잘못된 부분에 대해 일의 우선순위를 세워 신속하고 완벽하게 처리하도록 한다.
- 문제해결을 위한 신속한 대응으로 한시라도 사태를 빨리 회복시키기 위하여 최대한으로 노력하고 있음을 보인다.
- 해결이 불가능한 경우 대안을 제시하되 처음부터 무조건적인 대안은 효

과가 없으며 고객이 기대하는 것 이상을 제공하도록 노력해야 한다.

7) 처리를 확인한 후 다시 한 번 사과한다.

- 불만사항을 처리한 후 고객에게 결과를 알리고 만족여부를 물어본다.
- 모든 일을 해결한 후 고객에게 다시 한번 사과의 인사를 하는 After Care야말로 고객의 불만을 종결시키는 마지막 대책이다.
- 고객과의 처리는 해결이 문제가 아니고 결과적으로 고객의 감정이 어떠한가가 가장 중요하다.

8) 재발방지책을 수립한다.

- 최종 마무리 후 다시 결과를 확인한다.
- 최종 마무리가 잘되면 서비스 제공자의 자존심을 세우는 데도 도움이 된다. 즉, 서비스에 실패하여 힘들어하고 있는 종업원은 최종 마무리 덕분에 다시 즐거운 마음으로 근무에 임할 수 있게 된다.
- 고객불만 사례를 회사 및 전 직원에게 알려 재발 방지책을 수립하고 새로운 고객 응대안 등을 마련하여 같은 문제가 재발되지 않도록 한다.

〈표 4-1〉 불평고객응대시 유의해야 할 대화표현

지양해야 할 표현	바람직한 표현
아니오, 할 수 없습니다.	죄송합니다만, 저희가 할 수 있는 일은…
제 일이 아닙니다.	원래 제가 할 일이 아닙니다만, 손님을 돕게 된 것을 기쁘게 생각합니다.
…을 해야 합니다.	…을 하시겠습니까? …을 해주시겠습니까?
우리 회사 규정은	제게 권한이 없는 일은 … 제가 할 수 있는 일은…
그러니까 제 말씀은…	알겠습니다. 말씀하시려는 것을 이해합니다. 어떤 기분이실지 이해가 갑니다.

Exercise

호텔의 예약 착오로 찾아 온 손님을 받을 수 없는 경우를 생각해 보자. 이 경우, 서비스맨이라면 화가 난 호텔예약손님을 어떻게 응대할 것인가?

서비스회복전략단계를 참조하여 상황에 맞게 응대해 보라.

....

....

....

....

....

....

....

....

....

....

....

➡ 찾아온 고객에게 사죄한다고 일이 끝나는 것은 아니다. 양자 모두를 만족시키는 최종 마무리가 필요하다. 즉 근처의 다른 호텔을 알선해 준 다음 그 호텔까지 가는데 필요한 택시비를 지불하고, 도착할 즈음 그 손님이 잘 도착했는지 확인 전화로 알아보는 일련의 과정이 필요하다.

나. 서비스회복 전략의 성공포인트

서비스기업에서 아무리 고객만족경영체제를 잘 가동하더라도 제품이나 서비스의 최초 전달이 100% 만족스러울 수는 없다.

이는 두 가지 측면에서 기인하는데 우선 제품이나 서비스의 생산 과정이 100% 완벽할 수는 없기 때문이다. 완벽한 생산 프로세스 상에서 혁신 활동을 전개하더라도 불량품과 같은 하자는 발생할 수 있다. 또한 고객 개개인의 특성과 태도가 상이하다는 점을 들 수 있다. 고객들의 니즈가 공통적인 부분이 있는 반면, 상이한 부분 또한 동시에 존재한다. 고객 개개인의 특유한 취향에 완벽히 맞추기란 사실상 불가능하다. 그러므로 고객만족경영체제를 아무리 잘 구축한다하더라도 만족하지 못하는 고객들은 발생하기 마련이다. 그러나 최초 단계에서 제품 및 서비스의 효과적인 전달에 실패했다고 너무 실망해서는 안 된다. 효과적인 제품이나 서비스 전달을 통해 처음부터 만족한 고객보다 처음에는 불만을 느끼던 고객이 사후 처리 과정에서 만족할 경우 전체적인 만족은 더욱 높은 경향이 있기 때문이다. 이것은 '서비스 회복의 역설(Service Recovery Paradox)'이라고 불리는데, 사후 처리 과정을 잘 할 경우, 고객 만족의 실패를 효과적으로 커버함은 물론 고객 로열티를 더욱 제고시켜 줄 수도 있다.

능동적인 서비스 회복 전략의 중요성은 다음의 UPS와 페더럴 익스프레스의 사례에서 잘 나타난다.

UPS는 많은 자원을 투입하여 운송 프로세스를 혁신하여 운송 산업에서 가장 운송을 잘하는 기업이 되고자 노력하였다. 운송용 자동차와 작업 단위당 최대 생산성을 보장하기 위해 프로세스를 재설계하였으며 이를 지속적으로 추진하기 위해 산업 공학 부서를 설치하기도 하였다. 그리고 고객서비스에 대한 강조도 꾸준히 실시하여 경제적인 가격에 물건이 정시에 도착될 수 있도록 하였다. 하지만 자신들이 고객들과의 약속을 지키지 못할 경우, 어떻게 할 것인가에 대해서는 치밀한 계획이 없었다.

반면 패더럴 익스프레스는 정시에 화물이 도착하지 못할 가능성을 감안하고 화물 추적 시스템을 통해 30분마다 진행 상황을 점검할 수 있도록 하였다. 그 결과 UPS는 물건이 정시에 배달되지 못해 고객들이 불만을 제기하는 경우, 효과적인 대응을 하지 못했던 반면, 패더럴 익스프레스는 정시에 도착하는 화물의 비율이 낮더라도 화물 추적 시스템을 기반으로 고객들의 불만을 효과적으로 대응할 수 있었다. 이런 효과적인 서비스 회복 프로세스를 가지고 있었던 페더럴 익스프레스는 경쟁에서 앞서 나갈 수 있었으며 UPS는 뛰어난 운송 시스템을 가지고 있었음에도 불구하고 서비스 회복을 위해 많은 투자를 할 수 밖에 없었다. 이처럼 서비스 회복 전략을 감안하지 않은 혁신 활동이나 고객만족경영은 위험을 안게 된다.

그렇다면 서비스 회복 전략을 어떻게 하는 것이 효과적일까?

서비스 회복 전략의 성공 포인트를 살펴보면 다음과 같다.

서비스의 마인드를 바꿔라

훌륭한 서비스는 훌륭한 서비스마인드에서 나온다. 철저한 직업정신과 프로정신, 서비스철학이 서비스마인드 구축에 기초가 된다.

어느 고객이 한 이동통신회사 고객상담실과 통화를 했다. 이유는 이동전화 사용을 해지하면서 모든 요금을 정산한 다음날 아무런 통보 없이 계좌에서 돈이 인출됐기 때문이었다. 용건을 말하자 상담원은 내부적인 처리 과정에 시간이 걸리기 때문에 그렇게 됐다고 해명했다. 직접 대리점을 방문해 모든 요금을 정산하고 그 자리에서 계약 관계의 종료를 확인했으며 내 계좌로부터 더 이상의 출금이 없을 것이라는 확인을 받았는데 내부 처리 과정 때문에 돈을 인출되었다니 그 고객은 어이가 없었다. 그리고 돈이 인출된 날은 고객이 지정한 결재일도 아니었다. 한참을 이 문제를 가지고 상담원과 실랑이를 했다. 그 상담원은 처음부터 죄송하다는 말을 하지 않았다. 특별히 항의하지 않았어도 알아서 돈을 다시 계좌로 넣어줄 것이기 때문에 걱정하지 않아도 된다는 말만 반복했다. 고객의

> 말을 듣기보다 회사의 방침과 해명에 대해서만 일방적으로 떠들어댔다.
> 그 고객이 회사 고객상담실에 전화를 건 이유는 물론 추가로 인출된 요금의 환불을 확인하기 위해서였다. 또 하나의 이유라면 문제를 일으킨 당사자에게 자신이 얼마나 화가 나고 황당한지 강력하게 항의하고 싶어서였다. 하지만 그 상담원은 고객의 말을 듣고 이해하기보다 회사 쪽의 해명에만 급급했다. 아무리 더 이상 계약 관계가 지속되지 않는 고객이라 하더라도 그 상담원의 행동 덕분에 그렇지 않아도 곱지 않은 그 회사에 대한 이미지는 완전히 구겨졌음은 물론이요, 이 고객은 만나는 사람마다 이 회사의 불친절한 서비스에 대해 입소문을 퍼뜨리는 부정적 홍보맨의 임무를 자임하게 되었다.

고객이 원하는 것은 단순한 상품의 우수성이나 응대가 아니다. 그것은 이미 기본이 되어버린 지 오래다. 여기서 더 폭을 넓혀 편안함과 즐거움 그리고 자신이 느끼는 불합리나 답답함에 대해 적극적으로 이해하고 들어줄 수 있는 서비스이지, 틀에 박힌 회사의 해명이나 변명이 아니다.

늘 해오던 서비스가 아니라 고객의 입장에서 자신이 특별하다고 느낄 수 있도록 가슴으로 이해하는, 그래서 고객의 마음을 사로잡을 수 있는 진정한 서비스가 될 수 있도록 서비스에 대한 마인드를 바꾸지 않으면 살아남기 어려운 시대가 되었다. 진정한 서비스맨이 되기 위해서는 자신만의 서비스 철학과 고객의 영혼까지 읽어내는 고도의 테크닉이 요구된다. 이것이 바로 21세기 서비스의 새로운 패러다임이다. 서비스의 목표가 고객에게 편안함과 즐거움을 주고 궁극적으로는 행복을 주는 것이라면, 그 어떤 것보다 먼저 실현되어야 할 것은 서비스를 전달하는 서비스맨의 마인드 변화이다.

고객들의 불만을 미리 파악하라

효과적인 제품이나 서비스의 전달이 실패할 것으로 예상되는 경우, 고객들이 직접 불만을 제기하기를 기다려서는 안 된다. 그 이전에 적극적으로 불만 요인을 미리 발굴하고 사전에 파악하는 것이 필요하다.

최근 국내 건설업체들이 아파트 고객들의 만족을 위해 펼치고 있는 주부점검단 활동은 여기의 좋은 사례라고 할 수 있다. 고객 만족을 위해 노력하는 건설업체들은 아파트가 준공되어 고객들이 입주하기 이전에 전문 주부를 동

원하여 입주자의 관점에서 아파트 내부를 꼼꼼히 점검하고, 고객들이 입주하기 이전에 보수를 하고 있다.

또한 많은 패스트푸드 업체들은 고객들이 대기하는 시간이 길어지는 경우, 고객들이 주문했던 음식에 추가적인 서비스를 제공함과 동시에 정중한 사과를 하곤 한다. 이것은 지나친 대기로 인해 고객들의 불만이 이미 높아지고 있음을 미리 파악하고 있기 때문에 가능한 것이다. 이렇게 능동적으로 고객들의 불만을 파악하고 대응하는 경우 고객들은 “아니, 이거 도대체…”라는 생각에서 “아, 역시….”라는 생각으로 바뀌게 되고, 고객들의 만족은 유지되거나 오히려 증가하게 된다. 또한 기업들의 관점에서는 고객 불만 해소를 위해 투자할 자원을 사전에 투입함으로써, 적은 자원으로 고객 로열티를 유지할 수 있게 된다.

첫 대면은 신속하고도 감성적으로 하라

서비스 회복은 신속한 초기 단계의 대응이 매우 중요하다. 실제 불만을 제기하는 고객들은 이미 인내의 단계를 지나고 있기 때문이다. 일반적으로 서비스에 불만을 품은 소비자의 90%는 불만이 있다고 구체적으로 의사 표시를 하지 않고 참는다고 한다. 그러나 불만을 참지 못하는 고객들은 구체적인 의사 표시를 하게 되고, 기업의 빠른 대응을 기다린다.

최근 아파트 입주민들을 대상으로 한 설문 조사에서는 기업들의 A/S 반응시간(Response Time)은 1일이 걸린 경우가 31.8%로 비교적 신속한 대응임에도 불구하고 고객들은 이보다 더 빠른 1시간 이내에 방문을 원하고 있는 것으로 나타났다. 이처럼 불만을 제기하는 고객들에 대해 기업들은 더욱 더 신속한 반응을 보일 필요가 있다.

다음으로 감성적인 접근이 필요하다. 불만을 제기하는 고객들은 짜증이 나게 되고 희생을 당했다는 느낌을 받는다. 짜증이 사소한 불편을 말한다면, 희생이란 느낌은 보다 심각한 상태로 분노, 좌절, 그리고 고통을 말한다. 그리고 자꾸 기다리다 보면 초기에 가졌던 부정적인 감정은 더욱 증폭되게 되기 마련이다. 한편 항의하는 고객들이 짜증, 희생이라는 느낌을 갖고 있더라도 처음 문제를 제기하는 단계에서는 대부분 선의를 가지고 있는 경우가 많다. 이는 제품이나 서비스의 구매 과정에서 다양한 대안들을 탐색하고 선택하는 과정에서 기업에 대한 일종의 믿음을 가지고 있기 때문이다. 그런데 이렇게 이중적인 감정을 느끼고 있는 고객들을 만나자마자 지나치게 논리적으로 접근을 하게 되면 고객들의 마음은 순식간에 부정적인 감정만이 지배하게 된다.

또한 서비스 실패 이후 첫 대면에서 실망한 고객들은 자신의 불만과 사후처리 과정상의 불만을 주위 동료들에게 끊임없이 전파하여 확대, 재생산하게 되고 다른 고객들이 가지고 있던 호의마저 무너뜨리게 된다. 최근 인터넷을 중심으로 한 정보매체의 발달과 사이버상의 커뮤니티 활동은 고객 불만의 확대, 재생산 과정을 더욱 촉진시키고 있다.

그러므로 서비스 실패 이후 처음으로 고객을 접하게 되는 진실의 순간(Moment of Truth)에서는 고객의 입장을 이해하고 공감하는 감성적인 접근으로써 고객들의 선의를 자극하고 부정적인 느낌과 인식을 지워야만 한다.

「서비스 아메리카」의 공저자인 서비스컨설턴트 론 젬케(Ron Zemke)는 이런 감성적인 접근을 강조하고 있는데 고객들의 감정 수준에 따라 사과와 공감을 적절히 배합할 것을 권고하고 있다. 이런 감성적인 접근은 진실로 고객들의 입장을 이해하고 공감할 때 그 위력을 발휘한다. 그러나 만약 이것이 가식적인 표현에 그칠 경우, 고객들은 오히려 더욱 분노하게 된다.

잘못을 인정하라

서비스맨이 실수한 경우 "그게 아니고… 원래는… 사실은…" 하고 내용을 피하는 것 보다 "죄송합니다, 제가 잘못했습니다."하고 우선 정직하게 잘못을 인정하는 언어를 사용할 때 고객은 더욱 신뢰한다.

대부분의 고객들은 서비스의 실패가 뚜렷할 때 더욱 그런 말을 듣기 원한다. 고객이 느끼고 있는 감정에 주의 깊게 귀를 기울여 인식하고 그 문제를 해결하도록 하는 것이 중요하다.

접수된 불만은 공정하게 처리하라

한편 첫 대면을 성공적으로 진행했다 하더라도 공정한 대응에 실패하게 되는 경우, 고객들의 불만은 다시 증폭된다. 우는 아이에게 떡 하나 더 주는 식으로 서비스 회복 활동이 진행되는 경우, 불만을 제기하고 있지 않던 고객들은 피해 의식에 사로 잡히게 된다.

서비스 회복 이론의 대가인 스테펜(Stephen)의 연구 결과에 따르면 서비스 회복의 공정성(Fairness)은 고객들의 만족도에 직접적인 영향을 미친다고 한다. 고객들이 중요하게 여기는 공정성은 크게 3가지로 나뉘어 진다.

첫 번째는 과정(Process)의 공정성으로 고객들의 불만을 처리하는 과정에서 이용하는 방법이나 과정이 얼마나 공정한가에 대한 것이다. 두 번째는 결과에 대한 공정성을 들 수 있다. 이는 고객 자신이 구매한 제품이나 서비스를 다른 고객들과 비교했을 때 느끼는 공정성을 말한다. 마지막으로 대응(Interaction)상의 공정성을 들 수 있다.

공정한 서비스 회복을 위해서는 체계적인 기준과 윤리적인 태도가 필요하다. 상부에서 고객서비스를 담당하는 직원들에게 고객들의 불만을 공정하게 처리하라고 지시하더라도 실제 이것이 실행되기는 쉬운 일이 아니다. 왜냐하면 고객 불만의 해소 과정은 자원 투입을 수반하기 마련이며 많은 관리자들이 고객 불만 해소와 자원 투입을 별개의 것으로 많이 생각하고 있기 때문이다. 예를 들면 고객 불만을 해소하는 것은 좋으나 시간과 비용을 투입하는 것은 꺼려한다는 식의 관행을 들 수 있다. 이런 경우 공정한 서비스 회복의 실행이란 기대하기 힘들며, 일선 직원들의 사기를 꺾는 하나의 구호에 그칠 가능성이 크다. 그러므로 고객들이 제기하는 불만을 체계적으로 정리하고 거기에 따른 회사 내부 방침, 자원 투입의 수준을 연계시켜 고객서비스의 최전선에서 뛰고 있는 직원들에게 명확히 알려 줘야 한다.

그리고 서비스 회복을 담당하는 직원들은 고객들을 속이려 해서는 안된다. 불만을 제기하는 고객들의 목소리를 경청하고 거기에 따른 회사의 방침과 수준을 자세히 솔직하게 설명해 주어야 한다. 윤리적이지 못한 기업에 대해 고객들은 항상 질책을 준비하고 있음을 명심해야 한다.

차별화된 불만 관리를 실시하라

서비스 회복을 추진하더라도 모든 고객들의 불만이 완전히 없어지진 않는다. 이는 고객들의 성향이 상이하기 때문이다. 고객들은 만족도와 충성도에 따라 여러 그룹으로 나뉜다. 만족도와 충성도가 높은 그룹은 다른 고객들에게도 적극적으로 이용을 권하는 반면, 만족도와 충성도가 낮은 그룹은 다른 고객들에게 나쁜 영향을 지속적으로 미친다. 이런 고객 집단들의 특성은 서비스 회복 과정에서도 그대로 적용된다. 어떤 고객들은 조그만 서비스 회복 노력에도 즉각적으로 반응하여 추가적인 서비스 회복을 정중히 거절하는 반면, 어떤 고객들은 막대한 서비스 회복 노력에도 불구하고 지속적으로 불만을 표출한다. 그러므로 서비스 회복 과정에서 고객들을 획일적으로 관리할 것이 아니라 전략적으로 차별화하여 관리할 필요가 있다.

고객들에게는 기대를 뛰어 넘는 서비스 회복을 추진하여 긍정적인 구전 효과를 높여야 한다. 1980년대 미국 소비자문제청에서 연구한 결과에 따르면 서비스 회복이 만족스럽게 된 경우, 약 5-8명에게 그 사실을 말한다고 한다. 이것이 일반적인 통계량임을 감안할 때, 충성그룹에 대한 전략적 서비스 회복이 실시될 경우 긍정적인 구전 효과는 더욱 클 것임을 예상할 수 있다. 다음으로 불만 집단에 대해서는 무한정 자원을 투자할 것이 아니라 일정 수준의 자원을 투자하여 만족도가 제고되지 않을 시에는 공식적인 방법을 통해 부정적인 구전이 더 이상 퍼지지 않도록 기업 차원에서의 대응이 필요하다. 이같이 집단별로 차별화하여 전략적인 서비스 회복 활동을 추구하는 것은 내부 자원의 효율적인 운용과 동시에 서비스 회복의 효과성을 높여 줄 수 있다.

한편 차별화된 고객 불만 관리는 정확한 고객 분류가 이루어졌을 때만 가능하다. 단지 불평을 자주 제기한다는 이유로 불만그룹으로 분류하는 오류를 범해서는 안 된다. 고객들이 불만을 자주 제기하는 것은 주로 고객들의 기대수준을 잘못 파악했거나, 제품 및 서비스 또는 서비스 회복 과정이 잘못 되었기 때문이다. 그러므로 고객 분류를 하기에 앞서 고객 입장에서 자사의 문제점은 없었는지를 먼저 냉철하게 분석해 보아야 한다.

고객불만을 혁신의 기회로 삼아라

서비스 회복 활동의 실질적인 성공은 고객들의 불만을 체계적인 분석을 통해 제품이나 서비스의 기획, 설계, 생산과 같은 비즈니스 과정과 시스템상에서 혁신으로 연계될 때, 비로소 완성된다. 고객들이 제기하는 불만은 기업에 있어 외면하고 싶은 숙제일 수도 있다. 하지만 동시에 그것은 기업이 고쳐야 할 부분을 적나라하게 지적한 것이기도 하다. 고객들이 지적하고 불평하는 사항들을 인정하기는 힘들지라도 그것을 과감하게 인정해서 혁신의 기회로 삼아야 한다. 세계적인 우량 기업으로 알려져 있는 3M의 혁신적인 상품들의 2/3 이상이 고객들의 불평에 귀를 기울임으로써 생성되었다는 사실은 많은 국내 기업들에게 시사하는 바가 크다.

지금까지 서비스 회복을 위한 성공 포인트를 살펴보았다. 서비스 회복 활동은 초기 단계에서 실패했던 고객 만족 활동을 보완해 주고 기업 내부 혁신 활동의 기회로 작용할 수 있기 때문에 중요하다. 그러나 이런 활동들은 다른 경영 혁신 활동과 마찬가지로 경영진의 강한 의지와 내부 구성원들의 높은 직무 만족도를 수반하지 않고서는 성공하기 힘들다. 경영진은 서비스 회복을 고객 담당 부서에 일임하지 말고, 직접 고객의 소리를 듣고, 현장에서 고객들을 만나야 한다. 내부 구성원, 특히 경영진이 고객의 생생한 목소리에 깨어 있고 경청하는 기업은 머지 않아 고객들이 스스로 찾아오고 싶어하는 기업이 될 것이다.

우리의 고객은 항상 옳다

스튜 레오나드 슈퍼마켓은 일반 슈퍼마켓과는 다르다. 우유・오렌지주스・커피 등의 제품만을 취급하는 평범하지 않은 점포로 요즘에도 조미료, 주류, 스낵과자 등은 판매하지 않는다. 진열상품의 종류는 600여종으로 일반 슈퍼마켓의 15퍼센트 수준 밖에 되지 않지만 연간 350만 명의 고객이, 최고 30킬로미터 떨어진 곳에서까지 이곳을 찾아온다. 스튜 레오나드를 유명하게 한 것은 바로 기업이념에 있고 이 기업이념이 다음과 같이 돌에 새겨져 있다.

규칙 1. 우리의 고객은 항상 옳다.
규칙 2. 만일 뭔가 잘못되었다면 규칙 1을 다시 읽어 보라.

이 규칙들이 새겨져 있는, 폴리시(원칙) 스톤이라고 불리는 4톤이나 되는 큰 돌이 점포 입구에 놓여 있다. 여기에는 창업자 스튜의 아픈 기억이 담겨 있다.

점포를 연 지 얼마 안 됐을 때였다. 한 노부인이 어제 산 달걀이 상했다며 반품하러 온 것이다. 그럴 리가 없었다. 상품관리를 첫 번째 원칙으로 삼았던 스튜가 아닌가.

"우리 가게에서 그런 상품을 팔았을 리가 없습니다. 당신이 잘못 취급한 것이 틀림없습니다."라고 스튜는 잘라 말했다. 기가 막힌 노부인은 불같이 화를 내며 돌아갔고, 그때 부인이 했던 말이 그 후 스튜의 사업 방향을 결정지었다.

"나는 이 사실을 알려주기 위해 12마일이나 되는 곳에서 온 거야. 좋아! 내 눈에 흙이 들어가기 전에는 이 가게에 절대로 다시 안 와!"

스튜는 곧 자신이 잘못했음을 깨달았다. 그리고 고객을 일순간이라도 의심한 것은 장사하는 사람으로서 자격이 없다고 결론지었다. 또 어떠한 의견이든 고객의 말은 모두 옳다. 예외는 없다. 고객의 목소리대로 경영하자. 이렇게 결심하고 그는 폴리시 스톤을 세우기에 이르렀던 것이다.

『WINNERS』사토 요시나오 저

잘못을 고객의 탓으로 돌리지 말아라

비즈니스 세계에서 오래 전부터 내려오는 유명한 말이다. "잘못을 고객의 탓으로 돌리지 말라!" 잘못을 고객의 탓으로 돌리게 되면 아무것도 얻을 수 없으며 고객이 등을 돌리게 된다. 이 교훈을 얻게 된 사연이 있다.

더블린에 첫 슈퍼퀸 매장을 개장한 지 얼마 되지 않은 어느 토요일 오후 나는 한 고객을 만나게 되었다. 그녀는 울상으로 정육 코너로 가고 있었다.

"1시간 전에 이 갈비를 샀는데, 집에 가서 보니 이상한 냄새가 났어요."

그녀의 말에 정육 코너 책임자였던 짐 맥그래스는 "무슨 말씀인지 잘 알겠습니다. 잠시만 기다려 주세요. 밖으로 나가 냄새를 맡아보겠습니다."라며 밖으로 나갔다. 하지만 이상한 냄새는 없었다. 하지만 짐은 "다른 고기로 바꿔 드리겠습니다. 불편을 끼쳐 드려 죄송합니다. 대신 등심을 조금 드리도록 하겠습니다."

이 말에 그 고객은 만족스럽게 웃었다. "냄새를 맡으셨다니 안심이 되네요. 제 남편은 아들이 부엌에 갖다놓은 접착제 때문에 나는 냄새라고 했거든요."

"그렇습니까? 사실, 우리는 아무 냄새도 맡지 못했습니다." 나는 무심결에 이렇게 말했다. "하지만 바꿔 드리고 등심을 더 드려도 아무 문제는 없습니다."

그 말을 듣는 순간, 그 여자는 눈물을 터뜨리더니 밖으로 뛰쳐나갔다. 당황하여 그녀의 뒷모습을 보고 있자니, 짐이 뒤에 와서 물었다. "무슨 일입니까?"

나는 내가 무심결에 했던 말을 그에게 들려주었다. 그러자 그는 나에게 큰 소리를 질렀다. 감히 사장인 나에게 말이다! "사장님, 지금 제 정신이십니까? 그녀가 잘못했다는 말을 할 필요가 어디 있습니까? 그런 말은 절대 안 됩니다! 분명히 말씀드리는데, 그 여자 손님은 절대로 우리 매장에 다시 오지 않을 겁니다!"

정말로 그녀는 다시 오지 않았다.

이 일을 통해 나는 참으로 중요한 교훈을 얻었다.

고객이 잘못 생각했을 수도 있다. 하지만 그렇다고 고객에게 잘못했다고 말해서는 절대 안 된다. 그렇게 했다가는 고객이 절대 용서하지 않을 것이다.

『부메랑의 법칙』 피어칼 퀸 저

Review

- '고객관계관리'의 의미는 무엇인가?

- 고객관계관리가 기업과 고객입장에서 어떠한 효익이 있는가?

- 고객이 불만족을 느끼는 요인에는 무엇이 있는가?

- 불평 고객이 서비스맨과 기업에 미치는 영향이 무엇인지 설명해 보라.

- 서비스회복의 중요성에 대해 설명하라.

제5장

고객만족경영 (customer satisfaction management)

Warming-up

■ 고객의 입장에서 고객에게 친근하다고 느껴지는(고객중심의) 회사인지 어떻게 알 수 있을까? 사례를 들어 설명해 보라.

■ 기업의 서비스철학이 담긴 광고문구 하나를 예로 들고 설명해 보라.

■ '고객의 감성을 자극'하여 '고객감동'에 이르게 하는 서비스는 어떠한 것들이 있을까? 자신의 경험을 바탕으로 고객으로서 느낄 때 생각했던 점들을 적어보라.

■ 고객의 입장에서 좋은 기업이란 어떤 기업을 일컫는 것인가?

1. 고객만족경영의 개념

고객만족경영이란 무엇인가

고객만족경영(顧客滿足經營, customer satisfaction management)이란 경영의 모든 부문을 고객의 입장에서 우선적으로 생각하고 진정한 의미에서 고객을 만족시켜 기업의 생존을 유지하고자 기업의 최종목적을 고객만족의 향상에 두는 경영전략이라고 할 수 있다.

고객과의 거래는 단 한 번에 그치는 것이 아니라 일생 동안 계속되며 한 사람이 불만을 갖게 되면 주위의 모든 사람에게 영향을 미쳐, 결국 고객 한 명을 잃는 것이 아니라 수십 명을 잃는 결과를 낳게 된다. 이에 대해 고객만족경영은 고객이 제품 또는 서비스에 대해 원하는 것을 기대 이상으로 충족시킴으로써 고객의 재구매율을 높이고 고객의 선호가 지속되도록 하는 것이다.

고객만족은 결국 상품의 품질뿐만 아니라 제품의 기획, 설계, 디자인, 제작, 애프터서비스 등에 이르는 모든 과정에 걸쳐 제품에 내재된 기업문화 이미지와 더불어 상품 이미지, 이념 등 고차원적인 개념까지 고객에게 제공함으로써 소비자들에게 만족감을 제공하는 것으로 요약될 수 있다. 따라서 고객만족경영은 시장점유율 확대나 원가절감이라는 단기적인 목표보다 고객만족을 궁극적 경영목표로 추구하는 것이다.

고객만족을 위해서는 고객이 기대를 충족시킬 수 있는 품질을 제공해야 하고 고객의 불만을 효과적으로 처리해야 한다. 또한 고객만족을 위해서는 기업에 대한 종업원의 만족이 필수적이므로 사원들의 복지 향상, 일체감 조성 등 사원만족도 아울러 뒤따라야 한다. 현재 여러 기업이 표방하고 있는 '고객만족경영'이란 상품과 서비스에 대해 고객에게 만족감을 주기 위하여 고객만족도를 정기적, 정량적으로 측정하고 그 결과에 따라서 제품과 서비스 및 기업 이미지를 조직적이고 지속적으로 개선해 가는 과정을 일컫는다.

요즘처럼 기업환경이 어려운 상황에서 경쟁은 날로 심화되어 무한경쟁 시대에 접어들고 고객의 욕구는 날로 고급화, 다양화, 개성화됨으로써 종래와 같이 기업위주의 사고에서 고객 지향적인 사고로 전환하여 고객만족경영에 관심을 집중하는 것은 당연한 일이다.

고객만족을 위한 서비스 문제는 비단 서비스산업의 문제가 아니라 제조업을 포함한 모든 산업의 문제이다. 우리나라의 산업구조도 이미 서비스산업이 선진국형이면서도 서비스수준은 크게 낙후되어 있는 실정이다. 금융보험, 항공교통, 물류유통, 관광레저, 호텔숙박, 문화 · 이벤트, 음식료, 도소매업, 의료복지, 행정, 교육 등 종업원과 고객이 직접 만나 이루어지는 서비스산업 어느 것 하나 국경 없는 무한경쟁 시대에 자신있게 경쟁력을 갖추었다고 내놓을 만한 것이 없다. 특히 서비스산업은 제조된 물건 자체를 판매한다기보다 고객과의 접점에서 인간의 행위를 판매하는 것이다. 따라서 이 분야에 종사하는 사람들의 고객지향적 사고, 고객을 염두에 둔 헌신과 노력, 고객만족을 위한 연구와 창조성이 서비스수준 향상에 절대적인 요소이다.

프로슈머(Prosumer)

생산자(Producer)와 소비자(Consumer)를 합성한 용어로 세계적인 미래학자인 앨빈 토플러의 저서 '제3의 물결'에서 처음 등장했다. 생산자와 소비자의 경계가 점차 모호해지면서 소비자가 소비만 하는 수동적인 입장에서 벗어나 제품의 개발과 유통과정에도 직접 참여하는 능동적인 소비자를 의미한다.

소비자가 제품 개발에 참여하여 요구사항을 그대로 반영, 고객만족도를 증대시킬 수 있으며, 신상품 개발을 위한 비용을 절감할 수 있다. 또한 특정제품 개발에 참여한 소비자는 탄탄한 단골고객으로 확보할 수 있고, 고객 불만이나 안전사고 등도 미연에 방지할 수 있어 외국 기업들은 적극 추진하고 있는 것으로 알려졌다. 기업들이 과거에 신제품을 개발할 때 소비자들의 욕구를 파악한 후 신제품을 개발하던 방법에서 발전한 형태이다. 즉, 고객만족 경영전략으로 소비자가 직접 상품개발을 요구하며 아이디어를 제안할 때 기업이 이를 받아들여 신제품을 개발하는 것이다. 국내에서도 고객만족경영에 대한 중요성이 커지면서 컴퓨터 · 가구 · 의류와 관련된 기업에서 공모작품을 통해 적극적으로 소비자의 아이디어를 수용하고 있으며, 또한 소비자의 취향을 살린 자가조립방식의 DIY(do it yourself) 상품도 나오고 있다.

블루슈머(Bluesumer)

블루슈머는 경쟁자가 없는 시장을 의미하는 블루오션(Blue Ocean)과 소비자(Consumer)의 합성어로 블루오션의 새로운 소비자 즉, 기업들이 공략해야할 새 소비자들을 말한다. 통계청은 생활시간조사, 한국의 사회지표, 경제활동인구 등 국가통계를 분석하여 '2007년 기업들이 올해 주목해야 할 6개 블루슈머'를 다음과 같이 선정했다.

기업이 주목할 만한 블루슈머(신소비자)

소비층	유망업종
이동족	이동중 즐길수 있는 DMB TV, PMP 등
무서워하는 여성	호신용 충격기 등 방범 · 호신용품
20대 아침사양족	아침식사 대용품
피곤한 직장인	차 전문점, 스파 등 스트레스 해소 서비스 · 상품
3050 일하는 엄마	에듀시터 등 엄마 · 주부 역할 보완 서비스 · 상품
살찐 한국인	무지방 · 무칼로리 상품 등

※자료=통계청

2. 고객만족경영전략

가. 고객만족경영의 조직화

'더 큰 만족으로 보답하겠습니다'
'품질로 인정받는 고객만족 아파트'
'새해에도 고객만족 1위 기업으로 남겠습니다'

누구나 주위에서 다음과 같은 구호와 광고를 볼 수 있다. 대부분의 기업, 정부기관 및 자영업자 등은 고객만족경영을 통해 고객만족을 달성하고자 노력하고 있다고 주장하지만, 제품 및 서비스를 사용하는 우리나라 소비자들의 반응은 여전히 차갑다.

'우리 회사는 고객만족 따윈 신경 쓰지 않습니다.' 라고 주장하는 회사는 없다. 이 세상에 존재하는 모든 회사는 모두 그럴듯한 말로 고객을 현혹하고 있다. 모든 회사가 고객만족을 부르짖지만 엉뚱한 일을 하는 회사가 너무 많이 있다. 지하철 앞에서 '열심히 하겠습니다.'라고 전단지를 나눠주는 회사도 있고, 이상한 예절교육을 통해 받기에도 거북한 절만을 열심히 하는 것을 고객만족경영이라고 생각하는 기업도 있다. 이렇듯 고객만족경영을 인사 잘하기 운동, 미소짓기 운동으로 알고 있거나 고객만족에 관한 몇 번의 특강을 통해 이룰 수 있다고 생각하는 기업들이 있을지 모르나 고객만족은 말이나 구호 또는 광고를 잘 한다고 해서 달성할 수 있는 것은 아니다.

그렇다면 고객만족경영을 추구하는 기업, 정부기관 및 자영업

자들이 제대로 실행하지 못하는 이러한 현상은 왜 나타날까?

그 이유는 고객만족이라는 목표에 대해서는 누구나 쉽게 말할 수 있으나, 이를 달성하기 위해 구체적으로 어떻게 해야 할 지는 잘 모르며, 이에 대해 제시하는 고객만족경영 지침서도 제대로 없기 때문이다.

마찬가지로 '고객만족경영이 중요하다', '고객만족경영을 지금부터 우리 회사에서 하겠다.'라는 즉, 목표(What)에 대해서는 자주 언급되나 왜 고객만족경영이 실행되지 않는지, 고객만족경영을 어떻게(How)해야 하는지에 대한 이야기는 거의 없는 편이다. 그 이유는 목표를 정하는 일은 매우 쉽고 누구나 할 수 있는 일인 반면, 어떻게 하는지에 대해서는 잘 모르고 그러한 접근방법이 있는지도 제시되지 않기 때문이다.

엄격히 말하자면 종래의 고객만족은 기업경영을 영위하기 위하여 겉으로 제창한 퓨어이고, 지금 표방하는 고객만족은 경영의 궁극적 목적이라고 할 수 있다. 물론 이전부터 고객의 만족을 경영의 궁극적인 목적으로 하여 실천해 온 기업도 있겠으나, 수많은 기업에서 표방하는 고객만족, 고객우선은 표면적 원칙으로서 기업 우선적인 경영을 영위하여 왔음이 사실이다.

우선 지금까지의 기업조직은 최고경영자가 정점에 있는 피라미드형이지만, 고객만족을 중시하는 기업조직에서는 종래와는 전혀 그 반대인 역피라미드형이다. 기업 조직이 역피라미드형이 된다고 해서 결코 관리자층의 권위가 실추되는 것을 의미하는 것은 아니다. 관리자의 역할이 달라진다는 것으로 종례와 같이 조직전략의 설정 및 의사결정을 내린 것에는 변함이 없고, 그 위에 고객의 만족을 실현하기 위하여 제 일선에서 활약하는 종업원을 적극적으로 지원한다고 하는 새로운 역할이 추가되는 것이다.

얼마 전까지만 해도 세계적으로 수많은 기업들이 리엔지니어링을 경영 개혁의 구세주처럼 생각하고 적극적으로 도입해왔다. 당시 리엔지니어링의 주된 취지는 명쾌했다. 즉 패러다임의 전환이 일어났기 때문에 기업이 거기에 부응하지 못하면 더 이상 생존할 수 없었다. 그러나 이제부터는 '아무리 좋은 상품이라도 사지 않는' 소비자가 증가하고 있는 가운데 기업이 살아남기 위해서는 어떻게 하면 소비자가 좋아하는 물건을 만들 것인지, 가격을 저하시키기 위해 어떻게 기업 시스템 전체를 효율화시킬지, 요구사항도 많고 급변하는 제 멋 대로인 고객을 어떻게 하면 만족시킬 것인지가 과제이다. 따라서 경쟁력 향상을 위해서는 기업 논리를 포함한 고객 만족과 프로세스를 효율화시키는 것이 그 무엇보다 중요하다.

만족한 고객만 주머니를 연다

스웨덴 항공회사인 SAS는 1981년 오일쇼크에 따른 세계경기 침체로 심각한 불황에 빠졌다. 그 해 8백만달러라는 당시로서는 엄청난 규모의 적자를 냈다. 회사가 위기에 직면하자 이사회는 사장을 해임하고 계열사 대표를 맡고 있던 39세의 젊은 얀 칼슨을 신임사장으로 앉혔다. 당시 다른 항공사들은 에너지 비용을 줄이기 위한 "에너지 보더링(Energy Bordering)"전략으로 위기를 극복해나가고 있었다. 하지만 얀 칼슨은 정반대의 길을 택해 1년 뒤 괄목할만한 성공을 일궈냈다. 매출 20억달러에 7천1백만달러의 이익을 낸 것. 게다가 유럽 최고의 "비즈니스맨을 위한 항공사"란 명성까지 얻게됐다.

얀 칼슨이 적자 항공사를 흑자로 돌려놓을 수 있는 전략은 무엇일까.

한마디로 사람을 현혹시키는 철학, 다시 말해 "고객이 사고 싶어하는 것을 팔아라"는 그의 서비스 마인드에서 비롯됐다. 그는 고객을 직접 만나는 직원들이 고객서비스보다는 개인적 업무에 정신이 팔려 있고 행정부서는 형식과 보고서에만 집중하고 있다고 SAS의 문제점을 분석했다. 따라서 그동안 쌓여 온 직원들의 고정관념을 바꾸는 것이 선결과제였다.

그래서 얀 칼슨은 직원들에 "고객중심"의 사고를 가질 것을 요구하고 실천해 나갔다.

얀 칼슨은 "고객중심 사고가 하부로 계통을 밟아 전달되기를 기다렸다가는 이미 정착도 되기전에 게임이 끝날 것"이라는 생각에 직접 전 세계를 돌아다니며 2만여명의 직원들과 미팅을 갖고 고객중심 사고만이 살 길이라는 것을 전파해 나갔다

얀 칼슨이 실천한 가장 대표적인 고객서비스 프로그램은 BMA(Businessman's Airlines Project)였다. BMA는 스칸디나비아와 유럽대륙을 낮에 정기적으로 이용하는 비즈니스 클래스 고객을 위한 서비스다. 비즈니스 클래스 고객에게는 이코노미 고객과 달리 커튼이 쳐진 별도의 공간을 제공해 안락함을 제공하는 등 기존 요금으로 더 좋은 서비스를 제공했다.

또 하나는 "정시출발" 전략이었다. 비즈니스맨의 생명인 시간엄수를 지켜주기 위한 것이었다. 이같은 서비스 등의 제공으로 3개월만에 "유럽에서 시간을 가장 잘 지키는 항공사"라는 이미지를 만들 수 있었다.

서비스가 기업경쟁력의 핵심요소로 부각되면서 이 회사처럼 서비스 품질을 높이기 위해 노력하는 기업들이 늘고 있다. 이를 통해 고객에게 회사의 이미지를 높여 매출향상을 가져올 수 있기 때문이다.

[한구경제 2004-06-14]

나. 고객감동서비스의 실천

고객의 마음을 움직여라, 감동시켜라

몇 년 전 미국 리츠칼튼 호텔의 한 청소부 아줌마가 세계 품질 경영의 대명사로 불리는 '말콤 볼드리지상'을 수상해 세상을 놀라게 한 적이 있다. 필리핀 출신의 이 청소부는 "청소는 허드렛일이 아니다."라면서 손님들이 안볼 때 더 빨리, 더 깨끗하게 청소했다. 그의 청소는 바로 '고객 감동'이었다.

최근 우리 기업들 사이에는 '고객만족' '고객감동' 심지어는 '고객황홀'이라는 말까지 유행하고 있다. 이러한 용어들은 모두 '고객만족경영'이라는 이념에 근거하고 있다. 고객만족경영은 기업의 최종목적을 고객만족에 두고 고객만족향상을 위해 지속적으로 노력하는 것이다.

서비스는 고객만족을 높이기 위한 행동이다. 이런 의미에서 흔히 '서비스란 고객에게 봉사하는 일', '고객은 왕이다'라고 말한다.

고객만족을 경쟁 회사에 이기기 위한 수단으로 생각하는 사람도 있다. 대부분의 사람들은 서비스 대상을 고객의 지갑으로 여기는 듯하나 이는 잘못된 생각이다. 서비스의 대상은 고객의 '마음'이다. 마음이 움직였을 때 사람은 만족을 느낀다. 사람의 마음을 움직이는 서비스가 진정한 고객만족을 제공할 수 있다. 사람의 마음이 사람을 움직인다. 서비스란 고객에게 서비스 제공자의 마음을 전하는 일이다.

고객만족경영의 진리는 '기업의 위치가 아닌 고객의 위치에서 생각해야 한다'는 것이다. 고객의 위치에서 생각하면 기업의 크고 작은 전략이나 기업 간의 경쟁은 자신과는 전혀 상관없는 일처럼 보인다. 때에 따라서는 기업이 많은 비용을 들여 투자한 일이 오히려 고객에게 폐를 끼칠 때도 있다. 진정한 고객 만족을 제공하려면 기업의 행동이 고객에게 과연 기쁨을 제공할 수 있는지를 먼저 고려해야 한다.

오늘날 고객의 기대 수준은 점점 높아지고 있다. 모든 시스템을 고객서비스 중심으로 바꾸어 나가는 일은 이제 선택이 아니라 생존 전략이다.

고객을 자석처럼 붙게 하는 '마그네틱 서비스'를 하라

최근 고객서비스 전문가인 칩 R. 벨(Chip R. Bell)과 빌리잭 R. 벨(Bilijack R. Bell)이 공동으로 저술한 저서 「마그네틱 서비스」는 '만족한' 고객이 '헌신적인' 고객이 되도록 바꾸어주는 방안을 '마그네틱 서비스'란 개념으로 소개하고 있다.

저자들은 서비스 패러다임을 바꾸어 "오늘날의 고객은 예전과는 달리 선택의 폭이 넓어졌고, 요구 사항은 까다로워졌으며, 기준은 갈수록 높아지고 있다. 이런 때일수록 쉬지 않고 계속 끌어당기는 강력한 자석처럼 고객을 내 사람으로 유지시켜 주고 열광하게 만드는 마그네틱 서비스가 요구된다"고 강조한다. 일반적으로 말하듯이 '찰싹 달라붙듯' 서비스해야 한다는 것이다.

어떤 사람들은 기분 좋게 4000원을 내고 스타벅스 커피를 마시고, 리츠칼튼 호텔에 투숙하기 위해 기꺼이 수 십 만원을 지불한다. 이는 상품과 서비스에 대한 '고객의 헌신'이며 여기에 불을 당기려면 알맞은 색, 모양, 소리, 감촉을 상품이나 서비스에 접목시켜야 한다.

뿐만 아니라 고객의 기대와 희망은 언제나 살아 움직이기 때문에 언제나 시기를 잘 맞춰야 한다. 특히 서비스를 하는 주체의 입장에서가 아니라 서비스를 받는 고객의 입장에서 이 마그네틱 서비스의 본질을 이해하려고 노력할 때 고객의 헌신을 끌어낼 수 있다는 것이다.

저자들은 각종 브랜드를 조사한 결과를 토대로 마그네틱 서비스의 일곱 가지 비밀을 다음과 같이 밝혀내고 있다.

첫째, 마그네틱 서비스의 가장 밑바탕이 되는 원칙은 신용이다. 하지만 고객 신용의 기반은 항상 변화하므로, 고객이 능력이 있는 기업과 거래한다는 점을 확신할 수 있도록 경쟁력을 보여줘야 한다.

둘째, 고객의 필요 뿐 아니라 희망에 집중하라. 분명하고 눈에 보이는 고객의 필요 뒤에 숨겨져 있는 그들의 희망과 소망을 파악해 서비스해야 한다. 기업이 이것에 접근하면 고객의 충성도를 높일 뿐 아니라 앞으로의 필요를 예측함으로써 그 충성도를 다질 수 있다.

셋째, 서비스에 '카리스마'를 더하라. 고객의 헌신을 유발하려면 흥분되고 대담하고 조금은 무모한 일을 저지르는 편이 낫다. 따라서 단지 고객이 예상한 것 '이상'을 제공하는 것이 아니라 고객이 예상한 것과 다른 것을 제공해야 한다.

넷째, 고객의 호기심을 유발하라. 고객의 호기심을 부추기는 가장 좋은 방법은 참여하게 하는 것이다. 고객에게 참여의 기회를 매력적으로 어필하려면 고객에게 실제로 참여하라고 요구하기보다 참여할 수 있는 선택권을 주는 편이 좋다.

다섯째, 가끔은 고객에게 기적을 선사하라. 예상 밖의 특별한 선물과 특정한 개인에게 딱 알맞은 선물을 통해 고객을 단순히 기분 좋게 하는 것을 넘어 고객을 감동시켜야 한다.

여섯째, 편안함으로 고객에게 힘을 위임하라. 고객은 서비스를 통해 신체적인 편안함을 느낄 때 자신에게 힘이 있다고 느낀다. 다시 말해 고객서비스가 부드럽게 이루어져야 한다는 얘기다.

일곱째, 용기를 보여줌으로써 캐릭터를 드러내라. 서비스 제공자는 고객에게 감동을 주겠다는 생각으로 고객이 보기에 부당하고 불필요하며 받아들일 수 없는 '유인상술'전략과 거짓된 약속과 교묘한 속임수에 의존한다. 하지만 마그네틱 서비스는 이러한 눈가림식 서비스를 제공하는 것이 아니라 과감한 캐릭터와 탄탄한 거래에 의지하여 고객의 신뢰를 얻는다.

"고객이 졸도할 때까지" 업계 서비스 대폭강화

한때 소비재 업계에서 '고객만족'이란 말이 유행했습니다. 이제는 고객만족을 넘어 '고객 감동'의 시대인 것 같습니다. 불황극복을 위해 기업마다 고객 잡기에 열을 올리면서 이색 서비스들을 잇달아 내놓고 있습니다.

LG생활건강은 최근 서울 주요 번화가에서 신상품 시판 기념으로 5차례 모발진단 행사를 열었습니다. 예전에도 샴푸 회사들이 거리에 모발진단기를 설치하고 현장에서 모발 상태를 알려주곤 했는데요. 이번에는 아예 모발 샘플을 채취해 대학 연구실로 보낸 뒤 결과를 고객들에게 e메일로 보내줬습니다. 이 진단서에는 모발의 손상 정도와 원인에 대한 설명뿐 아니라 평소 모발관리 습관에 대한 조언과 관리법까지 구체적으로 적혀 있습니다. 모발상태를 확대한 사진을 첨부하거나 진단결과에 따라 자사 제품에 대한 추천도 잊지 않았습니다. 고객들에게 감동 서비스를 제공하며 자연스레 홍보를 하는 셈이죠. 패밀리 레스토랑에서는 주문한 음식이 나오기 전 한 두개의 빵을 주곤 했는데 요즘은 무제한으로 리필해주는 곳들이 많습니다. 고객이 원하면 아예 포장을 해주기도 합니다.

이동통신업체에서는 고객을 직접 찾아가 휴대전화 사후서비스를 해주기도 합니다. 할인점들도 계절에 관계없이 24시간 운영 매장을 늘리고 있습니다. 많은 업체들이 "밤샘 영업을 한다고 해서 수익이 월등히 좋아지는 것은 아니지만 고객서비스 차원에서 24시간 영업을 하고 있다"고 말합니다.

최근에는 '고객감동'도 양에 안 찬다며 '고객 졸도'를 내걸고 있는 업체들도 많습니다. 앞으로 어떤 서비스들이 나올지 기대됩니다.

[동아일보 2004-06-10]

3. 고객만족마케팅

가. 마케팅의 변천

마케팅은 전략적으로 시장세분화, 상품과 기업의 포지셔닝, 매체 침투, 이벤트 마케팅을 그 특징으로 한다. 이에 비하여 최근 대두되고 있는 고객만족 마케팅은 가치마케팅(value marketing)이라고 불리며 상품에 대한 신뢰성, 품질, 서비스, 만족도 등을 고객에게 확신시켜 주는 것이 핵심활동이다. 고객을 지속적으로 만족시키는 것이 바로 가치 마케팅의 요체이므로 우선 가치 마케팅은 고객만족을 보장하는 데서 시작한다. 가치 마케팅은 마케팅 정보수집 시스템을 통해 고객이 욕구를 파악하고 그 다음 고객의 만족도를 측정한다. 그리고 신용을 쌓고 서비스 하부구조를 조직하며 고객과 깊고 지속적인 관계를 확립하려 한다.

마케팅 학자들에 따르면, 마케팅 관리 철학의 변천은 크게 나누어 생산 개념 단계(Production Concept), 제품개념 단계(Product Concept), 판매 개념 단계(Selling Concept), 마케팅 개념 단계(Marketing Concept), 사회지향적 개념 단계(Societal Marketing Concept), DB/CRM 개념단계(Database/Customer Relationship Marketing Concept)로 발전해 오고 있다.

생산 개념(Production Concept)은 수요와 공급의 관계에서 초과 수요의 시대에 기업의 마케팅 철학으로서 기업이 대중의 욕구를 충족시키고 이를 통해 후생 수준을 향상시키려면 부족한 물품을 공급하는 것이 기업과 마케팅이 봉사해야 하는 역할이라고 생각하던 개념이다. 이 때 기업의 관심은 초과 수요를 메우기 위해 물품의 생산 확대, 즉 생산력 제고와 이를 시장에 어떻게 내보낼 것인가에 관심의 초점이 있었다.

제품 개념(product Concept)은 초과 수요 상태는 어느 정도 해소되었지만 소비자들은 여전히 좋은 품질과 성능, 그리고 혁신적인 특징만 있으면 그 상품을 좋아할 것이란 가정 하에 기업이 채택한 개념으로 이때에도 여전히 더 나은 상품과 더 나은 개선에 기업의 관심이 집중되어 있었다.

판매 개념(Selling Concept)의 시기는 생산에 대한 문제보다 계속해서 생산되는 제품의 시장 소비를 촉진하는 것이 기업의 주요 관심사였으며, 이러한 압력에 의해 강력한 판매 조직의 운영과 촉진 정책, 특히 광고를 비롯한 대량 판촉을 실시해 제품 재고의 소화에 전력을 기울였던 시기이다.

마케팅 개념(Marketing Concept)시기는 위의 여러 단계를 거치면서, 그리고 경제 구조가 공급 과잉이 심화되고 경쟁이 치열해지는 환경 속에서 소비자의 욕구와 그들이 기대하는 만족을 경쟁자 보다 효율적으로 전달하는 것이 기업 목적을 달성하는데 중요하다는 것을 인식하면서 받아들여진 개념이다. 즉, 이때부터 비로소 소비자가 마케팅 활동의 중심에 놓이게 되었고 소비자의 만족을 통한 이익의 추구가 주요 개념이 된다. 따라서 만든 제품을 팔려고 노력하는 정도를 넘어서 시장이나 고객이 원하는 것을 찾는 것이 마케팅의 출발점이라고 인식하게 되어, 고객과 고객욕구를 우선시하고, 전사적 통합적 마케팅을 활용하고, 고객의 욕구를 충족시켜주는 대가로 기업 이익을 지향하게 된다.

사회지향적 개념 (Societal Marketing Concept)은 기존의 마케팅 개념이 타겟(target) 소비자에 대한 만족을 위해 기업이 봉사하는 것이라는 개념이라면, 사회적 마케팅 개념은 기업 활동 과정에는 기업의 목표 고객의 만족만으로는 기업이 영속하는데 부족하고 사회적 복지와 불특정 다수에게 영향을 미치는 생태적 영향(Ecology)에 대한 사회적 만족을 통해서만 기업이 존속할 수 있다는 인식에 기초한 마케팅 개념이다. 즉 '마케팅 개념+장기적인 사회복지'의 마케팅 사고 방식으로, 미래를 지향하며 소비자와 사회의 복지를 마케팅의 사고 방식에 도입한 것이다. 이 시기에는 마케팅의 윤리적인 측면이 더욱 부각되고 있다.

현재의 DB/CRM마케팅 개념단계(Database/Customer Relationship Marketing Concept)의 서비스에서는 고객과의 관계가 중요하므로 고객관계관리가 필수적이다. 따라서 고객관계에 초점을 맞춘 마케팅이 필요한 것이다. 새로운 고객만족 마케팅은 일회성 거래가 아닌 고객과의 관계를 형성, 발전 및 유지시키려는 것이므로 상호작용적 마케팅이 중요해진다. 여기에는 직원의 고객 지향적 사고, 참여자로서 고객의 존재 및 역할, 그리고 서비스 환경이 주요 내용이 되므로 마케팅과 운영부문, 인사부문의 연계가 기본이다. 일반적으로 고객만족 마케팅에서는 기존 고객이 가격에 민감하지 않은 특징을 보인다. 그러므로 기존고객을 유지하는 것이 새로운 고객을 발굴하는 것보다 훨씬 쉽고 비용도 저렴하다.

나. 고객만족마케팅의 유형

제3장에서 살펴본 고객만족의 구성요소들과 관련하여 마케팅적인 측면에서 고객만족마케팅의 유형을 약속마케팅, 내부역량마케팅, 접점마케팅 등 세 가지로 정의할 수 있다.

약속마케팅은 고객만족에 대한 기업의 철학과 의지를 고객에게 약속하는 것이고, 내부역량마케팅은 고객에게 한 약속을 지킬 수 있도록 시스템과 프로세스를 구축하고 사원들의 지식과 능력을 키우는 것을 말하며, 접점마케팅은 기업이 고객에게 약속한 것을 직접 실행하는 것을 의미한다.

이와 관련하여 고객만족마케팅믹스는 기업 관점의 마케팅믹스인 4P (product, price, place, promotion)가 아니라 고객 입장의 마케팅믹스인 4C(Customer Benefit, Cost, Convenience, Communication)라고 보는 견해도 있다.

일반적으로 서비스 산업에서 마케팅 믹스 전략을 수행하기 위해 고려하는 7가지 요소는 다음과 같다.

1. Product(상품)

마케팅 믹스 전략에서 가장 기본이 되는 요소로, 고객에게 팔려고 하는 상품을 말한다. 고객의 욕구를 충족시킬 수 있는 유형, 무형의 모든 것이 다 해당된다.

2. Price(가격)

서비스 산업에서도 가격은 상품과 서비스의 효용 및 가치를 의미한다.

3. Place(장소 또는 유통)

상품과 서비스가 생산자로부터 최종 소비자에게 전달되는 구조적인 과정을 의미하며 서비스 산업의 경우, 매장의 입지적인 측면으로 이해하면 된다.

4. Promotion(촉진)

현재의 고객과 잠재 고객에게 커뮤니케이션 활동을 전개하여 상품을 알리고 다른 상품과 비교하여 설득하고 소비자의 구매성향을 바꾸어나가는 마케팅 활동으로 대인 판매(Personal Selling), 광고(Advertising), 홍보와 선전(Public Relation and Publicity), 판매 촉진(Sales Promotion) 등이 있다.

5. Personnel(Participant, People : 참가자)

합리적인 인사관리와 교육을 통한 서비스 질의 확보와 고객 만족을 추구하는 마케팅 믹스의 요소로, 서비스산업은 궁극적으로 서비스 활동에 참여하는 판매원인 종업원이 중요하다는 반증이다. 여기서는 종업원을 최초의 고객으로 보고 그들에게 서비스 마인드나 고객지향적 사고를 심어주며, 더 좋은 성과를 낼 수 있도록 동기를 부여하는 활동을 전개하는 것이 핵심이다.

6. Physical Facility(시설, 환경)

점포의 시설 이미지를 통해 고객에게 만족을 추구하는 마케팅 믹스의 요소로 Physical Evidence(서비스의 물리적 증거) 라고 한다. 즉, 서비스의 물리적 증거는 서비스가 전달되어지고, 서비스 기업과 고객의 상호작용이 이루어지는 환경을 말한다. 외부환경은 신규고객 확보에 가장 큰 변수로 작용하는 시설의 외형, 간판 등의 안내표지판, 주차장, 주변환경 등이 속하며, 내부환경은 내부장식과 표지판, 벽 색상, 가구, 시설물, 공기의 질/온도, 향기 등이 해당된다. 그 외 물리적 증거로서 유형적 요소는 종업원 유니폼, 광고 팜플렛, 메모지, 입장티켓, 영수증이 있다. 서비스에서 물리적 증거가 중요한 이유는 무형적인 서비스 상품이 어떤가를 고객이 결정하고 평가하는데 도움이 될 수 있는 유형적 단서가 되기 때문이다. 즉, 고객은 눈에 보이는 가시적인 것에 의해 서비스를 평가하고 만족하는 경향이 많다.

7. Process Management(작업진행관리)

지속적인 고객서비스의 원활한 흐름을 위한 시스템의 개발과 활용을 통해 고객에게 만족을 주는 마케팅 믹스의 요소이다. 즉, 이것은 서비스 프로세스를 관리하는 것으로, 서비스가 전달되어지는 절차나 메커니즘 또는 활동들의 흐름을 의미한다. 대부분의 서비스는 일련의 과정(process)이며 흐름(flow)의 형태로 전달된다. 여기서 유의할 점은 서비스 프로세스의 단계와 서비스 제공자의 처리 능력은 고객의 눈에 가시적으로 보여지므로 서비스 생산 프로세스를 설계할 때에는 프로세스에 대해서 고객이 느끼는 점들에 대해 특별하게 주의해야 하고, 반드시 고객의 관점이 반영되어야 한다.

다. 감성마케팅

1978년 미국국립표준위원회(ANSI : American National Standards Institute)에 의하여 처음 공식적으로 품질(quality)에 대한 정의가 내려졌을 때는 제공되는 제품이나 서비스의 특징이나 특색에 따라 품질이 좋고 나쁨이 결정되었으나 1980년대 말에 들어서 '고객의 기대수준을 충족시키거나 초과하여 기쁨을 주는 상태'로 정의 내릴 수 있다.

그러나 뉴 밀레니엄을 맞이한 2000년대에 들어서서는 "인간 본연의 정서에 얼마나 맞추었는가? 즉, 고객의 마음을 읽어내는 마인드웨어(mindware) 개념이 반영되어 인간의 가슴에 맺힌 응어리를 풀어 주기도 하고 메마른 감성을 적셔 주기도 하며 성취욕을 채워주는 상태"로 정의를 내리고 있으며, 이러한 하이디치(high touch)적 서비스의 고객만족경영의 본질은 종사원이 단순히 미소를 띄운 채 고객을 대하거나 구입한 제품에 불만을 느끼는 고객에게 제품의 환불을 통하여 고객을 만족시키는 것이 아니라, 최고 경영자의 리더쉽에서부터 권한이 이양된 일선 근무자까지 전체 기업조직이 고객만족을 극대화시킬 수 있도록 최선을 다하는 개념이다. 따라서 고객만족이란 제품이나 서비스가 고객이 기대 및 요구에 부응할 때, 그리고 미처 표현하지 않는 마음속까지 읽어낼 때 자연스럽게 이루어지는 것이다. 기업은 고객만족의 반대급부로서 이익 및 매출의 증가를 얻게 된다. 이것은 '단골고객(loyal customer)'은 만족을 주는 제품을 구입하기 위해 더욱 많은 금전을 지출할 뿐만 아니라 새로운 고객을 소개하기 때문이다.

서비스 특성의 한계를 넘어라

'서비스는 필링(feeling)이다.'

서비스는 만질 수도 무게를 잴 수도 없다. 과연 서비스는 이성적이라기보다 감성적이다. 서비스란 고객을 만나기 전부터 시작되며 고객의 보이지 않는 마음까지 읽어내야 하는 고도의 감성 테크닉이다. 최상의 서비스는 항상 고객 입장에서 느끼고, 생각하고, 행동하는 데서 나온다.

언제, 어디서, 누구를 만나든 최고의 서비스를 제공받으면서 고객은 감동하게 된다. 병원에서는 편리한 시설이나 깨끗한 환경도 물론 중요하지만 환자의 이야기에 귀 기울여주고, 마음에서 우러나오는 상담을 해주는 서비스가 더 환자의 마음을 움직이며 이를 통해 치료 효과도 더욱 높아질 수 있을 것이다.

고객의 삶의 수준은 매일 달라지고 있으며 기대 수준 또한 하루가 다르게 높아가고 있다. 이제 고객의 감성적인 욕구를 충족시킬 수 있는 기술이 요구된다. 감성에 호소하여 감동할 수 있는 혁신적인 아이디어로 고객에게 다가설 수 있어야 한다. 놀라운 서비스를 체험한 고객은 구전효과를 발생시켜 홍보효과를 가져올 뿐 아니라 고객충성도를 보일 것이므로 감성에 호소한 서비스는 고객의 기대수준을 뛰어넘는 가치를 제공하는 서비스를 말한다.

성공적인 서비스는 효과적인 의사소통 기술, 긍정적인 태도, 인내심, 기꺼이 고객을 돕고자하는 마음 등을 통해 이뤄질 수 있다.

가령 핸드폰이 고장나 서비스센터를 찾기 위해 전화를 건다고 가정해 보자. 두서너 번의 전화벨 소리 다음에 디지털 음성이 들린다. 고객을 확인한다는 이유로 요구하는 것도 많다. 그리고 그들이 정해 놓은 서비스 카테고리를 골라 해당 번호를 누르라고 한다. 하지만 가장 마지막에 가서야 "상담원 연결은 0번"이라는 멘트가 나온다. 상담원과 연결이 된 후에도 마찬가지이다. 수없이 많은 질문에 대답을 하고서야 원하는 서비스를 받을 수 있다. 이런 현상이 가속화되면서 고객들은 획일적인 서비스에 식상해지기 시작했다. 그러면서 고객들은 새로운 서비스를 원한다.

이제 소비자들은 하이테크와 하이터치가 결합된 서비스를 요구한다. 하이

테크는 높은 수준의 기술을 의미한다. 여기에는 제품의 품질, 디자인, 성능, A/S, 서비스 체계 등의 모든 것이 포함된다. 이것이 기업의 경쟁력이고 다른 회사와 특히 구분될 수 있는 무기이다. 반면에 하이터치는 그것과는 별개이다. 사람과 사람과의 접촉을 의미한다. 이제 싸늘한 기계음이 사람의 서비스를 대치할 수 있는 시대는 지났다. 기술의 발전, 특히 디지털 기술의 발전을 기업의 생존을 위한 목표라고 생각해 왔던 기업으로서는 소비자의 갑작스런 변화의 요구에 부응해야 한다.

고객의 요구를 무조건 만족시켜라. 따분한 기계음이 아닌 환하게 웃는 얼굴로 고객의 불만을 녹여라. 기업의 성장 가능성은 서비스를 받고 웃으며 돌아가는 고객의 숫자와 비례한다.

이제 감성은 선택이 아닌 필수다

요즘처럼 '감성'이란 단어가 사회의 화두가 된 적이 없다. 그것은 아마 현대사회가 획일화된 목표와 객관성 중심의 과거 사회와는 달리 창의와 개성이 중시되는 방향으로 변화하고 있기 때문일 것이다.

21세기 기업 환경은 이성과 계량화에 기초한 성과제와 기술적 역량 등을 강조함에 따라 국내 기업들의 경영방식이 조직역량의 황폐화를 가져왔다고 비판받고 개인 대 개인 혹은 내부 조직 간의 격렬한 경쟁을 유발시켰으며 더 이상 서로를 아끼고, 보듬던 따스한 온정이 사라진지 오래되었다. 기업에서는 연봉제와 성과급으로 인한 조직의 소속감이 해체되어, 살벌해진 직장에서 경쟁만이 남아 있다. 이러한 삭막해진 세상에 오아시스같은 해법이야말로 바로 감성경영이 아닐까 생각한다.

이런 경영혁신의 폐해들이 크게 나타나 조직의 목표를 달성하기 위해서는 상호이익을 추구하고 인간의 따스한 가슴을 자극하는 감성 엔진과 감성 역량을 배양할 필요를 느끼게 된 것이다. 기업이 좋은 품질과 저렴한 노동력으로 물건을 만들어 팔던 공업화시대는 이미 지나가고 있으며 이제는 고객에게 깊은 감동을 주는 서비스로 가치를 높이는 기업들이 각광받고 있는 시대가 왔다.

사람들의 마음을 사로잡는 감성의 힘

우리는 사람들 속에서 살아가고 있으며, 사람들과 좋은 관계를 맺으면서 원만하고 행복한 삶을 누리기를 희망한다. 그러나 실제로 성공적인 인간관계를 맺는다는 것이 결코 쉽지만은 않다. 자기 자신과 다른 사람들의 감정을 읽어내고 이해하며, 평정심을 유지하면서 사람들의 마음을 이끌어낸다는 것이 웬만한 내공으로는 힘든 일이기 때문이다. 이때 감성의 힘을 이용하면 얼마든지 자신이 원하는 방향으로 사람들의 마음을 이끌 수 있다. 이제 '고객만족'이나 '고객감동'만으로는 부족하다. 고객을 행복하게, 더 나아가 인간을 행복하게 해주어야 한다.

서비스라는 무대에서는 고객이 주인공이다. 고객보다 잘난 척하지 말고 고객보다 빛나려고 하지 말고 고객의 마음을 따라가라. 진정한 서비스를 제공하고자 한다면 고객과 함께 기쁨과 고통을 나누어야 한다. 말 한마디라도 고객의 입장에서 생각하여 하는 것이 중요하다.

서비스정신은 '역지사지'라고 했다. 이제는 입장을 바꾸어서 생각할 뿐 아니라 마음까지 바꾸어 생각해보자. 고객이 행복해야 서비스맨도 행복하기 때문이다.

고객의 입장에 서게 되면 누구나 감성적이 된다. 서비스는 이 감성에 부응해야한다. 서비스는 누군가의 잘잘못을 따지는 일이 아니고 상대를 이해하려는 마음에서 출발해야한다. 고객의 감성을 이해하게 되면 서비스는 보이게 마련이다.

합리적인 고객도 결론은 감성적이다

우리는 인간이 경제적인 동물이고, 경제활동은 합리적인 의사결정 과정이라고 알고 있다. 합리적이라는 것은 이치에 맞게 생각하고, 판단하고, 행동한다는 뜻인데, 고객을 응대할 때 특히 상대를 설득해야 하는 영업과 관련된 일을 할 경우 이 말을 너무 신봉하면 함정에 빠질 위험이 있다. 사람이 경제활동을 할 때, 쉽게 말해서, 어떤 것을 사려고 할 때 합리적으로 생각할 것이라는 그 믿음 때문에 서비스맨은 상대방을 논리적으로 설득하는데 애쓰게 되는

데, 과연 고객은 무엇을 구매하기 위한 결심을 합리적으로 하는 걸까?

자신이 무엇을 구매할 때 의사결정을 했던 여러 경험을 생각해 보면 그 답을 알 수 있다. 써 본 적이 없어서 품질을 확신하지 못하는데도 자신이 좋아하는 사람이 그 물건을 쓰고 있기 때문에 그걸 샀던 경험, 유명 브랜드는 아니지만 판매사원이 참 인간적이고 친절하기 때문에 샀던 경험 등 이것저것 비교할 때에는 합리적으로 생각하고 판단하지만 마지막에 선택하거나 결정할 때에는 감성적인 요인이 더 크게 작용한다.

"하신 말씀을 잘 알겠는데, 아는 분께서 소개해 준 영업사원한테 사야 해요, 그 분 체면을 봐서라도…"라든가 "정말 좋은 제품이군요. 하지만 기존 거래처하고 오랜 관계를 하루 아침에 끊을 수는 없지요." 등등 이치에 맞지 않게 결정하는 고객이 있지 않은가.

결론적으로 말해서, 생각은 합리적으로 하더라도 결정은 감성적으로 끝나기도 한다. 인간은 합리적인 동물이기도 하지만 감성적인 동물이기 때문이다.

서비스맨의 접근방법이나 설득방법이 너무 논리적인 측면으로 유지되면 고객의 감성이라는 방어벽을 넘어 가기 힘들다. 그러니까 설명하고 설득하는 단계에서는 합리적으로, 구매를 권유하고 약속을 받아내는 클로징 단계에서는 감성적으로 행동할 필요가 있다.

고객서비스에 있어서 사람은 합리적이지만은 않다는 것을 염두에 두면 실패할 가능성이 줄어든다.

감성마케팅으로 승부하라

예로부터 마케팅의 변화를 리드하는 기업에게는 성공이 보장되었고, 그 변화를 읽지 못하거나 따라 가지 못하는 기업은 오래 살아남을 수가 없었다. 그러나 더욱 더 중요한 것은 시간이 지날수록 마케팅의 변화 속도가 점점 더 빨라지고 있다는 것이다. 이론으로만 존재했던 것들이 바로 현실화되고 있으며, 정착하자마자 전체 분위기를 휩쓸고 있다. 현재 그 변화의 주인공이 바로 감성마케팅(emotional marketing)이다. 이 개념은 벌써 오래 전에 나왔던 이론이며, 마케팅 현장에서는 화장품, 기호식품, 스포츠용품 등에 있어 드러나지 않고 이루어졌던 것이 바로 감성마케팅이었으나, 이제 마케팅의 주류로

급부상하고 있다. 물론 모든 업종에 해당되는 것은 아니지만 분명 마케팅의 스타로 떠오른 것은 사실이다. 특히 이 시대의 막강한 소비층인 젊은 세대들은 이성적으로 따지고 구매하는 이성마케팅보다는 감성마케팅의 주역으로 활동하고 있다.

감성 마케팅은 한 마디로 소비자들의 감성에 어울리는 혹은 그들의 감성이 좋아하는 자극이나 정보를 통해 제품에 대한 소비자의 호의적인 감정 반응을 일으키고 소비 경험을 즐겁게 해줌으로써 소비자를 감동시키자는 것을 목표로 하고 있다. 여기에 덧붙여 마음에서 우러나오는 서비스로 고객의 감성을 움직이자는 것이다. 즉 물질적인 자극뿐만 아니라 한 걸음 더 나아가서 소비자의 마음을 상대로 하는 감각정보를 통해 소비자의 감성 욕구에 부응하자는 것이다.

감성마케팅은 인간이 다섯 가지 감각(시각, 청각, 미각, 후각 촉각)에 기초하여 정보를 받아들인다는 점을 핵심으로 하여 이러한 감성적 측면을 강조한 혹은 감성적 측면에 소구하는 마케팅으로서 시각마케팅 · 청각마케팅 · 후각마케팅 · 미각마케팅 · 촉각마케팅 · 체험마케팅 등이 있다.

고객의 오감을 만족시켜라

감성 마케팅이란 눈에 보이지 않는 감성이나 취향을 눈에 보이는 색채, 형태, 소재를 통해 형상화시키는 것을 말한다. 이러한 감성 마케팅의 특징은 자극을 통해 소비자들의 무의식적 반응을 이끌어 내고 이를 매출 증대로 연결한다는 데 있다. 이성에 호소하기보다는 직관과 이미지를 중시하는 감성을 자극하는 편이 좀 더 쉽고 직접적으로 소비자를 사로잡을 수 있다는 장점 때문에 최근 업계에서는 이러한 감성 마케팅에 주목하고 있다.

최근 병원들도 크게 달라지고 있다. 특히 몇 몇 특정과목 전문 병원의 경우 호텔이나 고급 카페에 들어온 듯한 착각을 일으킬 정도로 시설을 고급스럽게 특화시킨 곳이 많다. 그런데 단순히 시설을 고급화하는 것만으로는 고객의 감성을 자극하는 데 한계가 있으므로 고객을 중심에 놓고, 고객이 만족할 만한 요소들을 시각, 청각, 후각, 미각, 촉각 등으로 구분하여 접근하는 감성마케팅에 대한 관심이 고조되고 있다.

감성지능을 개발하라

수많은 기업들에게 성공적인 협상을 안겨준 장본인이며 세계적인 협상 전략가인 심리학 박사 존 이튼(John Eaton)과 로이 존슨(Roy Johnson)은 감성의 힘을 강조하며 감성지능과 교육, 커뮤니케이션 및 리더십 분야에서 혁신을 일으키고 있다. 특히 감성지능 분야에서 돌풍을 일으키고 있는 그들이 감성의 힘을 이용하여 삶을 더욱 활기차고 성공적으로 이끌어갈 수 있는 비결을 담아 감성지능이 높은 사람은 감성적으로 둔감한 사람에 비해 훨씬 성공적으로 사회생활을 해 나간다고 한다.

감성지능의 핵심 기술은 사람들의 마음 읽어내기, 균형과 자신감을 가지고 행동하기, 감정 조절하기, 설득하기, 감정 이입, 통찰력에 의한 의사 결정, 그리고 갈등 조정 등 일곱 가지이다. 이러한 기술을 익히는 과정에서 중요한 것은 너그러움, 유연성, 유머, 단호함, 창조성, 열정 등을 갖추어야 한다는 것이다. 이러한 마음의 요소를 키우지 않으면 감성지능을 높이는 데 장애가 될 수 있다.

존 이튼과 로이 존슨은 감성지능을 높이기 위해서 몇 가지 조건이 있다고 말한다. "첫째, 자기 관리를 철저히 하라, 둘째, 사람들의 마음을 파악하라, 셋째, 설득력을 발휘하라, 넷째, 갈등을 해결하라, 다섯째, 영향력을 확대하라"가 그것이다.

첫째 조건에서는 자신감과 긍정적 사고방식, 감정 조절, 집중력과 직관력이 필요하고, 둘째 조건에서는 관찰과 감정 이입을 통한 사회적 레이더 개발, 다양함에 대한 열린 마음, 유연성, 사람들의 기분을 파악하는 기술과 새로운 시각을 갖는 것이 필요하며, 셋째 조건에서는 사람들의 가치관을 활용하여 관심 유도하기, 비판에 대처하기, 가치관과 감정 연결하기, 사람들이 관심을 가질 만한 제안 만들어내기 등의 기술이 필요하다. 그리고 넷째 조건에서는 두려움과 분노 조절, 대화에서 공통 입장 찾기, 문제의 재구성 등의 기술이 필요하며, 다섯째 조건에서는 정직함과 설득력, 지지자 확보하기, 좋은 인상 심기 등의 기술이 필요하다.

이런 기술들은 '연습-질문-실행' 단계를 거치면서 훈련을 하면 자연스럽게 익힐 수 있다. 이 다섯 가지 조건을 단계별로 충족시켜 나가다 보면 어느 순간 자신이 감성적으로 매우 영리한 사람이 되어 있음을 깨닫게 될 것이다. 감성적으로 영리한 사람이란 상대방의 감성을 이해하고 인정하면서도 자신의 주장을 버리지 않는 기술, 즉 감성지능을 가진 사람이 성공할 수 있다는 것이다.

이러한 감성지능을 개발하면 틀림없이 직장 생활이나 개인 생활 모두가 풍요로워질 것이다.

감성경영을 실천하라

감성경영이란 기업 구성원들의 감성지능을 끌어올리는 한편 소비자들에게 감성마케팅을 통해 접근해야 하며 이를 위해 감성리더십을 갖춰야 한다는 것이다.

CEO의 평판을 높이는 것도 마찬가지다. 이처럼 고객과 직원을 감동시키고, 그들의 감성을 읽어내는 시도들을 계속하는 기업들이 성공하고 있다. 회사의 경쟁력을 좌우하는 사원들의 창의력과 고객 감동을 위해 최근 조직의 리더들은 조직 내 신바람 운동과 열정적 분위기 조성, 감성에너지를 모으는 팀워크를 구축하여 감성마인드에 의한 감성리더십으로 승화시킴으로써 장기적이고 지속적인 조직성과의 향상으로 연계시키고자 한다.

기업의 내적 에너지를 집결하고 신바람 나는 회사, 구성원 개개인의 발전에 있어 '감성'은 이제 핵심 키워드로 자리 잡고 있다. 감성경영의 원리는 인간의 감정을 자극하여 어떠한 행위로 이어지도록 만드는 것이다. 최근 부각되고 있는 감성경영은 바로 이러한 회사와 일상을 따스하게 보듬고, 함께 가는 우리의 모습에 대한 비전을 제시하며 더욱 따뜻하고, 재미나며, 열정적인 회사로 탈바꿈하도록 노력하고 있다.

바로 옆의 동료와 상사, 부하직원과 함께 서로의 따스한 정을 나누고 돈독한 사람세상을 실천하는데 감성경영이 자리하고 있으며, 이것이 성과로 연결될 때 더욱 동기부여가 되는 것이라 할 수 있다. 이러한 맥락에서 서비스산업에 근무하는 서비스접점의 고객을 응대하는 서비스맨의 자세도 감성적이어야 함은 너무도 당연한 지도 모른다.

기업의 발전에는 '감성경영'을, 개인의 자기 발전에는 '감성리더십'을 채택함으로써 '차가운 이성'에 점령당했던 기업과 개인이 진정으로 따스한 가슴을 통해 스스로의 가치를 높이는 계기가 마련되어야 하리라고 본다.

감성경영의 키워드는 쇼가 아닌 경륜이며, 진심이 배어 나오는 행동, 다른 사람에 대한 배려이다. 이벤트성 감성경영은 수명이 길지 않다. 앞으로 인터넷 미디어시대의 정치경제사회에서는 감성이라는 단어가 더욱 위력을 떨칠 것이다. 감성경영의 실천은 CEO의 사회적 영향력과 동일시되는 시대가 되고 있다.

예전에는 리더는 키워지는 것이 아니라 타고난다고 생각했지만, 성공적인 리더가 갖고 있는 특성들을 일반적으로 규명하는 이론이 발달하자 리더십의 특성은 교육과 훈련을 통해 얼마든지 배울 수 있는 것으로 알려졌다. 다니엘 골먼(Daniel Goleman)은 감성지능의 능력은 일단 한 번 향상되면 아주 오랫동안 지속된다는 것을 여러 연구 결과를 통해 밝혔다. 이것은 일반적으로 열정적이고 참여지향적인 좋은 교육을 통해 동기부여된 그 많은 사람들이 직무현장으로 되돌아가면 얼마 못 가 새로 배운 모든 것들은 다 잊어버리고 판에 박힌 옛날의 자신으로 돌아가는 현상과는 매우 다른 결과였다. 훈련의 효과가 지속성이 없다는 일반적인 믿음을 깨뜨리고, 감성리더십은 리더십 능력을 갖추고자 하는 동기만 주어지면 감성지능은 많은 시간과 노력이 필요하나 얼마든지 향상될 수 있으며 일단 향상된 능력은 지속된다고 밝히고 있다.

감성지능을 갖춘 리더는 언제 사람들과 같이 협력해야 할지, 언제 비전을 제시해야 할지, 언제 귀를 기울이고 언제 명령을 내려야 할지를 안다. 그는 중요한 사안에 대한 나름의 감각에 귀를 기울일 줄도 알고 자신이 이끌고 있

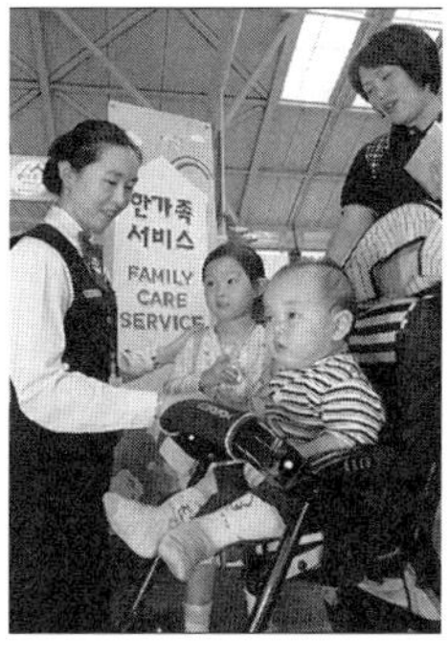

는 사람들이 갖고 있는 가치관에 부응할 수 있는 사명을 이야기할 줄도 안다. 자연스럽게 인간관계를 중시하며 도저히 참을 수 없는 사안은 표면화시켜 개혁할 줄 알고 서로 조화를 이루는 집단 안에서 시너지 효과를 창출할 줄도 안다. 자신을 위해 일하는 사람들의 경력을 소중히 여김으로써 흔들리지 않는 충성심을 이끌어낼 수 있으며 공동의 가치관에 호소하는 사명을 제시함으로써 사람들이 최선을 다하도록 고무시킬 수 있다. 교육과 훈련을 통해 감성지능을 갖춘 리더로 성장하여 자신들이 맡은바 사명에 진정한 열정을 가지고 임하게 되면, 새로운 생기와 활력으로 조직의 성장이 가능할 것이다. 우리 자신이 먼저 감성리더십을 이해하고 감성적인 차원에서 서로를 결속시키고 조직의 전망과 하나가 될 수 있는 길을 찾아 이를 바탕으로 행동하도록 조직구성원들을 만들도록 노력하는 것이 중요하다.

[키워드 경영] 기능과 감성의 초점 바꾸기

시장에서 승리하는 가장 빠른 길은 숨어 있는 잠재수요를 찾아내는 일이다. 아무도 만족시키지 못한 수요를 혼자 만족시키게 되면 거대고객군(Mass Market)을 쉽게 선점할 수 있다. 문제는 과연 어디에 잠재수요가 숨어 있는지, 그리고 그것이 거대한 것인지 아닌지를 어떻게 아느냐는 점이다.

가치혁신(Value Innovation)은 그 방법 중의 하나로 현재의 고객이 아닌 비고객에게 집중하라고 주문한다. 우리 비즈니스에 고객이 될 만한데 우리 물건이나 서비스를 사지 않고 다른 곳에 가서 다른 대안을 찾는 사람들이 있다면 그들의 행태를 분석하는 것만으로도 시장에 숨어 있는 수요를 찾아낼 수 있다는 설명이다. 지금의 고객을 놓고 경쟁자와 싸우는 것이 아니라 비고객의 마음속을 읽을 때 새로운 시장을 창출할 가능성은 높아진다.

물론 비고객을 만족시키는 일도 절대 쉬운 일이 아니다. 고객이 되지 않고 다른 곳으로 갔다면 그 이유 또한 명백한 무엇인지가 있을 것이기 때문이다. 다행히 금방 실천에 옮길 수 있는 비교적 쉬운 방법이 있다. 바로 기능, 감성의 초점을 바꾸는 일이다.

현재의 비즈니스가 기능 중심적이라면 그것을 감성 중심으로, 반대로 감성 중심이라면 기능 중심으로 전환해 그동안 고객이 되지 못하고 있던 '반대파'들을 끌어안으라는 제안인 셈이다.

이런 가치혁신을 통해 성공한 비즈니스 가운데 대표적인 예가 바로 보디숍이다. 보디숍이 나오기 이전까지 화장품산업은 감성산업이었다. 아름다운 모델들을 비싼 값에 기용해 그 화장품을 바르면 그 모델처럼 아름다워질 수 있다는 '꿈'을 파는 것이 바로 화장품산업이었다.

경쟁이 치열해지면서 더 비싼 모델, 더 많은 마케팅비가 투입됐고 그 부담은 고스란히 소비자들의 몫으로 돌아갔다. 그 부담을 감당하기 싫은 소비자들은 거품 낀 화장품에서 멀어져 비고객이 돼 버렸다. 제약회사에서 만드는 기능성 크림 정도를 바르고 화장을 끝내는 사람들이 바로 그런 '화장품 비고객'이다.

보디숍은 이런 비고객들을 겨냥해 화장품을 기능상품으로 재정의했다. 용기를 재활용하는 등의 방법을 통해 가격도 낮췄고 천연성분을 사용해 환

경친화적 이미지도 갖췄다. 감성이라는 거품을 빼고 기능이라는 본질을 강조한 비즈니스 모델을 만든 것이다. 시장에서 만족하지 못하고 있는 거대 수요를 찾아낸 만큼 거대시장을 장악하는 데는 오랜 시간이 걸리지 않았다. 3,300원짜리 초저가 화장품으로 국내에서 돌풍을 일으키고 있는 '미샤'의 비결도 바로 이런 감성, 기능 초점의 전환이었다.

기능을 감성으로 바꾼 경우도 많다. 스타벅스가 나오기 전까지 미국인들에게 커피는 기능성 음료에 불과했다. 아침잠을 깨우는 기능성 음료, 토스트에 어울리는 기호식품 정도였다. 그러나 스타벅스가 나타나면서 미국의 커피산업은 완전히 새롭게 정립됐다. 스타벅스는 멋과 맛, 향기가 어우러지는 분위기에 중점을 두는 감성적 상품으로 커피 비즈니스를 재정의했다. 스타벅스 창업자 하워드 슐츠는 "왜 사람들이 1달러도 안되는 커피를 서너 배가 넘는 값을 치르면서 호텔에서 마시느냐"고 물었다. 답은 바로 감성적 가치였던 것이다.

10년 전쯤 지방의 한 내의공장을 방문했을 때 들은 공장장의 하소연이 기억난다. 그는 "300원짜리 팬티가 품질이 좋아져 3년을 입어도 안 찢어진다"며 "수요가 생겨나지 않으니 내의산업도 사양산업"이라고 했다. 그러나 그는 하나만 알고 둘은 몰랐다. 그들이 그렇게 체념하는 사이 감성에 승부를 건 보디가드 등 패션내의업체가 돌풍을 일으킬 준비를 하고 있었던 것이다. 당신의 비즈니스 초점은 기능인가, 감성인가. 이제까지 해왔던 방향을 반대쪽으로 바꾸는 것만으로도 거대시장이 열리는 기적이 일어날지 모른다.

[한경비즈니스 2004-05-24]

고객을 감동시키는 엽서 한 장(다케다 요이치)

마케팅 기업은 어떻게 하면 고객과 '굵고 길다란'관계를 엮을 수 있을까. 저자는 이것의 핵심 전략으로 '엽서 마케팅'을 제시함으로써 요즘 같은 디지털시대에 너무나도 아날로그적인 엽서 한 장이 고객 마음속에 감동을 안겨다 준다는 내용을 소개한다.

굵고 기다란 고객과의 '관계' 만들기

고객이 상품을 구입하고 판매자에게 돈을 지불하면 거래는 성사된다. 보통은 이로써 거래가 끝났다고 생각하지만 사실 고객과의 '관계'는 이때부터가 '시작'이다. 이는 세계적인 비즈니스 전략가인 빌 비숍(Bill Bishop)이 21세기 마케팅의 화두를 '관계우선의 법칙'으로 집약한 것과도 일맥상통한다(여기서 '관계'란 '고객과의 관계'를 뜻한다). 오늘날 회사나 가게의 모든 우선가치는 제품이나 서비스보다는 고객과의 관계에 두어야 함을 강조하는 말이다. 하지만 조금만 방심해도 고객은 금세 '사각지대'에 내몰리게 된다. 고객은 회사 안에 있는 것이 아니라 회사 밖에 있기 때문이다. 눈앞에 보이는 직장 내 직원들과는 달리 고객은 눈앞에 보이지 않기 때문에 자칫 하면 고객에 대한 관심은 희미해져버리기 십상이다.

불황을 타개하는 엽서 마케팅

저자는 자신의 20여 년 간의 영업 일을 말하면서 자신이 어떻게 굵고 기다란 고객과의 관계를 만들어왔는지 그 방법을 밝힌다. 그는 처음 영업을 시작했을 때 그 누구보다 열심히 일했고 실적도 그와 비례했다. 하지만 어느 선에 이르자 더 이상 오르지 않았다. 그러다 우연히 고객에게 엽서를 보내면 어떨까 하는 생각에 고객들에게 엽서를 보내기 시작했다. 이렇게 실제로 엽서 마케팅을 끌어들이자 매출이 다른 사원들의 7.7배까지 올랐다.

그렇게 자신이 실제 엽서 쓰기를 시작한 후, 그는 전문점이든 자동차 영업이든 보험 영업이든 고객에게 상품을 파는 영업의 일인자들은 대부분 엽서를 적극적으로 활용하고 있음을 알았다. 그들 모두는 고객에게 엽서를 보내면 어떤 효과가 있는지 경험을 통해 너무나도 잘 알기 때문에 엽서 쓰기를 조금도 게을리하지 않는다.

저자는 현재도 엽서를 이용한 자신의 성공 노하우를 알리기 위해 일본에서 강의와 세미나를 개최하고 있다.

얼굴 도장보다 확실한 효과, 엽서 한 장

사실 오늘날이 엄청난 속도의 디지털 시대임을 부정할 사람은 없다. 이런 시대에 너무나 아날로그적인 '엽서'를 운운하는 것은, 시대를 거슬러도 한참을 거스른 것임에는 틀림이 없다.

하지만 돈이 거래되는 시장이라고 해도 그곳에는 사람이 있다. 그리고 사람과의 관계는 앞서 말했듯이 무엇보다 '감동'이 우선한다. 그것이 그리고 이 '감동'을 불러일으키는 것 중 하나가 '엽서'이다.

물론 고객에게 잊혀지지 않도록 노력하는 방법 중 가장 강력한 것은 고객과의 직접적인 만남이다. 그러나 업종이나 경영 사정상 이를 실행하기 어려운 경우가 많다. 이를 대체할 수 있는 가장 확실한 방법이 바로 엽서다. 거리가 멀거나 가깝거나, 고객이 자리에 있든지 없든지에 상관없이, 비슷한 노력과 비용으로 어디든지 목적지에 정확히 도달하기 때문이다. 한 곳 한 곳 일일이 얼굴 도장을 찍는 것보다 저렴한 비용으로, 더 많은 사람에게 할 수 있다는 장점이 있다. 게다가 얼굴을 불쑥 들이미는 것보다 반감도 덜할 뿐더러 정기적으로 엽서를 보내면 몇 개월이 지난 후더라도 고객은 엽서를 보내준 데 대해 고마움을 표한다. 그리고 대화 또한 훨씬 친근하게 나눌 수 있게 된다. 엽서 덕분에 고객과의 인연이 돈독해지는 것이다.

동네의 작은 슈퍼에서부터 파출소에 이르기까지 고객만족을 부르짖고 있다. 이제는 고객감동을 넘어 고객이 졸도할 때까지 서비스를 하지 않으면 생존할 수 없다고까지 말한다. 그리하여 오늘도 수많은 사장과 영업자들은 어떻게 하면 '남들과는 다른 뭔가 특별한 방법'으로, 더구나 '적은 비용과 시간을 들여' 고객을 감동시킬 수 있을까 머리를 싸매고 고민을 하고 있다.

저자는 이에 대한 해답으로 '엽서 한 장'을 제시하고 오로지 고객중심이어야만 매서운 시장논리에 살아남을 수 있음을 강조한다.

[매일경제신문 2004-07-31]

4. 고객만족경영 실천원칙

초일류 서비스기업의 고객만족경영 특징을 살펴보면 뛰어난 서비스 조직은 다음과 같은 차별성을 갖고 있으며 이는 곧 고객혁명시대의 생존 전략이라고 할 수 있다. 개념상으로 상당히 단순하고 이해하기 쉽지만, 이를 현실에 적용하는 것은 무한한 노력이 필요하다.

가. 조직전체의 고객지향적 사고

고객을 조직피라미드의 꼭대기에 두어라

'고객의 가치창조' 또는 '고객만족경영' 등의 이야기는 모두 고객지향적 현대적 마케팅 사고를 지칭하는 말인데 최근에 이와 같은 고객지향적 경영이념이 우리나라 기업의 경영철학으로 전면에 부상하고 있으며, 그 중요성에 대해서는 논란의 여지가 없을 정도로 급속하게 번지고 있다. 대기업, 중소기업을 불문하고 또한 서비스업과 제조업의 구분 없이 많은 기업들이 고객의 중요성을 깨닫고 고객만족부서를 신설한다든지, 고객만족 캠페인을 벌인다든지, 고객의 소리를 듣는 여러 제도를 마련한다든지 하는 등 바야흐로 한국기업에 고객만족 전성시대가 도래했다고 해도 과언이 아닐 정도로 고객지향적 마케팅사고가 붐을 일으키고 있다. 대부분의 기업들이 고객지향적 사고의 필요성을 절감하고 고객지상주의, 품질경영, 고객만족경영 등을 새로운 경영방식으로 설정하고 있다. 이러한 현상은 고객이 바로 기업의 생존을 좌우한다는 '고객의 심판'에 대한 기업의 인식과 자각을 반영하는 것으로 볼 수 있다. 또한 고객서비스의 적용 범위도 서비스업종은 물론 제조업과 정부, 지방 자치단체, 공기업 등의 공공분야까지 아우르며 이제 특정 산업분야만이 아닌 모든 산업이 상품을 팔면서 서비스를 파는 서비스업으로 인식되고 있는 것이다.

'고객지향적 사고'란 학술적 정의로 '고객의 욕구를 찾아서 이것을 만족시킴으로써 조직의 목표를 달성하려는 이념'이라고 정의할 수 있다. 즉 고객이 무엇을 원하는지를 찾아서 이것을 충족시켜줌으로써 그 결과 우리가 원하는 목표를 달성하려는 사고방식을 의미한다. 구체적으로 고객지향적 경영이념은 목표 고객의 욕구와 필요를 찾아서 이것을 충족시켜 줄 수 있는 제품과 서비스를 제공함으로써 고객의 만족을 최대화하고 이러한 고객만족의 결과로 기업의 목표인 이익극대화를 달성하려는 경영이념을 가리킨다.

「Moments of Truth」의 저자인 얀 칼슨 스칸디나비아항공 사장은 "고객이 진실로 원하는 바를 알아낸 후에는 여러분의 사업목표와 전략을 고객이 원하는 방향으로 돌릴 수 있다. 목표나 전략이 무엇이든 반드시 고객지향적이어야 한다."고 하였다.

많은 기업에서는 자기들 편의대로 일을 처리하고 있다. 고객은 잘해야 손님이고 나쁜 경우에는 물주다. 그러나 고객을 주인으로 모시는 기업이 되어야 한다. 고객에게 편리하게 일을 처리하고 즐거움을 주는 조직이 되어야 한다.

택시를 타면 온도조절도 라디오음악도 기사의 취향대로인 경우가 있다. 병원은 대체로 의사, 수술 및 검사활동을 지원할 수 있도록 설계되어 있다. 은행은 우선업무의 효율을 위해 카운터로 막아놓고 있다. 고객이 주역이 된다는 것은 병원이나 은행을 갔다오는 것이 영화 구경이나 야구장에 갔다오는 것과 같은 즐거움이 되어야 하는 것을 말한다. 고객을 주인으로 대하기 위해서는 종업원들이 기업을 위해서 일한다기보다 고객을 위해서 일한다는 태도를 가져야 한다. 우리나라 호텔에 가보면 매상을 올리기 위해 비싼 음식을 권하는 경우를 가끔 보는데 이는 고객을 주인으로 대하는 것이 아니다. 디즈니월드는 고객이 조직을 처음 만나는 때부터 환상을 심어주는 것으로 유명하다. 비행기에서, 공항에서 그리고 주차장에서부터 고객이 주역이 되는 분위기를 창출하고 서비스에 있어 고객 한 사람 한 사람을 주인으로 대하는 태도가 몸에 배어는 것으로 유명하다.

대부분의 기업에서 담당 부서 직원만의 업무로 고객업무를 평가하는 경향이 있으나 고객서비스는 전사적이며 고객지향적이어야 한다. 고객을 위해서라면 사내 어느 부서에 근무하는 그 누구라도 항상 고객을 위해, 고객에 대해 준비해야 한다. 한 개인이나 담당부서만의 일이 아닌 전사적 서비스시스템을 도입해야한다. 조직의 모든 업무가 고객중심이며 직원모두가 고객을 위해 존재한다는 사고가 우선되어야한다.

회사 내부에 서비스문화를 만들어라

회사내부의 서비스문화의 각각의 요소는 고객에게 영향을 미치고 고객서비스의 성공과 실패를 결정짓게 된다. 여기서 서비스문화란 회사의 서비스철학, 정책과 절차, 경영진의 지원, 전달체계, 직원의 역할과 기대, 직원에 대한 동기부여와 보상, 훈련 등을 들 수 있다.

고객은 서비스를 제공하는 직원이 서비스문제를 처리하는 과정을 겪으며 그 회사의 문화를 경험하게 된다. 겉으로는 여기저기 고객제일주의 포스터를 걸어놓고 실제 고객이 직원과 접촉할 때 부정적인 태도를 보인다면 역시 그 회사의 서비스문화정도를 의심하게 될 것이다. 고객접점에 있는 모든 직원들에게 고객의 질문에 응답하고 도움을 주도록 하고 불만족스러운 고객을 다루는 방법에 대해 가르쳐 고객감동을 이끌어내는 노력이 필요하다.

서비스에 대한 책임을 가장 중요하게 여겨라

서비스철학은 '섬기는 리더십'이며 바로 고객서비스의 핵심전략이기도 하다. 기업이 품질과 고객서비스를 개선하려 하는 것은 당연하지만 다분히 가부장적인 경영전략을 통해 그러한 서비스 정신을 구현하려 하기 쉽다. 전략은 고객만족의 모든 요소를 조직하는 틀이다. 우선 기업의 서비스 역량을 고객의 기대에 맞춘 다음 고객 최우선을 통한 경쟁우위 확보를 목표로 삼아 이를 전체 조직에 확산시켜야 한다.

그런데 조직이 근본적으로 변하지 않으면 아무리 품질을 개선하고 향상된 기술을 개발한다 해도 진정한 서비스의 제공을 통해 얻을 수 있는 성공에는 훨씬 미치지 못한다는 것이다. 「최고의 고객만들기」의 저자 캔 셀턴에 따르면 현재와 미래의 모든 생산성 및 품질개선 전략은 결국 하나로 귀결된다. 바로 '고객의 필요를 찾아 만족시키라'는 것이다. 흔히들 고객의 필요가 있을 때 단지 그 사안 하나에 대한 해결책을 제시하는 수준에서 멈추는데, 이럴 경우 더 중요한 부가가치를 창출할 수 있는 기회를 놓치게 된다.

노드스트롬, 아메리칸 익스프레스, 월트 디즈니, 맥도널드, 패더럴 익스프레스, 아이비엠 등 세계적인 기업들은 바로 고객을 만족시키면 그만한 보상이 돌아온다는 사실을 알고 '고객만족'을 넘어 '고객감동' 경영을 하고 있는 것이다.

퍼포먼스 리서치 어소시에이츠의 칩 R. 벨은 "고객을 믿어라. 때로는 고객이 여러분을 이용하려 할지라도 신뢰감을 주어라. 그러면 여러분은 성공할 수 있다"고 강조한다. 훌륭한 서비스의 핵심은 고객을 신뢰하는 것이며, 신뢰받은 고객은 회사의 마케팅 직원이나 다름없다는 것이다.

스튜 레오나드 그로서리 스토어의 스튜 레오나드 주니어 사장은 '고객은 항상 옳다'면서 직원들에게 'YES철학' 을 심어준다. Y(you · 너)는 고객의 입장에서 생각하고, E(encourage · 격려)는 고객이 우리의 제품이나 서비스, 직원에 대한 불만을 말하도록 격려하며, S(support · 지지)는 직원들이 책임자로부터 전폭적인 지지를 받아 자신의 위치에서 스스로 결정을 내릴 수 있다는 의미이다.

고객이 주역이 되는 전략을 세워라

고객이 주역이 되어 실천하는 명확한 서비스 전략을 가져야한다는 점이다. 서비스 전략이란 경쟁사와 차별화되는 요소라고 정의할 수 있다. 서비스 전략은 조직 내 사람들의 관심을 고객이라는 우선 순위로 향하게 해 준다.

고객 지향적 조직이 되기 위해서는 고객이 주역이 되는 조직이 되어야 한다. 기업의 서비스역량을 고객의 기대에 맞춘다. 고객만족경영이 실질적으로 이루어지기 위해서는 먼저 고객지향적 사고가 무엇을 의미하며, 왜 고객지향적으로 사고의 전환을 해야하는지 그리고 고객지향적으로 했을 때 어떻게 달라지는지에 대한 조직구성원들의 정확한 이해가 있어야 할 것이다.

고객 중심의 기업이 지향하는 궁극적인 목표는 고객이 원하는 환경을 계획해서 창조해내는 것이다.

뉴욕에서 스톡홀롬까지 가는데 코펜하겐에서 한번 항공기를 갈아타고 여행을 해야한다고 한다. 그런데 스칸디나비아 항공사는 뉴욕을 출발하여 비행기가 사뿐히 코펜하겐 공항에 도착하면 손님들은 비행기를 바꿔 타야 하는데 공항에서 반 마일 정도 떨어져 있는 A4line까지 버스를 타고 가서 탑승한다고 했다. 그 이유가 뭐냐고 물었더니 비행기 정비공장이 이 지역에는 땅값이 비싸기 때문에 땅값이 싼 곳으로 정비공장을 옮겨 정비를 하다보니 반 마일 떨어진 곳에서 탑승을 해왔다는 것이다. 그때서야 한 신사분이 머리를 딱 치면서 '이것이구나' 하였다.

지금까지는 고객중심의 운영이 아닌 비행기중심의 운영이었구나 하고 생각하면서 이 중년신사는 당장 코펜하겐 공항에서 비행기를 출발하게 하였다. 이 사람이 바로 '얀 칼슨'이라는 스칸디나비아 항공사 사장이었다. 이렇게 비행기 탑승 라인 하나를 바꿔서 운영하였더니 이제까지 800만 달러의 손실을 입었던 항공사가 당장 7,100만 달러의 연말이익을 창출하였다고 한다.

비행기 중심이 아닌 고객중심이 되어야 고객만족경영이다. 이처럼 고객을 어떻게 모시느냐에 따라서 회사의 운명이 달라지게 되는 것이다.

고객의 기대와 요구, 필요를 제품이나 서비스와 비교하라

훌륭한 세일즈맨의 공통점이 뭐라고 생각하는가? 자사 제품에 대해 잘 알고 설명을 잘 하면 좋은 영업사원일까? 그보다는 고객의 니즈를 잘 파악하여 거기에 대응을 잘 하는 사람이 훌륭한 세일즈맨이다.

1884년 NCR(National Cash Register)이란 회사의 존 패터슨은 사상 최초로 금전등록기를 만들었다. 그는 이 제품의 우수성을 설명하기 위해 설명회도 갖고 여러 노력을 했지만 고객들이 별 다른 관심을 보이지 않았다. 그는 작전을 바꿨다. 설명을 하지 않고 고객들의 고민을 듣기 시작했다. 그 결과 당시 상점주인들의 가장 큰 고민은 직원들이 돈을 몰래 챙기는 일이었다는 사실을 알게 되었다. 그는 이 제품을 그 방지용으로 설명함으로서 크게 성공하여 지금에 이르렀다.

고객만족은 고객의 니즈를 파악하는데서 출발한다. 고객은 우리 제품에는 아무 관심이 없다. 자신들의 고민거리와 관심에 모든 에너지를 사용한다. 세일즈맨은 설명을 하는 사람이 아니다. 그는 무엇이 필요한지를 고객에게 질문을 하는 사람이다.

고전적인 사례로서 1920년대 GM사가 포드사를 추월할 수 있었던 것은 포드사의 검정색 자동차에 식상한 소비자들이 검정색 외에 다른 색깔의 자동차를 원하고 있는 것을 알아냈기 때문이다. 고객지향적인 기업은 소비자와 항상 밀접한 관계를 유지함으로써 고객의 기호와 요구변화를 알 수 있고 고객이 원하는 것을 생산함으로써 고객의 기대를 충족시킬 수 있다.

고객만족 경영의 목표는 재구매이다. 많은 기업들이 고객만족조사란 것을 한다. 또 그 결과에 만족하여 별 다른 조치를 취하지 않는다. 하지만 조사결과, 만족한다고 응답한 고객의 40%만이 재구매를 했다. 만족은 했지만 재구매를 안 했다는 것은 무슨 의미일까?

그들이 생각하는 만족은 "참을 만 하다, 나쁘지는 않았다."는 것이다. 무언가 불만이 있다는 의미이다. 그것을 찾아내 재구매와 연결을 시키는 것이 참다운 의미의 고객만족이다. 그저 만족했다는 것으로는 충분하지 않다. "대단히 만족합니다, 더 이상 좋을 수 없습니다. 이 이상의 서비스를 받아본 적이 없습니다."라는 얘기가 나올 때 비로소 재구매와 연결이 되는 것이다. 경영자의 리더쉽은 이렇게 수립된 전략이 실천되도록 한다. 리더의 열정은 조직내의 일상업무에도 영향을 미친다. 리더의 고객에 대한 진실한 태도는 전체 조직에 파급효과를 갖는 것이다.

고객의 입장에서 보는 눈높이가 중요하다

표 파는 곳, 현금 자동지급기, 버스 정류장, 신차발표회의 특징은 고객 입장이 아닌 기업 입장에서 보았다는 것이다. 이것은 표 사는 곳, 현금 출금기, 버스 승강장, 신차 관람회로 바꾸어야 한다. 항상 역지사지의 생각으로 고객 입장에서 바라보는 노력이 필요하다. 그런 의미에서 어느 식당 입구에 써 붙여있는 "분실한 구두에 대해서는 책임지지 않습니다." 같은 말은 고객을 쫓아내는 대표적인 말이다.

고객만족을 위해 고객을 교육시킨다

TARP조사에 따르면 고객불만의 원인 중 1/3 가량은 고객자신 때문에 일어나는 문제라고 한다. 즉 급속히 발전하는 기술에 비해 제대로 교육받은 고객이 적기 때문에 발생하는 문제이다. 제공되는 서비스의 다양한 설비와 체계 등을 제대로 인지하지 못한 고객들은 오히려 불만을 갖게 될 수 있다.

특히 관여도가 높은 상황일 때, 즉 비용이 많이 드는 병원서비스의 경우 서비스 제공의 효율성을 위해 초보고객에게는 진행과정에 대한 개괄적 설명이나 정확한 교육이 필수적이다.

조지프 슘페터(Joseph Schumpeter)는 '좋은 비누를 생산하는 것만으로는 (기업의 성공을 이루기에)충분하지 않다. (비누를 많이 팔기 위해서는 먼저) 소비자들에게 몸을 씻어야 할 필요성을 알리는 것이 중요하다.' 라고 하였다. 성공적인 기업경영과 고객만족을 동시에 추구하기 위해 고객교육이 필요한 요소이다.

고객만족을 위해 고객은 공동생산자로서 역할을 수행할 수 있어야 한다. 고객이 원하는 서비스를 제공하는데 있어서 제공자와 고객 모두가 충분한 능력을 갖추고 있어야하므로 양질의 서비스제공에는 교육받은 고객이 필수조건이다. 능력있는 고객에게 양질의 서비스를 제공하기가 쉽다.

나. 철저한 고객관계관리

고객접점(MOT)을 관리하라

초일류 서비스 기업의 고객만족경영 실천원칙은 고객접점(MOT)에 대해 완벽히 이해를 하고 있다는 점이다. 진실의 순간은 고객이 서비스 품질에 대한 강한 인상을 가지게 되는 시점을 의미한다. 바로 어느 한 순간에 고객의 인정을 받을 수도 있고 반대로 고객의 신뢰를 잃을 수도 있기 때문에 기업은 고객과의 접점의 순간을 정확히 파악하고 있어야 한다.

그러므로 거창한 구호나 플래카드보다 고객접점의 위치에서 고객만족이 이루어지도록 노력한다. 대면 고객접점에 위치한 서비스맨은 고객만족의 성패가 실제는 자기 자신에 의해 결정된다는 신념을 갖고 접점의 중요성을 바르게 인식하고 그 역할과 책임을 다 해야 한다.

서비스란 고객과 관계를 맺는 일이다

경기침체가 계속되면 여기저기에서 장사가 잘 안 된다는 말이 많이 들린다. 장사해서는 먹고살기 힘들다고 하소연하는 사람들도 부쩍 늘고 구매심리도 살아나지 않는다. 그러나 장사가 잘 안 되는 때에도 유난히 장사가 솔솔 잘 되는 가게가 있다. 도대체 어떤 특별한 것이 있어서 그런 걸까. 여기에 바로 장사의 원리원칙이 있는 것이다.

어떤 고객은 좌우 발 크기가 달라 구두를 사기 늘 곤란했었다고 한다. 그런데 어느 백화점에서 차이가 나는 발 크기에 맞게 짝짝이 사이즈로 바꿔줘서 그 고객은 크게 감동하게 되었고 이후 그곳의 단골이 되었다. 불황이라고 해서 고객은 무조건 돈을 쓰지 않는 것이 아니다. 저렴한 가격뿐만 아니라 이렇게 고객을 감동시키는 최고의 서비스를 기대한다.

'상품이 팔리지 않는다'고 투덜거리지 말고 '살 만한 상품이 없다'는 사실을 알아야 한다. 팔리는 상품만을 만드는 데 급급하여 어떻게 팔지 생각하지 않기 때문이다.

고객은 작은 차이도 느끼는 금저울과 같다고 한다. 가격이 조금이라도 저렴하거나 서비스가 좋아도 한쪽으로 마음이 기운다는 의미다. 고객은 서비스나 상품의 종류, 가격에 대해 민감하게 반응한다.

장사란 이런 고객과의 관계를 만드는 일이므로 고객과의 관계가 중요하다. 이제 고객 관계가 사업에서 중요한 위치를 차지하기 시작했다. 투자자들은 고객과 관련된 수치를 묻기 시작했다. 얼마나 많은 고객을 확보하고 있는가, 각 고객과 얼마나 오랫동안 관계를 유지하고 있는가, 고객 1인당 매출 증가는 얼마나 되는가, 새로운 고객을 유치하는 데에는 비용이 얼마나 드나, 고객 유지 능력은 어느 정도나 되나 등을 알고 싶어하는 것이다. 요컨대, 투자자들은 기업이 고객의 잠재적 총가치를 얼마나 높일 수 있는가를 알고 싶어한다.

과거에는 지속적으로 고객에게 서비스를 제공할 방법이 없었다. 고객에 대한 정보가 있어도 어떻게 서비스를 실시해야 할 지를 모르고 있는 것이다. 어떠한 방향으로 고객을 만족시킬 것인지에 대한 대책이 없다면, 아무리 좋은 투자라도, 그 무엇이라도 무용지물이 될 것이다. 지속적인 관리 방안을 통한 장기적인 계획수립을 통해 고객을 관리해야 한다. 궁극적인 목표는 고객의 경험을 전략적으로 관리하고 고객과의 관계를 갖는 것이다.

고객 충성도를 결정짓는 가장 중요한 요소인 고객경험관리는 대부분 조직의 몫이다. 조직은 긍정적인 경험을 창출하여 고객을 만족시키고 서비스를 차별화하는가? 중역들은 개인적으로 경영전략에 자주 참여하여 고객과 접촉하거나 결정적인 순간을 점검, 관리하는가? 경영전략에 고객 경험을 관리하는 것은 어느 정도 포함되는가?

대개 조직의 상부에서 전략을 세우고 그 방향을 설정하며 전략에 따라서 어떤 방안을 구상하고 고안하여 실행에 착수한다. 고객 경험의 관리에 큰 관심을 기울이고 이를 전략에 적극 반영한다면, 그로 인해 얻는 이득은 매우 크다. 이런 방법을 이용하는 조직은 경쟁에서 자신을 차별화할 수 있고, 고객의 충성을 얻고 유지하는데 있어서도 다른 업체보다 우위에 설 수 있을 것이다.

항상 고객 경험을 모니터하고 개선하라

고객 경제 시대에는 고객들의 눈이 아니라 마음을 잡아야 한다. 서비스 마음가짐은 꾸준하되 서비스는 나날이 발전하고 새로워져야 한다. 고객은 시간이 흐를수록 새로운 서비스 더 나은 서비스를 요구하기 때문이다. 그렇지 않으면 고객이 외면한다.

고객 관계는 고객 경험의 축적에 의해 이루어지며 고객들은 브랜드에 대해 좋거나 나쁜 경험을 갖고 있게 마련이다. 홈페이지를 방문하고 전화를 걸고 광고를 보고 제품을 사용하고 판매인을 만날 때마다, 그들은 브랜드와 관련된 고객 경험을 하는 것이다. 이러한 경험들은 기업에 대한 신뢰를 강화시키거나 약화시키는 작용을 한다. 고객 경제 시대에 성공하려면 고객 경험을 신중하게 관리함으로써 고객 신뢰를 형성하고 유지하는 방법을 알아야 한다.

최근에 와서야 모든 고객과 따로따로 관계를 형성하는 일이 가능하게 되었다. 고객과의 쌍방향 소통을 가능하게 하는 첨단 기술들 덕분에, 고객들을 소외시키지 않을 수 있게 된 것이다. 고객들이 우리측과 접촉할 때 얼마나 만족스러워하는지를 세심하게 평가함으로써 우리는 우리 브랜드나 제품이나 회사에 관한 고객들의 경험을 지속적으로 개선시킬 수 있다. 고객 경험의 중요성을 제대로 이해하는 사람들은 월 단위나 주 단위 보고서에 의존하여 평가하지 않는다. 그들은 고객의 요구가 해결되지 않으면 경보가 울리는 호출기를 들고 현장을 돌아다닌다. 비행기 연착, 재고 부족, 시간 지연, 웹사이트 운영상황 등 고객에게 영향을 미칠 수 있는 여러 업무과정들을 열심히 모니터한다.

고객관계관리(CRM) 시스템을 설치한 것으로 만족해서는 안 된다. 그것은 고객을 구별하고 고객과 접촉하는 일에 도움이 되는 도구이다. CRM을 설치한 이상 고객들을 계속 행복하게 만들어야 하는 것은 기업의 몫이다. 고객 경험을 중시하는 기업들은 하루 종일 고객 경험을 모니터하고 측정하고 분석하고 있다.

다. 시스템적 사고와 현장중시 행동

조직에는 업무 부서라는 장벽이 존재하며 이로 인해 업무의 공조가 어려운 경우가 다반사이다. 조직의 상・하 계층별, 혹은 각 부서별로 다른 사안과 관심사를 가지고 있는 것이다. 물론 효과적이고 효율적인 업무처리를 위해서는 이러한 장벽은 반드시 제거되어야 한다.

그러면 어떻게 장벽을 제거하고 조직을 하나로 연결시킬 것인가? '고객만족'이라는 지대한 목표가 바로 그 방법을 제공할 수 있다. 그러나 현실적으로 조직 내의 모든 의사결정에서 고객만족을 최우선 순위에 놓고 판단하기 위해서는 고객을 항상 의식하고 연결할 수 있는 방법을 찾아야 한다.

첫째, 고객 친화적 시스템이다. 고객 전달 시스템은 서비스 전략과 전달하고자 하는 서비스 패키지에 기초해 조직의 자원을 배분하는 수단이다. 이 시스템은 조직보다는 고객의 편의 관점에서 설계가 되어야 한다.

이 방법이 바로 고객연쇄이며 고객과 일체화할 수 있는 유일한 길이다. 고객과의 연계는 직접 고객접촉이 필요한 부문은 물론이고 간접 연결되는 부문에까지 중요하다. 그러므로 고객의 연쇄에서는 다음 업무담당자가 바로 자신의 고객이라는 인식을 가지게 해야 한다. 그리고 조직은 부서나 위계에 상관없이 목적과 과업을 공유해야 한다. 업무연쇄의 각 고리는 다음 업무고리가 바라는 것뿐 아니라 마지막 고리에서 실제 고객이 바라는 것이 무엇인지도 인지해야 한다. 즉 시스템적 관점으로 생각하고 행동은 현장중심으로 하는 것이다.

둘째, 상기 지상목표를 현장화해야 한다. 각 개인이나 집단은 '다음 업무과정이 바로 자신의 고객'이라는 자세를 가져야 한다. 그리고 자신의 현재 위치에서 고객만족 방법을 찾아야 한다.

부서간 장벽을 제거하고 일체감을 가지게 하며 전체 부서, 작업장, 사무실 역시 다음 작업담당 연결부서가 자신의 고객이라는 믿음을 가져야 한다. 부문간 연결을 통해 고객만족을 위한 지속적이고 빠른 개선을 항시 습관화한다.

라. 고객 접점의 직원만족 중시

내부고객에게 관심을 가져라

제2장에서 고객의 두 부류인 외부고객과 내부고객에 관해 알아보았다.

서비스기업의 현장종업원을 고객으로 보고 이를 대상으로 하는 내부지향적 마케팅활동의 중요성이 강조되고 있다. 내부마케팅이란 종업원을 최초의 고객으로 보고 그들에게 서비스마인드나 고객지향적 사고를 심어주며 더 좋은 성과를 낼 수 있도록 동기를 부여하는 활동이라고 할 수 있다. 즉 종업원의 욕구를 충족시키고 종업원의 만족도에 따라 최종고객의 만족도가 결정된다는 개념이다. 직원만족과 고객만족은 같은 방향으로 간다.

직무 여건은 어떤지, 보상은 적절히 이루어지고 있는지, 책임에 비해 권한은 적절히 가지고 있는지와 같은 사항을 철저히 조사하여 구성원들의 만족도를 높여야 한다. 직장 내에서 서로 돕는 관계인 동료를 고객으로 성심껏 대하는 것은 궁극적으로 서비스의 질을 향상시킨다.

고객만족경영의 우수사례로 여겨지는 노드스트롬(Nordstrom)이라는 미국의 한 백화점을 살펴보면 구성원들의 높은 만족도가 얼마나 고객만족에 있어 중요한 지를 알 수 있다. 노드스트롬에서는 매장 관리자가 매장의 주인이라는 자각을 가질 수 있도록 고용, 해고, 근무 일정 계획, 훈련, 지도, 교육, 격려, 자체 평가 등 매장 내 모든 업무에 대해 모든 권한과 책임을 가지고 있다. 그리고 소매업계 최초로 판매 수수료 제도를 도입하였으며 목표를 초과 달성하면 연간 33%가 할인되는 신용카드를 제공하고 있다. 또한 사내 기금을 운용, 퇴직 이후에 대한 배려를 하고 있다. 이러한 충분한 자율성과 따뜻한 배려를 받은 노드스트롬의 직원들은 고객이 찾는 물건이 없는 경우 길 건너 편 경쟁사의 백화점에서 물건을 사와 할인된 가격에 팔기도 하며, 고객이 비행기 표를 매장에 놓고 간 경우, 자비를 털어서 공항에 비행기 표를 들고 달려가기도 한다. 고객만족경영의 추진이 미흡한 경우 내부 구성원의 만족도가 어떤지 살펴보는 이유가 바로 여기에 있다.

서비스를 잘 받은 직원이 서비스를 잘 할 수 있다

어느 슈퍼마켓에서 경험한 일이다. 음식물을 싸두는 랩을 하나 들고 계산대로 다가가니 점원이 "이 랩은 정말 좋은 제품입니다. 잘 고르셨네요. 제가 얼마 전까지 여기서 근무해서 잘 압니다. 제일이에요." 하는 것이다. 어떤 연유인지는 모르나 자신이 이미 떠난 직장의 제품을 퇴사 후에도 그렇게 칭찬을 아끼지 않는 것을 보고 그 제품에 한층 더 신뢰감이 들었다.

종업원 만족(Employee Satisfaction)이 없이는 서비스의 질이 높아질 수 없으며, 서비스의 질이 높아져야만 고객만족도와 충성도를 향상시킬 수 있다. 또한 궁극적으로는 고객만족을 통하여 회사의 목적인 수익성과 성장을 촉진시킴으로써 영속기업으로 성장, 발전할 수 있다.

만족한 종업원 창출을 위한 주요한 요소는 나음과 같다.

- 훌륭한 종업원을 채용한다.
- 적합한 교육 및 도구를 제공한다.
- 훌륭한 서비스는 사람과 함께 시작된다.

만약 종업원이 직장에 대하여 만족하지 못하거나 종업원이 제품과 서비스에 스스로 만족하지 못한다면, 고객도 같은 생각을 갖게 된다는 것은 당연하다.

직무만족도를 증가시키면, 고객만족도는 그 이상으로 증가한다는 것이 실험적인 경험이다. 고객관계를 방해하고 있는 것이 무엇인지에 관해서는 직장에 만족하지 못한 종업원에 대한 분석과 대응이 필수적이다. 조직경영의 기본은 일선 직원이 고객만족, 고객충성도와 수익성 및 성장에 대한 의미를 얼마나 중요하게 인식하느냐이다. 예컨대 월트 디즈니는 직원이 고객과 접촉할 때 적절한 서비스를 제공하도록 광범위한 오리엔테이션과 훈련을 실시한다.

일선 직원이 고객에게 최상의 서비스를 제공하기 위해서는 경영자가 먼저 종업원에게 서비스를 해야 한다. 경영자는 서비스의 방향 및 최고 기분을 설정하고 일선 직원들에게 서비스를 제공할 수 있는 도구와 자율권을 부여하며, 일선 직원들에게 조언하고 가르치고 동기 부여하는데 최선의 노력을 기울여야 한다.

내부고객만족 없이 외부고객만족 없다

종사원만족은 바로 고객만족으로 연결된다. 만족한 종사원이 만족한 고객을 창출하고, 만족한 고객이 다시 종사원의 직무만족을 강화한다는 구체적인 증거는 이미 많은 연구에서 밝혀졌다. 서비스종사원이 행복하지 않다면 고객만족은 달성되기 어렵다. 즉, 종사원이 조직 내에서 경험하고 있는 서비스존중 풍토와 인적자원 관리가 고객이 경험하는 서비스에 반영된다는 것이다.

시어즈(Sears)사는 고객만족이 종사원의 이직율과 밀접한 관련이 있다는 것을 발견하였다. 고객만족도가 가장 높은 매장에서 근무하는 종사원의 이직율이 54%인 반면, 고객만족도가 가장 낮은 매장에서 근무하는 종사원의 이직율이 83%였다.

라이더 트럭 렌트회사(Ryder Truck rental)회사에 의한 연구에 의하면 회사가 부정적인 인적자원 관리로 종사원을 억압하면 종사원은 낮은 동기부여와 불만족으로 반응한다고 한다. 궁극적으로 종사원의 불만은 나쁜 품질의 서비스와 부정적인 고객반응으로 이어진다는 것이다.

자신의 업무에 만족하지 못하고 조직 내에서 비전을 찾지 못하고 있는 구성원들이 고객을 위해 충성을 다하리라고 기대하는 것은 무리이다. 조직 내부에 불만이 있는 구성원들이 고객들의 만족과 로열티를 파괴하는 것은 실로 엄청나다. "10-1=0"이라는 공식이 말하듯 열 명의 구성원들이 고객만족을 위해 열심히 노력하더라도 한 명의 구성원이 고객에게 불친절하게 대한다면 고객 만족은 수포로 돌아간다.

미국의 서비스 기업으로는 처음으로 말콤 볼드리지 상을 수상한 페더럴 익스프레스의 스미스 회장은 "내부 구성원이 최우선이다. 고객만족은 내부 구성원들의 만족에서 시작한다. 서비스의 품질은 구성원들의 손끝에 달려 있다"라고 말하며 내부 구성원들 역할과 이들의 만족이 중요함을 역설한 바 있다.

서비스는 직원과 고객이 부딪히는 일선현장에서 이루어지므로 많은 부분이 직원의 손에 달려 있다. 우선 적성에 맞는 직원을 채용하여 훈련해야 하며, 노력에 대해 적절하게 보상하여야 한다. 또 고객을 직접 대하는 직원들이 고객요구를 현장에서 직접 해결해 줄 수 있는 권한을 가져야 한다. 상사의 결재 없이도 고객의 요구사항을 즉시 처리할 수 있는 권한을 일선직원들에게 부여해야 하는 것이다. 실제로 업무를 수행하는 직원이 업무에 대한 권한을 갖는 것은 너무 당연한 일이다.

직원에게 높은 수준의 교육을 실시하고 의사결정권을 부여하기 위해서는 획기적 방안이 필요하다. 경력에 관한 전통적 관념의 재정립이 요구되는 것이다. 즉 서비스활동에 따른 정확하고 공평한 보상과 인사고과가 필요하다. 조직 내 관리계층은 많은 경우 생산적 활동보다는 조정역할을 하고 있다. 업무내용도 대부분 정보수집에 그치는 수가 많으므로 이를 정보기술과 현장직원의 경험적 지식으로 대체해야 한다.

적절한 직원을 채용하라

고객 만족은 직원 채용에서 출발한다. '최고의 태도는 훈련되거나 교육되지 않는다. 그것은 채용되어야만 한다(The best attitude can't be trained or learned, it should be hired)'는 견해도 설득력을 갖는다.

이처럼 고객만족경영의 성패는 직원 채용에 있다고 해도 과언이 아니다. 어떤 직원을 채용하여 고객 접점에 배치할 것이냐가 중요하다.

그런 의미에서 사우스웨스트 항공의 채용 기준은 의미가 있다. "우리는 남의 말을 잘 들어주고, 다른 사람을 생각하고, 미소를 잘 짓고, 감사합니다 라는 말을 잘 하는 다정한 사람을 찾습니다." 라고 광고한다.

고객만족경영의 성공 여부는 무엇보다 최고경영자의 생각에 달려 있다. 고객만족을 한답시고 이상한 절이나 하는 것이 고객만족이 아니다. 고객이 무엇을 원하는지, 고객 접점에서 일하는 직원을 어떻게 만족시킬 것인지, 실제 만족하고 있다면 이를 어떻게 매출과 연결시킬 것인지, 그런 사람을 어떻게 채용할지를 고민하는 것이 실제적인 고객만족 경영이다.

접점 직원들은 지식, 정책, 문화 등을 통해 고객을 대신해 일할 수 있는 권한을 가진 사람들이다. 유능한 접점 직원은 고객의 현재 상황과 마음, 욕구에 대해 집중함으로써 상상을 뛰어넘을 정도의 집중력을 발휘한다는 것이다.

고객만족 여부는 고객 접점에서 일하는 직원의 태도를 보면 쉽게 알 수 있다.

> 어느 주막에 주인의 말을 아주 잘 듣는 개가 한 마리 있었다. 그 개는 낯선 사람만 보면 짖어대고 무척 사납게 굴었지만, 주인은 그 사실을 모르고 있었다. 시간이 지날수록 손님은 오지 않고 파리만 날리는 날들이 이어졌다. 손님이 없으니 팔리지 않는 술은 쉴 수밖에 없었다. 사나운 개 때문에 손님이 없는 것은 당연한데 주인은 오지 않는 손님만 탓했다. 이를 구맹주산(狗猛酒酸)이라고 한다. 사나운 개 덕분에 술이 쉰다는 뜻이다. 이처럼 훈련받지 않는 직원을 고객의 접점에 배치하는 것은 테러리스트를 두고 오는 손님을 쫓아내는 것과 같다.

또한 고객 지향적인 인력을 유지, 발전시키고 높은 품질의 서비스를 제공하기 위해서 회사는 잘 갖춘 종사원의 능력을 개발해야 한다. 즉, 일단 적임자를 채용했다면, 품질 좋은 서비스를 제공할 수 있도록 이들을 훈련시키고 개발해야 하는 것도 중요한 요소이다.

리츠칼튼호텔의 개인별 특성을 고려한 종업원 선발

종업원 한사람 한사람의 말투와 행동이 서비스 품질과 직결되기 때문에, 리츠칼튼 호텔은 일찍부터 종업원 선발을 매우 중요하게 생각하는 것으로 알려져 있다.

최초의 종업원 선발방법은 고객과 종업원이 만나는 가상적 상황에 대한 시연(試演) 시뮬레이션으로 입사 후보자들을 비공식적인 편안한 자리에 초청하여, 고객을 만났을 때 어떻게 대응하는지를 평가할 수 있는 가상적 상황을 만들어 주고 호텔 내의 간부들이 후보자들의 접객능력을 평가하는 것이다. 기본적인 평가기준으로는 오늘날도 많이 쓰이고 있는 6가지 항목이 사용된다 : 눈 맞추기, 미소, 인사, 어조(語調), 어휘구사력, (낯선 사람에게까지)마음속에서 우러난 관심 등이다.

서비스업에 적성이 맞는 종업원들을 선발하기 위해 리츠칼튼 호텔은 미네소타 주에 있는 네브라스카 대학과 공동으로 종업원 선발용 설문지를 개발하였으며, 52개의 항목으로 구성된 이 설문지는 대외비로 되어 있다. 각자의 재능을 가장 잘 발휘할 수 있는 곳에 근무시킨다는 것 자체가 종업원의 입장에서는 가장 큰 내적 동기부여 요인이 되었다.

새로이 설계된 종업원 선발 프로세스의 핵심은 다음과 같은 11가지 영역에 대한 잠재능력을 평가하는 것이다.

1 직업유리(work ethic)
2. 협동정신(team spirit)
3. 정확성(exactness)
4. 적극적 태도(positive attitude)
5. 학습의욕(learner)
6. 공감성(empathy, 易地思之의 이해심)
7. 배려심(caring)
8. 서비스(service)
9. 자존심(self-esteem)
10. 설득력(persuasion)
11. 관계확대능력(relationship extension)

아무리 좋은 방법이라도 완벽할 수는 없기 때문에 종업원들이 중도 퇴직할 때에는 집중적인 인터뷰를 실시한다. 인터뷰 결과와 재직시의 각종 데이터를 참고로 하여 종업원 채용 프로세스에 더 개선할 점이 없는지 분기별로 검토한다. 이러한 방식으로 종업원의 선발방법을 지속적으로 개선하고 있기 때문에 높은 수준의 서비스품질을 유지하고 양질의 인력을 지속적으로 공급하는 것이 가능하다.

직원에게 권한을 위임하라

진정으로 고객중심의 회사라면 고객만족을 위해 모든 직급의 직원이 어떤 것이라도 할 수 있는 권한을 갖도록 해야 한다. 즉 고객문제를 해결할 때 경영진에게 물어보지 않고 직원들 스스로 문제를 해결할 수 있는 이 권한부여는 고객과 일대일 서비스를 성공적으로 수행하게 하는 원동력이 된다.

예를 들어 어느 직원이 가장 작은 결정에도 허락을 받아야한다면 고객은 상사가 올 때까지 기다려야 한다. 이것은 고객에게 실망과 불만을 이끌 수 있으며 회사가 적합하지 않다는 것으로 보이게 만든다.

물론 직원에게 규정에서 크게 벗어나는 일정 이상의 권한을 주는 경우 생기는 부작용도 있겠으나 이를 위해 직원과 고객에게 서비스하는데 도움이 되는 유용한 기술과 방법을 교육과 훈련을 시켜야 한다. 직원의 마음이 든든하도록 회사의 적절한 책임이 보장된다면 오히려 좋은 자기 서비스개발의 기회가 될 것이다.

서비스맨이 고객과 서비스에 있어서 충분한 재량권을 갖게 되는 경우 다음과 같은 효익이 있다.

- 여기저기 물으러 다닐 필요 없이 고객의 질문과 요구에 즉각적으로 대응할 수 있으므로 문제해결의 시간이 단축된다.
- 같은 상황에서도 독특한 아이디어를 낼 수 있다.
- 일에 대한 자긍심이 높아진다.
- 고객과 일대일 관계를 유지해준다.
- 고객에게 전달되는 서비스의 흐름을 단순화시킬 수 있다. 예를 들어 고객의 불평이 있을 경우 문제해결을 위해 상사를 찾아 불러내고 여러 단계를 거치는 경우보다 이를 처리하는 시간이 단축될 수 있다.

직원을 칭찬하고 보상하라

좋은 서비스로 충성스럽게 고객을 섬기는 직원들이 많이 늘어나기를 바란다면 바로 그런 직원들을 칭찬해 주고 인정해주는 '제도'를 만드는 것이 필수적이다.

리츠칼튼호텔은 성공적으로 서비스를 수행해낸 직원들에 대한 포상제도 역시 다양하게 마련돼 있다. 퍼스트 클래스 카드가 그중 하나다. 이 카드는 남다른 서비스로 고객을 감동시켰거나 고객으로부터 감사의 메시지를 받은 직원에게 수여되는데 본보기로 삼기 위해 전 직원에게 그 내용이 공개된다.

주식회사 필립스에서는 500여명의 전 직원이 부부동반으로 연말파티를 갖는다고 한다. 이 때 한편의 비디오를 보는데 그 해 최고 업적 상을 수상하게 되는 직원들이 누구인지 알아 맞추도록 하는 비디오이다. 상을 받게 되는 주인공은 마치 아카데미 시상식의 주인공이 되는 것이고 동료들은 그를 부러워하게 된다. 이렇게 폼 나는 시상식에서 받게 되는 상의 타이틀이 무엇이냐에 따라 직원들은 좀 더 그 타이틀에 접근하려는 노력들을 하게 되는 것이다.

직원에게 좋은 직장을 만들어라

좋은 직장은 '희망'을 주는 곳이다. 그런데 어찌된 영문인지 대부분의 직장인은 월요일 아침에는 기운이 없다. 이제 주5일 근무가 일반화되었지만 한 때 오죽하면 영어에 금요일(歐美의 주말 시작)을 찬양하는 "Thank God, It's Friday!(TGIF)"라는 말이 있을까.

사회적 스트레스가 육체적 결핍보다 치사율이 2배 이상 높은 것으로 알려져 있다. 예를 들면 권위적인 상사(上司) 등 조직 생활에서 발생하는 사회적 스트레스가 영양 실조, 수분 부족 등 육체적 결핍보다 치명적이라는 것이다. 이러한 내용은 일련의 실험에서도 일관되게 나타나고 있다. 미국 오하이오주립대의 과학자들이 '신경면역학(Neuroimmunology)' 최근호에 발표한 논문에서 사회적 스트레스가 면역체계의 과잉반응을 유발, 죽음을 초래할 수 있음을 밝혀냈다.

두 그룹의 쥐를 사용한 이번 실험에서 한 그룹은 매일 2시간씩 공격적이고 힘센 쥐로부터 괴롭힘을 당하게 하고, 다른 그룹은 실린더 관에 갇힌 채 16시간 동안 물과 음식을 먹지 못하게 했다. 이후 쥐들을 세균성 독소에 노출시킨 결과, 사회적 스트레스를 받은 그룹이 육체적 결핍 그룹보다 죽을 가능성이 2배나 높은 것으로 나타났다.

최고의 직장으로 뽑힌 회사들은 공통적으로 인사제도와 복리후생제도가 뛰어난 것으로 분석됐다. 인력관리 전문 컨설팅 회사인 미국 휴잇어소시어츠사는 경제지(紙) 아시아월스트리트저널 및 파이스턴이코노믹리뷰와 공동으로 아시아 10개국 355개 기업을 조사한 결과 '최고의 직장은 직원들을 평등하게 대하고 존중한다는 특징을 갖고 있다'고 말했다.

좋은 직장의 특징을 살펴보면 다음과 같다.

- 합리적인 인사관리를 한다.
- 섬세한 복리후생제도가 마련되어 있다.
- 풍부한 자기개발의 기회를 제공한다.

5. 고객만족경영 실천사항 10가지

고객서비스는 고객의 평생 가치 창출의 출발점이며 기업 경쟁력 강화의 중요한 차별화 수단이 된다. 결국 고객의 평생가치의 증대를 위해서는 고객이 누구이며, 그들의 욕구가 무엇인가를 파악하여 그러한 요구에 즉시 반응할 수 있도록 항상 대비하고 준비하는 것 뿐이다. 그러기 위해서는 고객 데이터베이스 마케팅(Database Marketing)과 고객과의 관계를 형성하고 개발하고 유지하고 강화시키는 관계마케팅(Relationship Marketing), 그리고 고객서비스(Customer Service)가 고객 평생 가치 극대화를 중심으로 삼위일체가 되어야 한다.

이제 기업은 판매 후의 고객의 편의나 불편을 해소해 주는 애프터서비스(After Service)만으로는 안 된다. 판매 이전에 고객에게 필요한 정보를 제공하는 비포서비스(Before Service), 판매 시점에서 고객 심리에 적절히 대응하는 인서비스(In Service)를 종합적으로 체계적으로 실천해야 한다. 고객서비스 문제를 부분적 혹은 평면적인 활동으로 한정해서는 안되고 고객서비스를 토탈 경영의 일환으로 삼아 기업 전체적인 입장에서 접근해 가야 한다. 이제 우리 기업도 고객서비스를 기업을 지도하는 원리로 삼고 서비스 토탈 관리 체제를 확립해야 할 때가 된 것이다.

1. 서비스 품질은 사전에 확인하라

서비스 시스템이 아무리 잘 갖춰졌더라도 일선 직원이 규정대로 서비스를 제공하지 않아 문제를 일으키는 경우가 있다. 이는 심각한 불만을 야기할 수 있으므로 정해진 목표대로 서비스가 제공되고 있는지 사전에 체크할 필요가 있다. 세계적인 레스토랑 하드록 카페에서는 주문 음식이 고객에게 전달되기 전에 음식이 주문대로 처리됐는지를 주방에서 다시 체크하는 더블체킹 시스템을 도입하고 있다.

2. 고객을 안심시켜라

A/S를 신청했을 때 수리가 언제쯤 끝날지 모르는 경우가 많다. 주문한 음식이 언제쯤 나올지 궁금해하는 경우도 많다. 실제로 고객 자신이 종업원들로부터 서비스를 받고 있다고 안심하게 해주는 서비스는 드물다. 결과가 아무리 좋다고 해도 과정상 종업원의 서비스를 받고 있다고 안심하지 못하게 되면 고객은 불만을 가지게 된다.

3. 고객 니즈를 정확히 파악하라

기업이 자기 기준에 충족된 서비스를 한다고 해서 고객이 만족하는 것은 아니다.

> 몇 년 전 제록스사는 고객이 애프터서비스를 신청한 뒤 문제점을 해결하기까지의 시간을 단축시키는 게 고객 만족이라고 생각했다. 그러나 불만이 줄어들지 않자 다시 조사를 했다. 그 결과 고객들은 A/S 신청 직후 서비스맨이 처음 찾아오기까지의 시간이 짧으면 짧을수록 만족한다는 사실을 발견했다.

고객들은 자동차를 수리할 때 왜 수리해야 하는지를 알고 싶어하고 한번에 제대로 고쳐주기를 바란다. 보험가입자들은 보험금을 신청할 때 직원들이 고객의 편에 서서 업무를 처리해주기를 바란다. 어떠한 서비스라도 고객들이 각각의 서비스에서 가장 기본적이라고 생각하는 핵심적 측면이 있다. 그러나 기업들은 때때로 이를 놓친다.

> 직원의 따뜻한 배웅을 받으며 기분 좋게 식당에서 나왔지만 지하 4층 주차장에 내려와서야 주차 확인 도장을 받지 않았다는 것을 아는 경우나 햄버거와 음료를 급히 사 가지고 나왔는데 빨대를 가져오는 것을 잊어버리는 경우도 서비스 부재라고 볼 수 있다.
>
> "주차 확인 필요하십니까?"
>
> "빨대 챙기셨습니까?"
>
> 라는 질문이 고객을 위한 소중한 배려라는 것을 잊지 말아야 한다.
>
> 평생의 고객을 1회성 고객으로 만드는 것은 서비스의 부재 때문이다.
>
> 서비스의 부재라는 것이 고객서비스를 하지 않는다는 의미만은 아닌 것이다.

대부분의 기업에서 고객서비스를 가장 소중하게 생각하고 있는 것이 현실이다. 그래서 직원에 대한 교육도 강화하고, 연수 프로그램을 집중적으로 실시하기도 한다. 그러나 그것이 전부는 아니다. 고객이 원하는 서비스가 무엇인지, 혹은 현재의 서비스 방식에서 고객이 싫어하는 것은 무엇인지에 대해 냉철하게 자성할 필요가 있다. 기업 간의 경쟁이 강화되면서 고객은 다양한 종류의 서비스를 체험했다. 하루하루 친절해지고 공손해지는 고객에 대한 서비스를 경험한 이들의 서비스 요구는 하루하루 높아져 간다. 그러나 기업의 서비스에는 한계가 있기 마련이고, 고객의 서비스 요구는 점점 다양해지고 높아 갈 뿐이다. 고객은 자신이 원하는 서비스를 받지 못하는 순간 발길을 돌릴 뿐이다.

고객의 니즈를 예측하여 적절한 서비스를 위해 다음 사항을 실천한다.

- 고객보다 한 발 앞서 생각을 한다.
- 고객의 기본적인 욕구를 이해한다.
- 고객이 하는 말을 주의 깊게 듣는다.
- 메시지를 분명하게 전달한다. 효과적인 메시지 전달은 고객이 필요로 하는 서비스의 기본이다.
- 제공할 서비스의 내용과 특징을 정확히 상세히 설명하고, 그 서비스로부터 얻을 수 있는 혜택을 알려준다.

• 항상 새로운 서비스를 제공하도록 고객으로부터의 피드백을 듣는다.
(고객은 무엇을 원하는가? 고객은 무엇을 필요로 하는가? 고객은 어떤 생각을 하는가? 고객은 어떤 느낌을 가지고 있는가? 고객은 다시 당신을 찾아 올 것인가?)

4. 고객에게 편의를 제공하라

'백화점 화장품 매장'하면 생각나는 것은 메이커별 매장배치, 브랜드별 진열, 판매원의 간섭, 샘플 사용 불편, 화장품 구매시 선물 및 샘플 제공 등이다. 하지만 프랑스와 미국에서 놀라운 성장을 거듭하고 있는 프랑스의 화장품백화점 '세포라'는 고객의 쇼핑을 방해하지 않으며 요청이 있을 때에만 서비스를 제공한다. 또 거의 모든 화장품 브랜드를 알파벳 순으로 진열해놓음으로써 맘에 드는 브랜드를 사기 위해 여러 매장을 둘러보는 불편함을 덜어줄 뿐 아니라 구매 전에 제품을 사용해 볼 수 있도록 진열대를 개방하고 있다. 이러한 세포라 모델은 국내 행정 및 공공서비스 기관에도 좋은 벤치마킹 사례가 될 수 있다

가장 좋은 서비스는 고객의 마음을 편하게 하고 고객이 원하는 편의를 제공하는 서비스임을 명심해야 한다.

5. 실패한 서비스는 즉시 정정하라

서비스가 문제를 일으키는 때는 첫째, 고객이 불만을 제기했으나 이에 대한 회사의 대응이 불만족스런 경우, 둘째, 고객이 불만을 제기하지 않아 불만스러운 상태로 끝나는 경우 등 크게 두 가지로 나눌 수 있다. 고객의 불만에 효과적으로 대응하지 못하면 서비스의 실패는 치명적이 될 수 있다. 대부분의 고객들은 회사는 나의 불만에 대해 제대로 대응하지 않을 것이라는 인식을 갖고 있다. 이러한 고객의 생각을 바꾸기 위해 '고객의 소리 카드'나 만들어 놓고 안심해서는 안 된다. 고객이 불만을 제기하도록 적극적인 동기부여를 하고 불만을 쉽게 제기하도록 해야 한다.

또한 불만을 토로하는 고객을 만족시키기 위하여 불만 사항의 처리에 최선을 다한다. 불만이 있는 고객을 만족시킬 때 그 고객은 평생 고객이 된다.

6. 종업원에게 서비스의 문제점을 물어보라

종업원에 대한 조사는 매우 중요하다. 그 이유는 첫째, 이들은 내부서비스의 품질을 평가할 수 있는 유일한 사람이다. 내부서비스는 외부서비스에 영향을 미치는 결정적 요소다. 둘째, 종업원은 서비스의 품질을 떨어뜨리는 조직 내부의 문제점에 대해 잘 알고 있다. 종업원 조사는 서비스상의 문제가 어디에 발생하는지를 잘 알 수 있게 한다. 셋째, 종업원 조사는 조기경보시스템의 역할을 한다.

7. 고객 경험을 소중히 하라

고객 충성은 고객 한 사람 한 사람이 우리 회사의 제품과 서비스를 접하면서 얻는 경험으로부터 나온다. 브랜드의 본질이 바로 고객 경험이다. 브랜드는 기업의 로고나 마크 따위를 말하는 것이 아니다. 고객 경험에는 전화나 대면, 웹이나 이메일 등 매체를 불문하고 브랜드를 접할 때 고객이 느끼는 모든 것들이 포함된다.

고객이 기업과 접촉하면서 받는 느낌이 기업에 대한 충성도를 결정한다. 만족스러운 고객 경험이야말로 충성 고객을 확보하는 가장 중요한 요소의 하나다. 고객들은 점점 더 많은 것을 요구하고 있다. 예컨대 고객들은 기업과 직거래를 하든 유통채널(소매상, 대리점, 중개인 등)을 통해 거래를 하든 동일한 경험을 할 수 있기를 기대한다. 고객들은 우수한 제품과 서비스 뿐만 아니라 고품질의 예측 가능한 경험을 원한다.

뛰어난 브랜드는 단순한 광고에 의해 만들어지는 것이 아니라 고객들에게 제공하는 경험과 가치에 의해 구축된다.

8. 충성스런 고객을 확보하라

만족하고 있는 고객이라고 해서 다 충성스러운 고객은 아니다. 실제로 기업에 수익을 안겨주는 고객은 분명히 따로 존재한다. 기업에게 있어서 최고의 고객은 다른 경쟁사와는 절대로 거래를 하지 않을 정도로 충성도가 높은 고객이다. 또한 기업의 입장에서 보면 홍보에 돈 한 푼 들이지 않는데도 새로운 고객의 40%가 다시 찾아오는 기업, 고객들이 자신들의 친지와 동료들에게 제품이나 서비스를 자발적으로 소개해 주는 기업이 되기를 바란다. 그렇게 고객을 옹호자로 만드는 원동력은 바로 고객만족경영에 있다. 즉, 기업은 고객의 경험을 직접적으로 개입하여 경험을 분석하고 발전시켜 기업이 의도하는 방향으로 이끌어야 한다는 것이다.

고객들이 기업으로부터의 고객만족경영에 감동하여 우러나온 진정한 충성심과 옹호가 매우 중요하다. 이제 고객만족으로는 충분하지 않고 고객을 절대적인 옹호자로 만들어야 한다.

9. 고객과 파트너가 되어라

고객에게 친근하게 다가설 수 있는 방법은 고객과 같은 포즈를 취하는 것이다. 고객이 팔을 괴고 앞으로 당겨 앉아 있다면, 똑같이 고객 쪽으로 몸을 당겨 앉으며, 고객이 몸을 구부려 무언가를 들여다본다면 똑같이 몸을 구부리는 것이다. 고객의 눈높이에서, 고객과 같은 행동을 보여준다면 일단 고객의 눈길을 잡아 둘 수 있다. 같은 포즈는 고객과 어느 정도 벽을 허물고, 공감대를 형성하게 하는 효과를 가져올 수 있다.

같은 포즈로 고객의 작은 미소를 만들어냈다면 일단 성공이다. 그러나 너무 드러나게 과장된 행동을 할 경우 오히려 거부감을 갖게 만들 수도 있다.

서비스맨의 작은 행동 하나가 스쳐가는 고객을 충성고객으로 잡아두는 계기가 된다. 고객과 서비스맨은 고객에게 정보와 지식을 전달하고, 서로의 생각을 교환하는 파트너가 되어야 한다. 고객과의 파트너 단계란 회사와 동등한 주인의식을 갖고 공동체의식을 갖는 최고의 친밀한 단계를 의미한다.

고객이 하는 일과 관심사 정도를 파악했다면 고객이 필요한 관련 정보 및 지식을 제공하도록 하자. 고객의 사업과 직업에 관련된 내용을 찾아서 이야기 해주고 조언해 줄 수 있다면 당신은 고객에게 최고의 파트너가 될 수 있다. 고객은 단순히 상품만 팔고 마는 세일즈맨이 아닌 자신의 일과 관련해서 대화를 나눌 수 있는 파트너를 찾고 있다.

고객과 파트너가 되지 않으면 고객과의 관계는 오래 지속될 수 없다. 고객이 믿고 자기의 손을 내어주고, 몸을 당신에게 맡길 수 있도록 고객의 손을 확실하게 잡아주고, 성실히 이끌어줄 때 고객은 더 이상 고객이 아니라 서비스맨의 든든한 지원군이 된다.

10. 고객 만족을 위한 지속적인 관심을 가져라

고객과 지속적으로 관계를 가지려면 고객서비스 활동의 하위 활동들이 유기적으로 조화를 이뤄야 한다.

첫 번째로 고객을 획득하여 이들을 고정화, 단골화시키는 '고객 창조 활동'이다. 고객서비스는 인간적 유대와 신뢰가 없는 고객서비스는 생명력이 없어 장기적으로 지속될 수가 없다. 이를 위해서는 지속적인 서비스 인력의 개발이 요구되므로 '인재 창조 활동'이 두 번째로 필요하다. 세 번째는 '업무 창조 활동'으로 고객서비스를 토탈 경영 품질의 입장에서 조직화하고 구체화하여 실행하여야 한다. 네 번째로 고객서비스 충실화를 통해 고객 가치를 확대하고 그것을 수익으로 연결시키는 '이익 창조 활동'이어야 한다.

이런 활동들을 활성화하려면 고객이 이해할 수 있는 방법으로 항상 정보를 제공하고, 고객의 요구를 수집하고, 그것을 상품 개발과 서비스 촉진에 반영할 수 있는 커뮤니케이션기능 강화가 중요하다. 그리고 재주문 획득을 위한 적극적 활동과 고객 요구에 즉시 부응할 수 있는 반응기능 강화와 접근성 강화가 필요하다. 기업은 고객서비스를 위해 지식, 정보, 기술 등을 보유하고 신속히 제공할 수 있는 능력을 갖춰야 하고 고객과의 약속을 성실히 이행해야 한다. 결국 고객 밀착을 통한 쌍방적 커뮤니케이션을 통해 고객의 욕구 변화를 신속히 감지하고 그에 맞는 고객서비스를 제공하고 고객 반응에 민감할 때 고객은 만족하게 되고, 그런 고객 만족은 고객의 평생 가치를 확대하고 공고하게 만들게 된다. 특히 정보기술의 발달은 고객에게로의 접근성을 높여 새로운 관계를 개발할 수 있게 만들었으며 이는 잠재적 고객 가치를 한층 확대, 강화시킬 수 있는 기회를 제공하였다.

이제 기업은 고객 평생 가치의 중요성을 올바르게 이해하고 고객의 평생 가치의 증대를 위한 장기 전략을 수립하고 실천하는 노력을 본격적으로 시작해야 한다. 그리고 그러한 고객 평생 가치 증대를 위한 전략의 중심에서 데이터베이스 마케팅, 관계 마케팅, 고객서비스 전략이 유기적으로 상호 연계될 때 소기의 목적을 달성할 수가 있을 것이다.

고객존중 10계명

1. 고객의 신뢰를 얻어라.

존중, 성실, 품질, 고객권익보호에 관련된 이야기다. 이 첫 번째 계명을 체득할 수 없다면 다른 계명은 읽어볼 필요도 없다.

2. 고객의 마음을 움직여라.

고객이 열중할 수 있는 경험, 동기를 유발시키는 메시지, 적절한 자선활동 등을 통해 그들과 의미있는 정서적 유대감을 쌓는다. 제품과 서비스를 뛰어넘어 고객의 마음과 정신에 다가가는 것이 점점 더 중요해져 가고 있다.

3. 고객의 삶을 쉽게 만들어라.

단순함, 속도, 유용성은 고객들을 편하게 해주는 핵심요소다. 복잡성이 진보의 상징이라고 생각하는 우를 범하지 말라. 우리 삶에서는 가장 쉬운 것이 가장 좋은 것이다.

4. 고객에게 권한을 주어라.

고객들은 선택권과 통제력을 요구하고 있다. 특히 스스로 진행속도를 조절할 수 있는 셀프서비스를 운영하는 서비스 조직에 대해 이런 요구를 갖는다. 고객에게 운전석을 양보하라. 그렇지 않으면 그들은 단 1초도 기다리지 않고 당신 자에서 떠나버릴 것이다.

5. 고객의 길잡이가 되어라.

문제는 잡소리만 가득하고 알맹이는 부족하다는 것이다. 전문가의 조언과 교육, 정보라는 체를 가지고 튼실한 알맹이만을 가려내라. 고객의 모든 의사결정과정과 그 외 경험에서 그들과 나란히 서서 그들의 눈높이에 맞춰 진행을 도와라.

6. 언제 어디서나 접근 가능하도록 하라.

이것이야말로 24시간 내내 쉬지 않고 움직이는 세상에 탑승하기 위한 티켓이다. 9시에서 5시까지 만으로는 부족하다. 고객들은 기업이 어떤 경로를 통해서든 24시간 내내 자신과 함께 하기를 기대하기 때문이다.

7. 고객을 알아라..

고객이 원하는 것이 무엇인지 알지 못하고서는 그들의 충성을 얻을 수 없다. 그들의 목소리를 듣고 배워라. 데이터의 바다에 빠질 게 아니라, 고객들의 실생활 속으로 파고들어라.

8. 고객의 기대를 뛰어넘어라.

아주 까다로운 고객조차 때로는 감탄한다. 특별한 우대, 놀랄 만한 서비스, 한 걸음 더 나아가는 노력으로 당신이 정말로 그들을 중요하게 여긴다는 것을 알리고, 그들의 마음을 사로잡아라.

9. 고객에게 보상을 하라.

중요한 고객들을 VIP로 대접하라. 포인트적립 프로그램, 접근을 가능케 해주는 특권, 그 외 여러 매력적인 방법으로 감사를 표하고 충성을 굳혀나가라.

10. 고객 곁에 머물러라.

고객과의 관계는 하루아침에 만들어지는 게 아니라 한 평생을 통해 만들어가는 것이다. 고객들이 당신 곁에 머물기를 원한다면, 당신 역시 고객 곁에 머물러라. 구매 후 약속을 지키고, 효과적인 방법으로 고객들이 접촉할 수 있게 해주며, 시간이 흘러 고객들의 요구가 변화하는 데 따라 당신의 브랜드도 같이 변화해 나가라.

고객 만족도를 올리는 다섯 가지 포인트

아메리칸 마케팅 협회에서 간행한 리포트에서 발췌한 것으로 「어떻게 하면 고객을 확실히 만족시킬 수 있는가」에 관한 중요 포인트이다.

마켓 리서치에 관해서 방대한 정보와 지식을 모아둔 리서치 인터내셔널사가 고객 만족에 관해서 최근 실시한 정리에 의하면 다음 다섯 가지가 중요 포인트라는 사실이 확실해졌다.

1. 서비스가 첫 번째 열쇠

가전을 취급하는 소매점에서 소비자가 구매를 결정하는 요인의 40%는 서비스임이 입증되었다. 그리고 고객을 기쁘게 하는 데 전력을 다하는 매니저와 스태프가 있는 가게는 매년 이익율이 상승되고 있다는 사실도 아울러 판명되었다.

2. 고객서비스는 CEO부터

CS는 CEO부터 라는 말이 두 번째 열쇠이다. CEO가 먼저 진지한 태도를 보이지 않으면 결구에는 그저 입에 발린 립(Lip) 서비스로 끝나버리는 경우도 조사 데이터 에서 나왔다. 리더쉽은 수립된 고객만족경영실천 전략이 실천되도록 하며, 리더의 열정은 조직내의 일상업무에도 영향을 미친다. 리더의 고객에 대한 진실한 태도는 전체 조직에 파급효과를 갖는 것이다. 리츠칼튼 호텔은 사장이 직접 객실의 집기를 운반하여 전 조직에 무언의 효과를 준다고 한다.

3. CS를 위한 훈련

CS를 위한 훈련에 충분한 시간을 들일 것, 그리고 스태프에게 반드시 제대로 된 트레이닝을 확실하게 받게 하는 것도 중요한 열쇠이다.

4. 개선점을 현장이 잘 명심하고 있을 것

매니저로서 CS상, 개선하고 싶은 포인트를 현장이 잘 숙지해서 실현할 수 있도록 충분한 지원을 하는 것이 네 번째의 가이드라인이다.

5. CS 개선에 대해 고객에게 주지시킬 것

애써 고객서비스 개선에 강구책을 마련해도 그것을 당 고객에게 철저하게 주지시키지 못하면 CS효과는 상승되지 않는다. 예를 들어 지금까지 일주일 걸렸던 일이 지금 바로, 또는 이틀 동안에 가능하다면 이 새로운 방식을 사람들에게 널리 알려야 한다. 그리고 그렇게 하기 위한 「주지 작전」을 밀고 나가야 한다.

Review

- 경영자의 서비스철학이 회사의 서비스문화에 어떠한 영향을 미친다고 생각하는가?

- 고객만족경영을 위한 실천원칙에는 어떠한 것들이 있는가?

- 자신이 어느 대표적인 서비스기업의 경영자라고 가정했을 때 어떤 직원을 채용할 것인지에 대해 생각해 보라.
  - 채용기준은 무엇으로 정하겠는가?
  - 직원 교육의 주요 내용은 무엇으로 하겠는가?
  - 직원에게 특별히 서비스마인드를 고취시키기 위한 방안은 무엇인가?
  - 근무에 대한 보상은 어떻게 하겠는가?

제2부

서비스 예절

제6장

서비스맨의 커뮤니케이션 스킬

Customer Service

Warming-up

■ 나의 이미지 분석

표정	• 평상시 나의 표정은 어떠한가? (무표정하지 않은가?) • 처음 만나는 사람에게 주로 어떤 표정을 하는가? • 나는 웃는 편인가? • 나의 시선처리는? • 말할 때 손짓, 눈짓, 발짓 등 비언어적 신호들을 긍정적으로 사용하는가?
인사	• 인사는 어떻게 하는가? • 인사는 먼저 하는가? • 처음 만나는 사람에게 주로 쓰는 인사말은 무엇인가?
자세	• 나의 선 자세는 어떠한가? • 나의 앉은 자세는 어떠한가? • 나의 걸음걸이는 어떠한가? • 나의 손동작은 어떠한가?
용모/복장	• 외출할 때 나의 옷차림은? • 나의 화장법은? • 머리는 단정한가?
대화	• 상대방의 이야기를 잘 듣는 편인가? • 내가 특히 습관적으로 잘 쓰는 단어나 구절들이 있는가? • 말할 때 나의 목소리, 톤, 어조, 음량, 발음은 어떠한가? • 대화를 나눌 때 주로 상대방의 어디를 보는가? • 경어를 항상 바르게 사용하는가?

■ 가까운 사람에게 위 항목에 따라 본인을 묘사해 보도록 하여 그 내용을 자신의 생각과 비교해 보라. 어떠한 차이가 있는가?

1. 고객과의 커뮤니케이션

서비스맨의 커뮤니케이션 스킬

커뮤니케이션은 인간관계의 기본이라고 할 수 있으며 서비스는 고객에 대한 설득적인 커뮤니케이션이다. 서비스의 의미 자체도 지식이나 이론보다는 이미지나 태도의 표현이 더욱 중요하다고 볼 수 있으며 양방향 의사소통은 효율적인 고객서비스의 기반이 된다.

즉 고객서비스는 외적 표현에 의해서 전달되고 고객을 움직이는 커뮤니케이션 기술로서 그 성공의 열쇠는 긍정적이고 효율적인 예절로 의사소통을 할 수 있는 서비스맨의 능력에 달려있다.

사람들은 적절하게 자신을 존중하는 표현에 감사해하며 좋은 태도와 예절로 대하는 사람과의 관계를 좋아한다. 고객의 인식에 영향을 미치는 행동은 상호작용과 서비스를 제공하는 능력에도 영향을 미친다. 이 기술은 언어, 행동, 복장, 대화 등 모두가 고객에게 제공되는 유·무형의 서비스들이다. 고객은 제공되는 서비스를 통해 가치를 느끼게 되고 그 가치를 고객만족여부의 기준으로 삼게된다. 고객의 말을 경청하고 긍정적인 단어선택을 하며 주의 깊고 예의바른 비언어적 행동 하나가 다른 회사의 서비스 수준을 능가할 수 있는 한 가지 방법이 될 수도 있다.

커뮤니케이션의 요소

커뮤니케이션의 방법 중 비언어적인 커뮤니케이션은 언어적 메시지 이상의 효과를 낳는다. 몸동작, 자세, 얼굴표정, 움직임 등 신체언어 또한 서비스 메시지를 구성하는 중요한 언어이다. 확실치 않은 상황이라면 사람들은 오히려 비언어적인 메시지를 신뢰하는 경향이 있다.

미국의 심리학자 알버트 메라비안(Albert Mehrabian)은 비언어적 신호가 언어적 메시지를 반박할 수 있거나 압도할 수 있다고 하였다. 이것은 감정이

격앙되었을 때 특히 사실로 나타나게 되는데 그의 연구에 따르면 두 사람의 대화에서 의도하는 메시지의 55%가 얼굴이나 다른 신체의 암시에서 나타나며, 38%가 음성신호에서 나오고, 7%가 실제 사용한 언어에서 나타난다는 사실을 밝혔다. 이는 언어의 중요성을 무시하는 것이 아니라 언어는 일반적으로 얼굴과 음성의 암시에 의해 압도된다는 것이다.

〈그림 6-1〉 감정의 의사소통

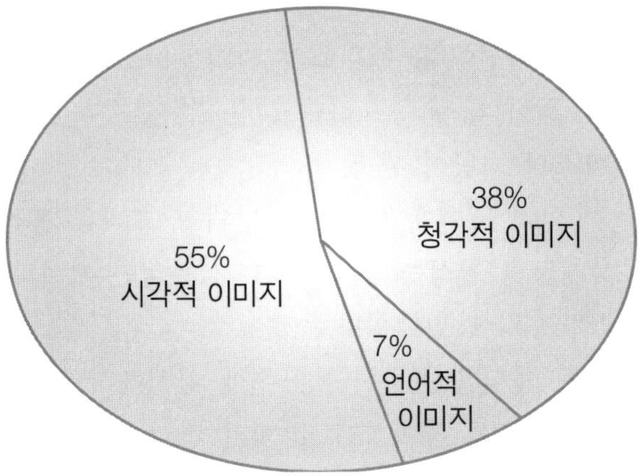

그러나 비언어적 신호가 강력한 메시지를 전달할 수 있다고 해도 인간의 행동은 예측하기 힘들고 비언어적인 신호의 이해는 인간의 배경, 문화적 차이 등에 따라 주관적인 경향이 있으므로 상당부분 오해의 소지도 있다. 오히려 서비스맨에 있어서 너무 비언어적인 신호를 중요시할 경우 의사소통을 잘못하게 되거나 의도하지 않은 서비스의 실패를 가져올 수도 있다.

물론 사람과 사람이 상호작용을 함에 있어, 특히 서비스맨의 고객과의 커뮤니케이션에 있어서는 언어적인 것과 비언어적인 것이 혼합되어 활용되기 마련이다. 즉 언어라는 메시지에 비언어적인 것들을 계속해서 제공하게 되며 고객들은 동시에 언어적인 것과 비언어적인 것의 메시지들을 공히 받아들이고 판단하게 된다. 이 때 비언어적인 것과 언어적인 것은 일치해야 한다. 예를 들면 얼굴은 무표정한 채로 "어서오세요, 무엇을 도와드릴까요?" 한다면 어느 고객도 자신이 환영받고 있다고 느끼지 않을 것이다.

Communication의 3가지 요소가 조화를 이루어 삼위일체가 되는 것이 바람직하다. 즉 적당한 어휘를 골라 적당한 Tone으로 적당한 Body Reengage를 곁들이는 것이다. 이때 말과 gesture를 곁들여 의사표현을 할 경우, 말을 먼저하고 gesture가 뒤따른 것이 공손해보인다. 말이 없이 gesture나 행동을 먼저 하면 불손해 보이며, 간혹 오해의 소지도 있다.

서비스는 행동으로 전달하는 것이다

이제 중요한 것은 서비스 패러다임의 변화를 제대로 이해하고, 그것을 기반으로 새로운 서비스 테크닉을 훈련해나가는 것이다. 친절은 이 시대의 진정한 경쟁력이다. 산업의 발달과 다양화된 기술의 개발이 일부 제품을 제외하고는 제품력으로 경쟁하는 시대는 지났다고 한다. 즉 고객 욕구 충족의 범위가 제품력에 집중되는 것 보다 훨씬 다양화되고 있는데 그 경쟁력이 친절이미지에 있다고 한다.

우리 주위에 많은 기업들 중에는 직원들의 헌신적 친절서비스 덕분에 어려운 상황에서 회생한 사례가 많이 있다. 친절 하나로 매출의 상승은 물론 전 종사원의 자부심까지 높이고 있다.

친절은 마음으로 하기보다 '좋은 표현하기'의 행동적 훈련이다. 착한 일, 선한 일도 훈련된 사람이 잘한다고 하니 친절에서의 훈련은 당연하고 아마도 필수적인 과정이 될 것이다. 인간의 마음은 행동을 조정함으로써 자연히 조정된다. 결국 기분이 내키지 않을 때도 자세를 바르게 하고 밝은 목소리를 내며 웃는 얼굴을 지음으로써 자신의 몸과 마음을 바꿀 수 있는 것이다.

서비스맨이 어떤 마음가짐을 갖고 일에 임하고 있는가가 외면적인 매너로 나타나게 된다. 밝은 표정, 정감 있는 인사, 단정한 용모, 공손한 말씨, 아름다운 자세와 동작을 체득한 서비스맨은 고객과 따뜻한 마음의 상호 교류를 하는 메신저(Messenger)이다.

2. 비언어적 커뮤니케이션스킬

가. 호감가는 표정

어떤 서비스장소에 들어섰을 때 서비스맨으로부터 환영받고 있다는 느낌이 들었던 경험이 있을 것이다. 반면 그 반대의 부정적인 경험도 있을 것이다.

말의 내용과 함께 말하는 사람의 태도도 매우 중요하다. 서비스맨이 앉아 있거나 서 있거나 얼굴표정의 연출, 모두 긍정적이거나 부정적인 메시지가 될 수 있다.

"환영합니다."라는 진부한 말 한 마디보다 항상 웃는 얼굴, 거기다 적절한 인사말까지 덧붙이는 것이 더 효과적이다. 심지어 고객과의 전화상에서조차도 서비스맨이 웃는 얼굴로 응대할 경우 그 미소는 전화선을 타고 전달되게 된다.

✔ 눈맞추기(Eye Contact)

눈을 맞추는 것은 언어적, 비언어적 의사소통시 메시지를 전달하는 데 있어 공히 중요한 요소로서 작용한다. 눈맞추기 하나만으로도 가장 효율적인 의사소통방법이 될 수 있다.

서비스맨과 눈을 마주치지 않은 채 서비스 받는 고객은 서비스맨의 관심과 성의가 부족하다고 생각하고 신용이 없음을 느끼게 될 것이다. 일반적으로 식음료 서비스시 와인을 제공할 때 서비스맨이 와인을 따른 후 자신과 눈을 맞추기를 기다리고 있는 고객에게 와인만 따르고 그냥 돌아선다면 와인의 품질과 무관하게 최악의 와인서비스가 되는 것이다.

서양문화에서는 눈맞추기를 유지하기에 편안한 일반적인 시간을 5초에서 10초로 본다. 이 때 눈의 움직임, 깜빡거림, 눈맞추는 시간, 횟수 등이 상대를 대하는 자세와 마음과 연관이 되어있다.

눈을 맞추는 목적은 다음과 같다.

- 주의와 관심의 정도를 나타낸다.
- 친밀한 관계를 나타내고 유지할 수 있다.
- 태도변화와 설득에 영향을 미친다.
- 상호작용을 조절한다.
- 감정을 전달한다.

눈으로 말한다

유아용 교육비디오에 나오는 율동 동요를 보다 보면 컴퓨터기술로 사람의 동작은 다양하게 보여줄 수 있지만 유독 사람의 눈과 눈동자는 제대로 표현해 내지 못하는 것을 느낄 수 있다.

'눈은 마음의 창'이라고 하지 않는가? 눈의 표정을 능숙하게 활용하면 말 이상의 효과를 얻을 수 있다. 진실된 눈빛은 열 마디 말보다 더 강한 호소력을 가진다. 눈만 보고도 통하는 오래된 연인처럼 눈으로 열정과 의지를 나타내고 고객에게 신뢰와 믿음을 심어줄 수 있다.

고객을 대할 때 눈의 표정은

- 시선은 상대와 같은 높이가 좋다.
- 눈으로 포용하듯 두루 살핀다.
- 부드럽고 따뜻한 눈의 표정을 연출한다.
- 눈으로 독촉하고 눈으로 수긍한다.
- 강한 시선으로 결의를 보인다.

그러나 이런 눈 표정은 고객을 멀어지게 한다.

- 눈을 많이 움직인다.
- 갑자기 먼 산을 보거나 한 눈을 판다.
- 얼굴을 움직이지 않고 눈동자만 굴려서 바라본다.
- 지나치게 두리번거린다.

눈동자의 크기와도 관련이 있다

눈동자의 크기가 빛의 강도에 따라 다양해지고 어두움 속에서 확대되고 빛에 수축되는 것은 잘 알려진 사실이다. 눈동자와 관심 사이에 직접적인 연관이 있는 것도 연구에 의해 밝혀진 사실이며 누구나 무언가에 관심이 커질수록 눈동자가 커지게 된다.

그리고 눈동자의 크기는 얼굴 표정에 결정적인 영향을 준다.

확대된 눈동자는 밝음, 높은 관심, 진실함, 솔직함, 안식과 편안함 등의 이미지를 느끼게 해주며, 수축된 눈동자는 관심이 적은, 불만족스러운, 적의가 있는, 피로한, 스트레스가 쌓인, 슬픈 이미지를 느끼게 해준다.

고객에게 좋은 이미지를 전달하기 위해서는 고객에게 많은 관심을 갖고 있는 확대된 눈동자로 많은 이야기를 할 수가 있다.

또한 서비스맨의 입장에서도 고객의 눈동자의 크기를 관찰하는 것은 대단히 중요한 일이다. 왜냐하면 그것은 고객이 얼마나 만족하고 있는지를 말해주기 때문이다. 밝게 웃고 있는 입모양에도 눈동자에 미소가 없으면 그것은 자연스럽지 못한 인위적인 미소로 보이기 쉽다.

✔ 얼굴 표정

사람의 표정이란 그 사람의 감정이 겉으로 드러나는 것을 의미하며 얼굴은 수 십 가지의 감정을 표현한다. 그 얼굴 표정만으로도 그 사람의 기분 상태, 건강 상태, 교양 정도를 가늠할 수 있다. 그 중 미소는 친근한 관계나 무엇에 대한 일반적인 긍정의 의미를 지닌 대표적인 비언어적 신호의 하나이다. 즉 미소는 말하는 것에 동의하며 경청하고 있다는 것을 의미한다.

고객에게 미소짓는 것과 같은 단순한 비언어적 암시는 서비스맨이 고객 중심적이라는 효과적인 메시지를 전달한다. 고객을 응대함에 있어서 항상 미소짓고 고객을 기꺼이 돕겠다는 열정과 의지를 표현해야 한다.

고객을 위한 서비스맨의 얼굴 표정

서비스맨의 얼굴은 항상 타인의 시선에 노출되어 있다. 그러므로 서비스맨이라면 자신의 얼굴 표정이 고객들에게 친근감을 주는지, 그렇지 않은지를 반드시 생각해 보아야 할 것이다. 고객에게 친근감을 주는 서비스맨의 얼굴 표정은 고객 응대 매너에 있어 가장 기본적인 것이라 할 수 있다. 고객이 서비스맨에게서 무엇을 보는가 하는 것은 곧 고객이 서비스맨에게서 무엇을 얼마만큼 얻을 수 있는가를 의미한다. 즉 웃는 얼굴로 적극적으로 고객을 응대하는 것은 고객응대의 첫 액션이 된다.

첫인상은 두 번 줄 수 없다. 그러므로 첫인상은 끝인상이 될 수 있다.

고객을 처음 대면했을 때 고객의 표정을 살펴 응대하게 되는 것은 지극히 당연한 일이다. 왜냐하면 고객의 표정에서 곧 고객의 마음을 읽을 수 있기 때문이다.

그러나 서비스맨은 그 이전에 기본적으로 고객이 편안한 마음을 가질 수 있는 친근감을 주는 표정을 갖추고 있어야만 한다. 고객도 서비스맨의 표정에 따라 서비스맨의 친절과 상냥함을 판단하게 되기 때문이다. 고객에게 어떠한 형태의 서비스를 하건 고객 앞에 얼굴이 가장 많이 보여지게 되는 서비스맨은 고객과의 좋은 인간관계 형성을 위해 고객의 입장에서 보았을 때 친근감있게 표현될 수 있는 표정 관리가 필요하다.

표정은 훈련으로 만들 수 있다

사람들의 얼굴엔 반드시 표정이 뒤따르게 되는데 아무리 진지한 이야기를 해도 표정이 진지하지 않다면 그 말을 신용할 사람은 없을 것이다. 예를 들어 "오래 기다리시게 해서 죄송합니다." 라고 말하면서 귀찮다거나 쌀쌀한 표정을 짓는다면 고객은 과연 무슨 생각을 하게 될까? "어서오십시오, 안녕하십니까?" 비록 입에 발린 인사말이라도 표정으로 반가움이 나타나지 않는다면 고객에게 좋은 이미지를 줄 수 없을 것이다. 말이 좀 서툴더라도 진지한 표정으로 대화를 나누는 태도, 그리고 그러한 의도가 표정에 듬뿍 담겨져 있는 서비스맨이라면 일단 고객을 응대할 때 좋은 느낌을 전달할 수 있을 것이다. 그러므로 서비스맨의 풍부한 표정연출은 고객 응대를 위한 중요한 열쇠가 된다.

서비스맨은 어느 상황에서든 다양한 고객의 표정과 만나게 되는데 표정이 풍부한 고객이라면 대화도 활기 있게 된다. 다양한 상황에서 고객을 대면하는 서비스맨은 때로는 연기자들 못지않게 풍부한 표정을 연출할 수도 있어야 하며 고객과 대화할 때 상황에 따라 교감을 나눌 수 있는 정감 있는 풍부한 표정연출이 필요하다.

자신의 마음은 고객을 향해 웃고 있는데도 얼굴 표정으로 나타나지 않아 오해를 사는 경우도 있다. 그리고 습관적인 무표정으로 있다보면 마치 일을 하기 싫은 불성실한 사람으로까지 비춰지기도 하며 때론 화가 나 있는 사람처럼 보여지기도 한다. 그 원인은 평소 풍부한 표정을 짓기에는 얼굴 근육들이 너무 굳어있으므로 서비스맨은 고객이 정확히 판단할 수 있는 풍부한 얼굴 표정을 짓기 위해서는 다른 운동과 마찬가지로 평소에 안면 근육운동이 필요하다.

Exercise

얼굴 부분별 표정 연출 연습

표정 연출은 연기자들이 하는 것처럼 훈련에 의해 만들어 질 수 있다. 거울을 보고 매일 조금씩 연습하여 자연스러우면서도 상냥한 자신만의 표정을 만들어 보라.

■ **눈썹**

눈썹은 얼굴의 표정을 연출하는데 있어서 중요한 부분이다.

- 양손의 검지손가락을 수평으로 해서 눈썹에 가볍게 붙인 상태에서 눈썹만 상하로 여러 번 움직인다.
- 눈썹을 양 미간 사이로 내려 눈썹의 각도를 세모꼴로 만들어 본다. 아마 거울 속에는 화가 난 표정이 보일 것이다.
- 눈썹을 바싹 위로 올려 눈썹의 각도를 둥근 모양을 만들어 보라. 거울에 나타난 표정은 밝은 모습일 것이다.

  이렇듯 눈썹의 각도를 이용한 표정만으로도 고객에게 친근감을 보낼 수 있다.

■ **눈**

총명하고 밝은 눈빛은 고객에게 많은 신뢰감을 줄 수 있다. 이처럼 얼굴 표정에 있어 중요한 눈의 표정 연출을 하기 위해 역시 눈 주위의 안면 운동을 해보자.

- 먼저 조용히 두 눈을 감는다.
- 반짝 눈을 크게 뜨고, 눈동자를 오른쪽→왼쪽→위→아래로 회전시킨다.
- 다음엔 눈두덩이에 힘을 주어 꽉 감는다.
- 그리고 나서 반짝 눈을 크게 뜨고, 다시 한번 눈동자를 오른쪽→왼쪽→위→아래로 회전시킨다.

이러한 눈의 근육 운동은 하루 종일 피곤한 눈의 피로를 풀어주는데도 아주 좋은 운동이 될 수 있다. 거울을 보고 눈으로 표현할 수 있는 표정을 연출해 보자. 거울을 눈 가까이 두고 눈만 집중해서 본다.

- 깜짝 놀랐을 때의 표정을 지어 보자. 눈과 눈두덩이가 올라가 있지 않은가?
- 곤란할 때의 표정은 어떠한가? 아마 양 미간에 잔뜩 힘을 주어야 할 것이다.
- 지적인 표정을 지어 보자. 역시 눈동자를 긴장시켜야 할 것이다.
- 슬픈 표정, 기쁜 표정, 놀란 표정 등 다른 감정을 표현해 보자.

  이렇듯 눈동자로도 많은 표정을 연출할 수 있다.

■ 코

코로도 표정 연출이 가능할까?

먼저 코의 근육을 풀어 보자. 불쾌한 냄새를 맡았을 때 대체로 코를 단 번에 쑥 올려 코에 주름이 생기게 될 것이다. 이렇게 반복해서 코의 근육을 풀어 준다.

그리고 나서 거울을 코에만 비춰 코로 표정을 연출해 보자.

- 찡그릴 때의 코의 표정은 어떠한가? 한 쪽으로 주름진 코의 모습이 보이는가?
- 그러면 이번엔 코로 웃는 표정을 만들어 보자. 양 콧망울이 당겨져 코의 삼각형 모양이 바로 보일 것이다.

  코로 하는 표정 연출은 좀 제한이 되기는 하나 이처럼 코로도 표정 연출이 가능하다.

■ 입, 뺨, 턱

입 주위는 표정을 결정짓는 가장 중요한 부위이다.

다양하고 풍부한 표정연출을 해보기 위해 먼저 입 주위의 근육 운동을 해본다.

먼저 턱 운동을 해보자.

- 입을 '아' 벌리고 턱을 오른쪽에서 왼쪽으로 움직여 보자. 계속 반복해서 해본다.

다음은 뺨 주위의 안면근육을 풀어 보자.

- 입을 다물고 한껏 뺨을 부풀려 공기를 머금은 채 오른쪽→왼쪽→위→아래로 움직여 보자. 서너 차례 반복한다.

그 다음은 입술 운동을 해보자.

입가를 최대한 당긴 다음 입술을 뾰쪽하게 내밀고 다시 옆으로 당기는 것을 반복한다. 그리고 나서 입을 최대한으로 크게 벌려 높은 톤으로 또박 또박 아→이→우→에→오의 입 모양을 발성해 보자.

그러면 지금부터 거울을 입 가까이 대고 입으로 할 수 있는 표정을 연출해 보자.
토라진 표정을 지어 보자. 입술을 다물고 약간 앞으로 내미는 모양이 될 것이다.
화난 모양은 어떠한가? 입술이 세모꼴로 일그러지지 않은가?

그러면 이제 마치 종이 한 장을 입술에 살짝 무는 상태로 입술 꼬리만 위로 올려 보자. 입술이 웃고 있지 않은가?
다음은 활짝 웃는 모습을 지어 보자. 치아가 반짝이며 입술이 가볍게 열릴 것이다.
여러 표정 중에서 어떤 표정이 가장 아름다워 보이는가?
아마도 역시 입술꼬리를 올린 웃는 표정일 것이다.
입을 항상 절반쯤 벌리고 있거나 입 끝을 아래로 내려뜨려서 축 처지게 하고 있으면 그다지 좋은 느낌은 들지 않는다. 대체로 한국 사람들은 평상시 의식을 하고 있지 않으면 입술꼬리가 축 내려지기 쉽다고 하므로 의식을 하고 항상 입술꼬리를 올리도록 한다. 그것만으로도 웃는 얼굴이 만들어지게 되고 입가가 야무지게 보일 수 있다.

가장 호감가는 표정은 스마일이다

사람들은 사진을 찍을 때나 자신을 가장 아름답게 표현해 보라고 한다면 대부분 밝게 웃는 표정을 연출하게 된다.

미국에서는 웃음강좌라는 것이 있을 정도로 웃음을 통한 건강관리를 강조하는데 스탠퍼드 의과대학의 윌리엄 프라이교수는 웃음을 앉아서 하는 조깅(Stationary Jogging)에 비유하기도 했다. 그에 의하면 하루에 백 번을 웃으면 10분 동안 보오트 레이스(boat race)운동을 한 것과 같은 효과가 있다는 것이다.

또한 웃음은 위산이 많이 나오는 것을 방지함으로써 위산 과다의 예방과 치료에도 한 몫을 한다고 한다. 그렇다면 스마일은 자신의 직업은 물론 자신의 건강까지, 피곤한 현대를 살아가는 모든 이들에게 분명 피로회복제와 같은 역할을 할 수 있을 것이다.

웃는 얼굴은 리더의 조건이라고도 한다. 살아가다 보면 누구라도 괴로울 때, 고통스러울 때가 있으나 그래도 따뜻한 미소를 잃지 않고 살아가는 사람은 누구한테나 사랑과 신뢰를 받고 있다. 웃는 얼굴과 마주친 누군가는 다른 누군가에게 그 미소를 반드시 전해 준다. 그만큼 웃는 모습은 자신을 가장 아름답게 만들어 주기도 하지만 남에게 호감을 주는 아주 중요한 요소가 되기도 한다.

서비스맨으로서 많은 고객을 대하는 입장을 고려해 모든 고객이 호감을 느낄 수 있고 밝은 스마일을 연출할 수 있는 능력을 갖추어야 한다.

Exercise

스마일 연습

- 웃는 얼굴에 대해 상대방으로부터 칭찬을 받은 적이 있는가?
- 당신이 크게 웃을 때 웃음소리는 어떠한가?
- 거울 앞에서 즐거운 일을 생각하며 활짝 웃어보라.
  거울을 보며 자신의 웃는 얼굴의 눈썹, 눈, 코, 입 등을 그림으로 그려보라.
  어떠한 모양인가?

여러 가지 표정 중에서도 가장 아름다운 표정은 물론 웃는 얼굴이다.

일상생활에서 사진을 찍을 때 카메라를 향해서 전원이 위스키~ 하는 모습을 많이 보게 된다. 입모습은 끝까지 '~이'의 입모습을 하게 되고 더군다나 '위~' 할 때는 뺨의 근육이 약간 위로 치켜 올라가 훌륭한 웃는 얼굴을 만들 수 있다.

한번 연습해 보자. 위스키~

스마일은 서비스맨의 기술이며 의무이다

일찍이 상술을 발달시켰던 중국인들은 웃는 얼굴이 아니면 가게 문을 열지 말라고 했다. 서비스맨의 최고의 매너는 바로 스마일을 잘하는 능력이라고 해도 과언이 아닐 것이다.

서비스맨이라면 즐거워서 웃는 것이 아니라 스스로를 즐겁게 하기 위해서 달관한 듯 웃을 수 있는 여유를 터득해야 한다. 즐거운 일이 있으면 누구든지 웃는다. 오히려 웃지 않는 것이 비정상일 것이다. 중요한 것은 웃을 일이 없을 때에도 웃는 것이다. 미국의 제임스와 덴마크의 랑케는 '사람은 슬퍼서 우는 것이 아니라 울기 때문에 슬퍼지는 것이고 즐거워서 웃는 것이 아니라 웃기 때문에 즐거워진다'는 심리이론을 밝혔다. 다시 말해 동작이란 감정에 따라 일어나는 것처럼 보이지만 실제로는 동작과 감정은 병행하는 것이다. 동작은 의지로써 직접 통제할 수도 있지만 감정은 그렇게 할 수가 없다. 그러나 감정은 동작을 조정함으로써 간접적으로나마 조정이 가능하다. 따라서 쾌활함을 잃었을 때 그것을 되찾는 최선의 방법은 아주 쾌활한 것처럼 행동하고 쾌활한 것처럼 말하는 것이다.

스마일은 흥미로운 TV 코미디물을 보았을 때처럼 외부의 자극에 의해 무심코 반사적으로 터져 나오는 웃음이 아닌 본인이 미리 의식하여 만들어 내는 능동적인 웃음을 의미한다. 즉 스마일은 무의식의 상태에서 만들어지는 것이 아니라 의식의 상태에서 항상 긴장하며 만들어야하기에 능력 있는, 특히 현명한 사람들의 어려운 능력 중의 하나이다.

서비스맨의 스마일은 하고 싶을 때만 표현하는 것이 아니라 반드시 의무적으로 표현해야한다. 서비스맨은 어떤 상황에서라도 본인의 감정에 무관하여 필요할 때에는 즉각 자연스럽고 자신감 있는 스마일을 표현할 수 있는 수준까지의 기술이 필요하다.

웃음은 하나의 습관이다. 일부러라도 자주 웃다보면 이상하리만큼 웃음이 잘 나오게 된다. 언짢은 일이 있더라도 웃다보면 즐거워지고 그래서 다시 웃게 되는 것이다. 이게 웃음의 마력이다. 속이 상할 때면 일부러라도 히죽 웃어보라.

서비스맨으로서 스마일을 유지한다는 것은 자신의 이미지를 좋게 만드는 것 뿐만 아니라 고객을 안심시키고 편안한 마음이 되게 한다. 스마일은 서비스맨이 반드시 갖추어야 할 기본 매너이며 의무이다.

또한 얼굴의 미소는 비단 서비스맨의 기본 요건이 아닌 자신의 인생을 위해서도 중요한 습성 중 하나이다. 스마일은 비단 직업적인 의미에서의 기본 매너가 아닌 자신의 인생을 위한 기본 요건이라 할 수 있다. 자신의 행복한 인생을 위해 항상 스마일을 생활화해보자.

Exercise

■다음 얼굴표정들을 잠시 보고 느껴지는 감정을 각각 생각해보라.

서비스 맨의 얼굴은 어떤 표정이어야 할까요?

■위의 그림을 참고로 하여 상대방에게 긍정적인 이미지를 전달하는 비언어적 요소들을 그림(얼굴표정)으로 그려보자.

■거울을 보고 다음과 같은 얼굴표정이 어떠한지 실제로 표현해보자.

슬픔	좌절	싫증
행복	사랑	두려움
화남	흥분	관심
지루함	회의적	안심
낙관	공감	동의

✔ 편안함을 주는 시선 처리

아무리 말씨나 태도가 훌륭한 서비스맨이라 할지라도 얼굴 표정에 있어 시선 처리를 바르게 하지 못하면 서비스의 효과는 반감되고 만다. 서비스맨의 올바른 시선 처리는 곧 서비스맨의 자신감과 고객에 대한 공손함을 의미한다.

- 고객과 오래 대화를 할 경우에는 일반적으로 고객의 양 미간과 눈을 번갈아 보면서 시선을 보는 것이 고객 입장에서 편안함을 느낄 수 있다. 고객의 미간을 보다가 여백, 즉 고객과의 대화의 중심이 되는 쪽, 앞에 놓인 서류, 제시하는 방향, 찻잔 등으로 시선 처리를 한다.
- 어떠한 경우라도 고객의 신체 위 아래로 시선을 돌리는 것은 좋지 않다.
- 다른 사람의 말을 들을 때 될 수 있으면 눈을 보고, 자신이 이야기할 때는 조금 시선을 아래로 향하는 것이 좋다. 단 이야기의 핵심을 강조하거나, 고객의 동의를 구하고 싶을 때는 시선을 고객의 눈에 두어 의지를 표현할 수 있다.
- 서비스맨의 시선의 위치가 고객보다 높이 있을 경우 거만한 인상을, 너무 아래에서 보면 비굴한 인상을 주므로 적당한 위치에서 눈의 위치를 맞추도록 해야 한다. 눈의 위치를 맞추어서 몸의 높이를 조절할 수 있다.
- 서비스맨의 시선과 얼굴의 방향, 그리고 몸과 발끝의 방향까지 고객의 시선을 향하도록 한다.

✔ 고개 끄덕이기

많은 사람들이 고개를 끄덕이는 것을 동의의 표현으로 사용하고 있으며 상대방이 나의 말을 듣고 이해하고 있는지의 여부를 알 수 있다. 그러나 고개를 끄덕이는 것이 일반적으로 동의를 뜻한다해도 그저 막연히 끄덕이기만 할 경우 제대로 인식하는데 실패할 수 있으며 오히려 건방져 보일 수도 있다. 예를 들어 고객의 이야기를 들으며 가끔 “네, 그렇습니다.” 같은 말로 응대해야 고객은 비언어적으로 자신의 이야기에 응답하고 있다고 생각하게 되는 것이다.

그러나 서비스맨의 권한을 넘는 회사 규정 등에 관한 조정 사항이라면 무조건적 끄덕임은 이해를 넘어 동의를 하고 있다는 의미가 되므로 특히 서비스과정 중 발생한 문제를 해결하는 경우 고객이 오해하지 않도록 고개의 끄덕임 하나도 주의하는 것이 중요하다.

나. 바른 자세와 동작

어떤 회사를 방문했는데 두 명의 접수 담당직원이 있었다고 하자. 한 명은 등을 구부리고 어쩐지 피곤해 보이는 느낌으로 앉아 있고, 또 다른 한 명은 단정한 자세로 웃으며 고객을 보고 있다. 고객의 발길은 어느 쪽의 접수처로 향하겠는가?

첫 눈에 보이는 서비스맨의 모습, 그 모습으로 고객들은 대부분 서비스맨의 인간적 바탕과 이미지를 느끼게 된다. 그 만큼 서비스맨의 평소 바른 자세는 중요하다. 자세를 잘 가다듬는 일부터 시작함으로써 업무에 임하는 자기 자신의 기분도 긴장될 것이며 일상 생활 속에서 의식을 갖고 아름다운 몸가짐을 완전히 익혀 자연스러운 형태로 나타나도록 한다면 인생에 있어서 귀중한 재산이 될 것이다.

고객 응대시 나타나는 다양한 자세로 고객은 서비스맨의 서비스에 반응하게 된다.

바른 자세로 앉아있거나 서 있거나 자신 있게 걷거나 적극적인 자세를 취하는 것은 진정으로 고객을 돕겠다는 준비의 표현이 된다. 반면 구부정하게 앉아있거나 어깨를 늘어뜨리고 서있거나 신발을 질질 끌며 걷거나 하는 자세는 고객서비스 태도가 형편없는 것으로 보여질 수 있다.

머리, 손, 팔, 어깨 등을 사용하는 몸짓은 언어적 메시지를 강조하기 위해 의사소통에 부가적인 의미를 갖게 한다.

자세가 바르지 못한 사람은 왠지 정신 상태도 바르지 못한 것 같고 신뢰감도 생기지 않는다. 신체의 자세는 마음의 자세에서 비롯되므로 자세는 곧 마음으로 해석될 수 있는 것이다.

〈그림 6-2〉 부적절한 고객응대자세

아름답게 서기

모든 동작의 기본은 서있는 자세에서 비롯된다. 새 옷을 입어볼 때 거울 앞에서 자기도 모르게 등을 쭉 펴고 배를 살짝 넣어 본 경험이 있는가? 평상시에 주의하지 않으면 결국 등은 굽어지고 턱은 쑥 나와버리기 쉽다. 이렇게 해서는 모처럼 멋있는 옷을 입었더라도 젊어 보이거나 근사해 보이지 않을 것이다.

거울 앞에서 자신의 서 있는 정면과 옆 모습을 모두 점검해 보자.

〈그림 6-3〉 서 있을 때의 모습

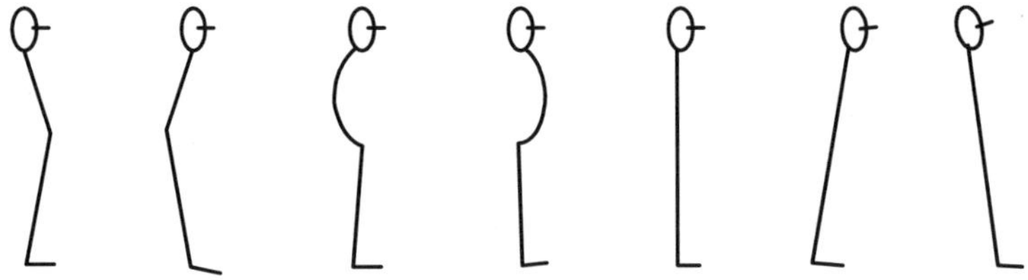

Exercise

아름답게 서는 연습

- 발 뒤꿈치를 붙이고 발끝은 V자형으로 한다.
- 몸 전체의 무게 중심을 엄지발가락 부근에 두어 몸이 위로 올라간 듯한 느낌으로 선다.
- 머리, 어깨, 등이 일직선이 되도록 허리는 곧게 펴고 가슴을 자연스럽게 내민 후, 등이나 어깨의 힘은 뺀다.
- 아랫배에 힘을 주어 당기고, 엉덩이를 약간 들어 올린다.
- 양손은 가지런히 모아 자연스럽게 내려뜨린다.

  여성의 경우 오른손이 위로 가게 하여 가지런히 모아 자연스럽게 내리고, 남성의 경우 손을 가볍게 쥐어 바지 재봉선에 붙인다. 이 때 양손을 약간 둥글게 하면 보다 정중한 인상을 준다.
- 얼굴은 턱을 약간 잡아 당겨 움직이지 않도록 한다.
- 시선은 정면을 향하고 턱은 약간 당겨 바닥과 수평이 되도록 하며 입가에 미소 또한 잊지 않는다. 그리고 머리와 어깨는 좌우로 치우치지 않도록 유의한다.
- 대기시 오래 서 있어야 할 때에는 여성의 경우 한발을 끌어 당겨 뒷꿈치가 다른 발의 중앙에 닿게 하여 균형을 잡고 서 있도록 하면 훨씬 편안하게 느껴진다.
- 남성의 경우라면 양발을 허리 넓이만큼 벌려 서있는 것이 좋다.

  대기 자세에서 고객을 응대할 때는 즉각 대기 자세를 풀고 고객에게 다가가는 제스처가 필요하다. 이 때 고객을 정면으로 하여 45도 각도 정도를 유지하고 80cm에서 1m 정도의 거리에서 고객과 마주 보고 서는 것이 가장 편안한 거리이다.

✔ 바르게 앉은 자세

늙지 않는 좋은 습관 중의 하나는 상체를 바르게 하는 자세이다. 일상 생활에서 기력이 쇠하고 힘이 들 때 혹 상체가 휘어진 듯한 경험이 있지 않은가?

카운터나 책상 앞에서의 작업량이 많은 사람들은 하반신이 보이지 않는다고 해서 안심하고 다리를 꼬고 앉는다든지 단정치 못하게 하고 있으면 반드시 상반신에 영향을 주기 마련이다. 등이 굽어지면 무릎도 벌어지게 된다. 상반신은 항상 선 자세와 같은 자세여야 한다. 신체의 중심이 되는 허리를 항상 긴장하여 바로 세운다는 것은 바로 젊음을 유지하는 비결이 되기도 한다.

Exercise

바르게 앉은 자세 연습

- 의자 깊숙이 엉덩이가 등받이에 닿도록 앉는다. 의자 끄트머리에 걸쳐 앉는 것은 보기도 좋지 않을 뿐더러 불안정하고 쉽게 피곤해 지는 자세이다.
- 등과 등받이 사이에 주먹 한 개가 들어갈 정도 거리를 두고 등을 곧게 편다.
- 상체는 서 있을 때와 마찬가지로 등이 굽어지지 않도록 주의하고 머리는 똑바로 한 채 턱을 당기고 시선은 정면을 향한다. 시선은 상대의 미간을 본다.
- 손은 양 겨드랑이가 몸으로부터 떨어지지 않도록 해서 가지런히 무릎 위에 모으고 발은 발끝이 열리지 않게 조심하고 발끝은 가지런히 모아 정면을 향하게 한다.
- 양다리는 모아서 수직으로 하며 오래 앉아 있을 경우 다리를 좌우 어느 한 쪽 방향으로 틀어도 무방하다. 특히 소파처럼 낮은 의자의 경우에는 무리하게 다리를 수직으로 세우지 말고 양다리를 모은 채 무릎 아래를 좌우 한 방향으로 틀면 다리가 아름답게 보인다.
  쉬고 있을 때는 다리를 꼬아 옆으로 틀어도 괜찮지만 이러한 경우 다리선은 가지런히 하여 발끝까지 쭉 펴서 반듯하게 보이도록 한다.
- 팔짱을 끼고 무릎을 떨거나, 다리를 꼬아 앉거나 벌어지지 않도록 유의해야 한다.

✔ 멋있게 앉고 서는 법

대체로 의식하지 않고 무의식 중에 하는 것이 앉고 서는 법이다. 그러나 앉고 서는 모습만 보아도 연령을 분명히 알 수가 있다. 자칫 긴장하지 않으면 털썩 주저 앉는다거나 일어 설 때도 노인들처럼 상체를 많이 굽힌 지친 모습으로 일어서기 쉽다.

Exercise

■ 여자

- 한쪽 발을 반보 뒤로 하고 몸을 비스듬히 하여 어깨 너머로 의자를 보면서 한쪽 스커트 자락을 살며시 눌러 의자 깊숙이 앉는다.
- 뒤쪽에 있던 발을 앞으로 당겨 나란히 붙이고 두 발을 가지런히 모은다.
- 양손을 모아 무릎 위에 스커트를 누르듯이 가볍게 올려놓는다.
- 어깨를 펴고 시선은 정면을 향하도록 한다.

■ 남자

- 의자의 반보 앞에 바르게 선 자세에서 한발을 뒤로하여 의자 깊숙이 앉는다.
- 정지 동작을 살리며 바른 자세로 앉는다.
- 1인용 의자가 아닐 경우 되도록 왼쪽부터 앉는다.

- 발을 허리만큼 벌리고 양손을 가볍게 주먹을 쥐어 양 무릎 위에 올려놓는다.
- 어깨를 펴고 시선은 정면을 향하도록 한다.

✔ 어깨와 머리의 위치

일반적으로 사람들은 자극을 받을 때 어깨를 올리고 안정적일 때 내리는 경향이 있다.

- 어깨를 높이고 머리를 낮추는 경우에는 왠지 긴장되고, 부정적이고 혹은 적의가 있게 느껴지며, 또한 항상 어깨를 축 늘어뜨리고 머리를 떨구는 사람들에게서는 의심, 좌절, 불만, 두려움, 불안전한 느낌까지 들게 된다.
- 머리가 한 쪽으로 항상 비스듬하게 기울어져 있거나 앞 머리카락이 흘러내려 습관적으로 머리가 한 쪽으로 기울어져 있는 자세는 왠지 모르게 호기심이나 의구심이 많은 사람처럼 느껴지기도 하지만 다소 불량한 느낌마저 든다.
- 턱이 들려 머리가 젖혀진 채 시선을 아래로 깔고 다니는 자세는 모든 사람을 무시한 듯한 거만한 느낌이 든다.
- 목이 빠지듯 머리가 늘 아래로 숙여진 자세는 무언가 자신이 없고 어두운 이미지마저 느껴진다.

머리와 어깨의 자세만으로도 그 사람에 대한 이미지가 나빠질 수 있다. 바른 자세는 머리에서 발끝까지 바르게 해야 하는 것을 의미한다.

✔ 씩씩하고 스마트하게 걷기

옷을 잘 차려 입고 용모가 깨끗해도 등이 구부정한 채 무릎까지 굽히고 뒤뚱뒤뚱, 종종, 터덜터덜 걷고 있는 사람들을 보게 된다. 반면 곧은 자세로 씩씩하고 활기차게 걷고 있는 사람은 보는 사람으로 하여금 신뢰감을 느끼게 해준다.

Exercise

걷는 자세 연습

허리로 걷는다고 생각하고 앞으로 내민 발에 중심을 옮겨가면 바르게 걸을 수 있다.

- 상체를 곧게 유지하고 발끝은 평행이 되게 하여 다리 안쪽과 바깥쪽에 주의하면서 발바닥이 보이지 않도록 직선 위를 걷는 듯한 기분으로 걸으면 된다. 머리는 유연한 선을 그리면서 높이 쳐든 상태를 유지한다.
- 무릎을 굽힌다든지 반대로 너무 뻣뻣해지지 않도록 양 무릎을 스치듯 걷도록 주의한다. 걸을 때 팔을 크게 흔드는 것도 보기 좋지 않다.
- 어깨와 등을 곧게 펴고 턱을 당기고 시선은 정면을 향하고 자연스럽게 앞을 보고 걷는다. 배는 안으로 들이밀고, 엉덩이는 흔들지 않는다.
- 보폭은 자신의 어깨 넓이만큼 걷는 것이 보통이나 굽이 높은 구두를 신었을 경우는 보폭을 줄인다.
- 걷는 방향이 직선이 되도록 한다.

계단 오르내리기

누군가와 함께 계단을 걸어갈 때나 반대 쪽에서 누군가 계단을 이용할 때 상체를 곧게 펴서 몸의 방향을 비스듬히 걷는다면 좁아 보였던 계단의 공간이 더 넓어 보일 것이다. 아주 사소한 차이지만 계단을 오르내릴 때 몸을 비스듬히 하는 것과 앞으로 향하는 것과는 느낌이 매우 다르다. 자로 잴 수 없는 작은 공간이나마 상대에 대한 공간의 배려는 자세의 세련미를 더해 줄 것이다.

계단을 올라갈 때의 시선은 15도 정도 위로 향하여 걸으며 내려올 때도 시선을 15도 정도 아래로 두고 걷는다. 올라갈 때는 남자가 먼저 올라가고, 내려갈 때는 여자가 먼저 내려가도록 한다.

걸음의 속도는 자신감과 비례한다

자신감을 갖고 열심히 자신의 일을 추진하는 사람들의 걸음걸이는 남들과 달리 조금 빠른 템포로 걷는다는 것을 알 수 있다. 실제로 일반적인 걸음걸이 속도보다 약간 빠르게 걷는 것이 더 진취적이고 자신감 있어 보인다고 한다.

반면 언제 어디서든지 항상 처진 어깨로 걸음이 느린 사람은 왠지 모든 일에 자신감이 없고 일을 처리하는 속도도 느릴 것 같은 느낌이 든다.

축 처진 느린 걸음으로 걷는 사람들이 있는가 하면 발걸음도 경쾌한 리듬을 가지고 가슴을 쭉 펴고 또렷한 눈빛으로 정면을 향해 스마트하게 걷는 직원들도 있다. 고객은 어느 쪽을 더 신뢰하게 될 것인가?

발소리까지 상대를 배려해 보라

발소리가 크게 나지 않도록 걷는다는 것도 또한 타인에 대한 배려이다. 사무실이나 다른 장소에서 무심코 들려오는 요란스런 발소리가 귀에 거슬린 경우가 있다. 매너가 좋은 사람들은 발소리까지도 남의 귀를 거슬리지 않게 하기 위해 자신의 걸음걸이에 주의를 기울인다.

체중은 발 앞부분에 싣고, 허리로 걷는 듯한 느낌으로 걸어야 한다.

발소리가 소음 공해가 되지 않도록 발 앞 끝이 먼저 바닥에 닫도록 하여 전면에 일직선이 그어져 있는 듯 가상하여 똑바로 걷는다.

물건과 함께 '마음'을 전한다

서비스맨은 고객에게 무언가 제공하는 동작을 많이 하게 된다. 그러나 단 한 번의 동작으로 고객으로 하여금 불쾌한 느낌을 전달하기도 하고 감동을 주기도 한다.

사소한 예로 신문이나 물 컵 등을 건네줄 때 이쪽이 받기 전에 손을 떼어버려 바닥에 떨어져버리는 경험이 있을 것이다. 서비스맨의 경우 고객의 물건을 소중히 여기는 마음으로 취급한다면 물건과 함께 마음을 전하는 따뜻함이 자연스럽게 느껴지리라 생각된다.

서비스맨이 제공하는 모든 물건은 소중한 고객의 자산이 된다. 따라서 고객과 주고받는 물건은 모두 소중한 것이므로 전달하는 위치도 몸의 가슴과 허리 사이에서 옮겨 전달해야 한다. 너무 아래로 떨어뜨려 전달할 때는 하찮은 물건으로 생각되기 쉽기 때문이다.

먼저 전달받을 고객의 공손한 위치를 선택하여 일단 멈춰 선 다음 반드시 양손을 사용하도록 한다.

물건을 전달할 때도 밝은 표정과 함께 시선은 고객의 눈에서 물건으로 갔다가, 다시 고객의 눈으로 옮겨 물건이 올바르게 전달되었는지를 확인한다.

작은 물건일 경우, 한 손을 다른 한 쪽 손의 밑에 받치는 것도 센스가 있어 보인다. 받는 사람의 편의를 최대한 고려하여 전달하는 것이 바람직하다.

알기 쉬운 방향 지시의 모습

"연회장이 어디 있어요?" 라고 물어 왔을 경우, 지시 내용을 복창한 후 "네, 제가 안내해 드리겠습니다." 고 하며 고객을 직접 발로 모셔다 드리는 것이 원칙이다. 부득이 그 자리를 비울 수 없는 경우에는 "네, 연회장은 저쪽입니다." 고 재빨리 응대하며 다음과 같이 방향을 지시한다.

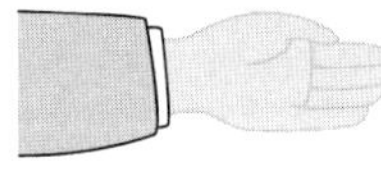

- 방향을 묻는 사람의 눈을 보고 팔을 길게 뻗어 손가락 끝을 가지런히 모아 손바닥을 비스듬히 전체로 가리킨다. 손바닥이 위로 향하거나 손목이 굽어있으면 방향이 애매하게 된다.
- 팔꿈치를 펴는 각도로 거리감을 표현하여 먼 곳은 팔을 길게 뻗어 가리키고 가까운 곳은 손을 조금만 내민다. 이때 다른 한 손을 팔꿈치 위치에 받치면 공손한 모습이 된다.
- 시선은 상대의 눈에서 지시하는 방향으로 갔다가 다시 상대의 눈으로 옮겨 상대가 이해했는지를 확인한다. 이때 "네, ○○○곳은 이쪽으로 가시면 됩니다." 등의 안내말을 분명하게 한다.
- 우측을 가리킬 경우는 오른손, 좌측을 가리킬 경우는 왼손을 사용한다. 만약 반대로 할 경우 고객과의 사이를 어깨로 가로막는 것이 되어 좋지 않다.
- 사람을 가리킬 경우는 두 손을 사용하도록 해야 한다.
- 뒤쪽에 있는 방향을 지시할 때는 몸의 방향도 뒤로 하여 가리킨다.
- 한 손가락으로 지시하거나 턱이나 고개 짓으로 안내하거나 상대의 눈을 보지 않고 지시하는 그런 자세는 상대에게 매우 큰 불쾌감을 줄 수 있으므로 유의해야 한다.
- 동작은 하나하나 절도 있게 하며 항상 시선과 함께 동작을 마무리하는 것에 유의한다.

다. 인사예절

우리는 눈만 뜨면 매일 같이 가족, 직장의 동료, 상사, 그 밖의 많은 사람들을 만나게 되고 "안녕하세요", "안녕하십니까?", "반갑습니다." 등의 인사말로 만나는 사람마다 정답게 인사를 하곤 한다. 이렇듯 인사는 우리의 생활 그 자체라고 할 수 있다.

'인사'란 '人事'의 한자말을 풀이해 보면 알 수 있듯이 우리의 생활에서 빠질 수 없는 바로 사람이 해야 하는 일이다.

우리가 만나는 사람들과 주고받는 인사는 인간관계에 큰 플러스 역할을 하게 되며 일상생활에서 부딪히는 수많은 사람들 간에 주고받는 인사란 밝은 표정과 마찬가지로 역시 아름다운 사회를 만드는 기본이 된다.

'말 한 마디에 천 냥 빚을 갚는다.' 는 속담이 있는 것과 같이, "직장 내에서 인사를 잘해서 인정을 받았다."는 이야기도 흔히 듣게 된다. 그만큼 직장 내에서 인사는 윗사람과의 긍정적인 스트로크이자 업무의 활력소이며, 인간관계의 윤활유 역할이라고 할 수 있다.

직장은 나이, 사고방식, 경험, 입장이 서로 다른 사람들이 함께 일을 하기 때문에 여러 가지 힘든 일이 많이 발생하므로 매일매일 유쾌한 직장생활과 업무 만족도를 높이기 위해서는 동료들에게 마음이 깃든 인사가 몸에 배는 생활을 해야 한다. 그것은 나의 인격을 높임과 동시에 친절한 사회인이 되는 첩경이다.

좋은 고객 응대는 인사부터 시작된다

인사는 서비스의 첫 동작이요 마지막 동작이다. 첫 눈에 보이는 상대방의 모습, 그리고 그 사람의 행동으로 사람들은 그의 인간적 바탕과 사람됨을 보게 된다.

인사란 서로 간에 마음의 문을 열고 상대방에게 다가가 친근감을 표현하는 수단이 되거나 상대방에 대한 존경심의 표현 수단이 되기도 한다. 인사는 존경과 친애의 표시로서 대고객 관계의 첫걸음이며 서비스의 중요한 기법이다.

수많은 고객을 대하는 서비스맨의 인사하는 태도는 이와 같은 의미에서 생각해볼 때 더욱 중요하다고 볼 수 있다.

냉엄하고 첨예화된 기업경쟁 속에서 고객은 느낌이 좋은 응대나 고객이 적극적인 요구를 할 수 있는 응대를 바라고 있는 것이 현실이다. 그러므로 고객을 대할 때는 전문기술이나 전문지식도 중요하지만, 고객의 만족을 충족시켜 주고 편안하게 대하는 응대스킬을 높이는 것이 보다 감동어린 서비스를 제공하는 근본이 된다.

고객 응대스킬에서 무엇보다 기본이 되는 것은 '인사의 이해와 적극적인 실행'이다. 인사는 '고객과 만남의 첫걸음'이며, 무엇보다 인간적인 교감을 하기 위한 시발점이기에 아무리 강조해도 지나치지 않을 것이다.

인사의 시작은 무엇일까?

고객에 대한 마음가짐의 표현이며, 인간관계의 청신호를 알리는 적극적인 표현이다. 그러므로 인사란 자신을 타인에게 알리는 방법 중에 가장 적은 비용으로 가장 큰 효과를 발휘하는 능동적이고 적극적이며 타인을 즐겁게 하는 행위라고 규정할 수 있다.

먼저 주도권을 잡아야 한다

인사란 '당신을 보았습니다.' 라는 싸인이라고 했다. 그렇다면 상사, 부하, 선배, 후배 구별 없이 먼저 본 쪽이 먼저 인사를 하는 것이 자연스럽다. 누구라도 자신의 존재를 인정받으면 기쁜 것이다.

사람을 보면 우선 먼저 인사한다. 인사의 찬스는 극히 순간적인 것이므로 타이밍을 놓치지 않고 과감히 실행해야한다. 상대방이 인사를 받아 줄까, 나를 알아볼까… 등을 따지지 말고 용기를 내어 자신이 먼저 인사를 하는 적극성이 필요하다.

그만큼 '인사는 순간의 승부다'라고 하는 것처럼 만나는 순간에 조건반사처럼 바로 인사해야 한다. 즉 사람만 보면 저절로 허리가 굽어져야 하는 것이다.

만나는 사람들이 고객이든 상사이든 부하직원이든 상대보다 먼저 인사함으로써 만나는 사람들과 인간관계에 있어서 주도권을 먼저 잡게 된다. 진정한 마음을 담은 "안녕하십니까", "부탁합니다", "수고하셨습니다", "감사합니다" 등 인사를 생활화할 때 자신의 브랜드 가치는 더욱 높아질 것이다.

Exercise

나의 친절도는?

1. 아침에 가족, 동료에게 "안녕(하세요)?"하고 밝게 인사하는가?
2. 가정에서 "다녀오겠습니다", "다녀왔습니다", "다녀오셨습니까?"라는 인사를 하는가?
3. 아는 사람을 만났을 때 목례와 함께 미소를 지으며 인사하는가?
4. 누군가의 옆을 지나갈 때 "실례하겠습니다. 잠시만 지나가겠습니다"라고 말하는가?
5. 엘리베이터에서 내리거나 탈 때 같이 있는 사람에게 "먼저~"라는 말을 하는가?
6. 누군가와 대화하는 중에 핸드폰을 받을 때 "실례하겠습니다"라고 말하고 조용히 통화하는가?
7. 솔직하게 "죄송합니다", "잘못했습니다"라고 말할 수 있나?
8. 누군가에게 부름을 받았을 때 밝게 "예"라고 답하는가?
9. 식사할 때 "잘 먹겠습니다", "맛있게 드십시오"라는 말이 습관화되어있는가?
10. 다른 사람에게 사소한 일이라도 도움을 받거나 고마움을 표시해야 할 때 "감사합니다", "고맙습니다"라는 말을 하는가?

✔ 올바른 인사의 기본동작

눈맞춤으로 시작해서 눈맞춤으로 끝난다

서투른 고객서비스는 고객과 눈맞추기를 유지하지 못했을 때 실패한다. 인사야말로 눈맞춤이 없이는 무성의하고 형식적으로 느껴지게 된다. 인사를 하면서 엉뚱한 곳에 시선을 준다면 오히려 실례가 될 수도 있다.

이것은 눈을 본 상대의 마음끼리 서로 통한다는 증거이므로 눈을 보지 않고는 인사를 하더라도 마음이 와 닿지 않는다. 인사하는 처음 만남에서부터 상대의 마음을 사로잡아 자신을 강렬한 인상으로 남기는 것이다.

또한 인사는 밝고 자신감 있게 그리고 당당하게 해야 자연스럽다.

눈은 인사의 중요한 포인트라고 할 수 있다. 우선 상대방의 눈을 보고 인사를 한 후에 한번 더 상대의 눈을 본다. 무심코 상대방도 답례를 하고 싶어질 것이다. 인형이 아닌 사람이 하는 인사는 눈을 마주치는 그런 인사이다. 여기에 표정, 바른 자세, 밝은 목소리가 어우러져 반갑고 친근한 마음을 자연스럽게 전달할 수 있어야 한다. 게다가 상황을 고려하지 않고 반복적이고 형식적, 기계적으로 마음에도 없는 인사를 할 경우 역시 인사를 받는 상대방의 경우도 부담스럽기만 하다.

인사할 때 손과 발의 자세

예로부터 어른을 모시거나 경건한 의식행사에 참여할 때에 두 손을 모아 잡아 허리 아래로 내려놓은 듯이 공손한 자세를 취하는 공수(拱手)가 있다.

그리고 전통적으로 남자는 양(暘), 즉 동쪽 , 여자는 음(陰), 즉 서쪽을 뜻한다고 한다. 이는 사람이 태양을 바라보고 섰을 때 왼쪽은 동쪽, 오른쪽은 서쪽이 된다고 해서 손을 모을 때는 남자는 왼손을 위로 포개고, 여자는 오른손을 위로하여 공수를 해야 한다. 이를 여우남좌(女右男左) 라고 한다. 단, 흉사시의 공수는 평상시의 반대로 한다.

가장 한국적인 것이 가장 세계적이라는 말이 있다. 우리나라의 전통 예절의 근본을 바르게 이해하고 지키는 것은 세계화로 가는 서비스맨의 역할이기도 하다.

주변에서 '인사를 잘한다, 못한다' 의 시시비비를 가릴 때 '인사 동작이 나쁘다' 는 평가는 의외로 없다. 바쁜 현대 사회에서는 느린 속도의 형식적인 인사 동작을 두고 실제로 실용적이지 못한 방법으로까지 여겨지곤 한다. 그러나 때론 바르지 못한 인사 동작으로 인해 상대방에게 더욱 나쁜 느낌을 전달할 수도 있게 된다. 바른 자세로 하는 인사 동작을 습관화한다면 개인의 이미지는 더욱 빛이 날 수 있을 것이다.

Exercise

인사연습

■ **1단계**

곧게 선 상태에서 상대방과 시선을 맞추고 난 다음 등과 목을 펴고 배를 끌어당기며 허리부터 숙인다.

■ **2단계**

머리, 등, 허리선이 일직선이 되도록 하고 허리를 굽힌 상태에서의 시선은 자연스럽게 밑을 보고 잠시 멈추어 인사 동작의 절제미를 표현한다. 인사하는 동안 미소가 얼굴에 머물도록 한다.

■ **3단계**

너무 서둘러 고개를 들지 말고 굽힐 때 보다 다소 천천히 상체를 들어 허리를 편다. 고개를 까딱하는 인사가 아니라 허리로 인사해야 품위 있게 인사할 수 있다. 인사는 허리를 굽혀 자연히 머리가 숙여지는 것이지 고개만 까딱하는 것이 아니다.

■ **4단계**

상체를 들어 올린 다음, 똑바로 선 후 다시 상대방과 시선을 맞춘다.

■ 여성
- 손은 오른손이 위로 오도록 양손을 모아 가볍게 잡고 오른손 엄지를 왼손 엄지와 인지사이에 끼워 아랫 배에 가볍게 댄다.
- 몸을 숙일 때는 손을 자연스럽게 밑으로 내린다.
- 발은 뒷꿈치를 붙인 상태에서 시계의 두 바늘이 11시 5분을 나타낸 정도로 벌린다.

■ 남성
- 차렷 자세로 계란을 쥐듯 손을 가볍게 쥐고 바지 재봉선에 맞춰 내린다.
- 발은 뒷발꿈치를 붙인 상태에서 시계의 10시 10분 정도가 되게 벌린다.
- 몸을 숙일 때는 손이 바지 재봉선에서 떨어지지 않도록 유의한다.

✔ 인사의 각도는 마음을 전달하는 방법 중 하나이다

우리나라에서는 몸의 중심인 허리를 굽히는 방법을 이용해 인사하는 사람의 마음의 깊이를 상대에게 전달한다. 허리를 굽히는 이러한 인사 동작은 서양의 악수에 비해 동양적인 색채가 강한 겸손의 미덕이 느껴지는 인사 방법이다.

인사는 각도가 중요한 것이 아니라 인사하는 상황에 따라 마음의 깊이를 전달하는 것이 더 중요하다.

사과, 감사의 마음을 전달하는 45도 정도의 정중례

정중례란 정중히 사과를 하거나 감사의 마음을 전할 때, 그리고 배웅할 때 하는 인사 방법으로 상체를 45도 정도 앞으로 깊게 숙여 정중함을 표현해야 한다.

일상 생활의 반가운 마음을 전달하는 30도 정도의 보통례

실제 생활에서 가장 자연스럽게 보이는 인사의 각도로서 30도 정도의 보통

례는 가장 일반적인 인사로 일상생활에서 가장 많이 행해지는 인사 방법이다. 이는 윗사람에게나 고객을 맞이할 때 적당하다.

목을 떨구지 않고 허리를 굽히는 15도 정도의 목례

목례란 친한 사람에게나 또는 좁은 장소에서 하는 가벼운 격식의 인사 방법이다.

손님 응대중이거나 전화통화 중일때 상사나 동료와 눈이 마주치면 밝은 미소와 목례로 대신할 수 있다.

목례를 간혹 가볍게 목만 떨구는 것으로 잘못 이해하는 경우가 있으나 실제로 목으로 까딱하는 절은 참으로 성의 없는 인사 중 하나이다.

상체를 15도 정도 허리를 굽혀 잠깐 멈추었다가 원래대로 바로 선다. 목만 굽힌다든지 등을 둥글게 구부린다든지 얼굴을 치켜든다든지 하는 것은 좋은 인사 자세가 아니다. 또한 상체를 드는 시점이 너무 빨라서 상대가 아직 인사를 하고 있는 도중에 일어서지 않도록 주의해야 한다. 허리를 적게 구부릴수록 인사동작의 2단계인 고개를 숙이고 멈춘 동작에서 조금 더 있다가 상체를 세우는 것도 아주 세련된 인사동작이 된다.

✔ 인사를 풍성하게 하는 인사말

덧붙이는 말 한마디로 풍성한 인간관계를 만들 수 있다

최근 전철 속이나 엘리베이터 속에서 '실례합니다, 먼저,' 등의 사소하지만 서로간의 인사말이 적은 것 같다. 심지어 누군가의 발을 실수로 밟았을 때 그 즉시 "죄송합니다."라는 말은 않고 민망한 듯 그저 앞만 쳐다보고 있는 사람들도 있다. 마찬가지로 대부분의 사람들이 누군가에게 도움을 받았을 때 "감사합니다." "고맙습니다."라는 말도 쉽게 하지 못하는 게 사실이다.

실제로 마음은 그렇지 않다 하더라도 서로간에 인사말이 없다는 것은 삭막한 사회의 단면으로까지 해석될 수 밖에 없다. 하물며 고객을 응대하는 서비스맨이라면 항상 상황에 따라 풍성한 인사말을 적절히 사용할 줄 알아야 한다.

또한 '안녕하십니까?', '다녀왔습니다.' 등과 같은 정해진 인사말 뒤에 '안녕하십니까? 휴가는 어떠셨어요?', '다녀왔습니다. 오늘 저녁 반찬은 뭐예요?' 라는 식으로 한 마디를 추가하는 것으로부터 따뜻한 대화가 시작된다. 뒤에 이어지는 한 마디는 말하는 사람의 연구와 노력에 달려 있으며, 이는 상대방에 대한 관심과 배려의 마음으로부터 나온다. 겉치레의 말, 성의 없는 말투, 직업적인 인사가 아닌 진심에서 우러나오는 인사말로 고객의 마음을 움직일 수 있다.

마음으로 인사한다

요즘 어디를 가나 입구에서 똑같은 어조와 기계적인 몸짓으로 "안녕하십니까!" 하는 마치 외침같은 인사를 자주 듣는다. 가끔은 소음으로까지 들릴 때가 있다.

한 사람이 모든 고객을 위해 사용할 인사말을 정해놓을 수는 없다. 인사는 다양하게 한 마디를 해도 정감 있고 성의 있게 해야 한다. 형식적인 느낌이 아닌 진심어린 인사만이 고객에게 전달된다. 그저 아무 생각 없이 반복적으로 외쳐대는 "안녕하십니까!" 라는 인사말보다 고객의 입장에서 어느 시점에서 어떠한 인사말을 건네는 것이 좋은지 헤아려 자연스럽게 상황에 맞는 인사말을 덧붙이는 것이 바람직하다.

인사말로 상대방의 기분까지 밝게 한다

밝게 인사해보라면 큰 목소리로, 목소리의 톤을 높여 인사하는 경우를 보게 된다. 밝게 인사한다는 것은 큰 목소리로 외치는 것이 아니라 상대방의 마음을 자연스럽게 밝게 할 수 있는 그런 인사를 말하는 것이다.

큰 소리를 내지 않고도 음정을 다소 높이면 밝은 인상을 주게 된다.

인사말도 자연스럽게 건네는 시점이 있다

인사말은 고객이 들을 수 있는 정도의 크기로 밝게 인사하는 것이 좋으며 그 상황에 따라 시점이 달라질 수 있어야 한다. 어수선한 주위를 환기시키거나 고객의 시선을 집중해야 할 경우 인사말을 먼저 하는 것이 효과적이다. 그러나 이미 고객이 나를 보고 있을 때에는 몸을 숙이는 동작을 먼저 한 후 다가가서 인사말을 건네는 것이 보다 자연스럽다.

시간대에 따라 인사하는 방법도 요령이 있다

일상생활에서 아무렇지 않게 주고받는 인사말 중에도 신선한 인상을 남겨주는 인사가 있는 반면 불쾌감을 가져다 주는 인사도 있다. 시간에 따라서도 더 효과적인 인사 요령이 있다.

아침과 낮에는 조금 더 상쾌하고 활기찬 인사가 되도록 밝은 톤으로 한다. 아침부터 처진 목소리, 형식적인 무표정의 인사는 인사를 받는 사람까지 맥이 빠지게 될 것이다.

마이너스 심리를 생기게 하는 인사라면 오히려 하지 않는 편이 낫다. 플러스의 심리가 통하는 만남의 인사는 나 자신의 일상적 생활에 밝은 변화를 반드시 가져다 줄 것이다. 아침인사가 그저 “안녕하십니까?” 뿐인가?

10가지 이상 생각해 보라.

✔ 상황에 따른 인사요령

걸어가고 있을 때

걸어가다가 상사를 만나 인사를 하게 될 때는 자연스럽게 계속 걷다가 2-3미터 가까이에 가서 상사에게 인사를 한 다음, 비껴서서 상사의 앞길 공간을 열어드리고 상사가 지나간 후에 움직이는 것이 더 공손해 보인다. 상사는 나의 인사를 받고 지나가지만 그 상사의 시야에 나의 뒷모습까지 남아 있는 것을 유의해야 한다. 인사를 하자마자 등을 돌리고 휙 돌아서는 나의 뒷모습을 보게 될 수도 있다는 것이다.

계단을 오르내릴 때

계단에서는 일단 인사할 상대와 눈이 마주쳤다면 먼저 얼굴표정으로 인사한 다음 서로 비슷한 위치가 되면 기본 자세를 취하고 인사말과 더불어 인사를 다시 한다.

계단은 비교적 협소한 공간이므로 15도 정도 굽혀 목례를 하는 것이 바람직하다.

또 여러 사람이 지나가는 경우나 상대가 바쁘게 지나가는 경우도 있으므로 상황에 따라 밝은 목소리나 표정만으로 인사하더라도 충분히 마음이 전달될 것이다.

앉아서도 바르게 인사할 수 있다

부득이하게 앉아서 인사하는 경우가 많다. 예를 들어 은행 창구에서 고객을 맞이하거나 투명 유리창으로 가려진 안내카운터에 앉아서 고객에게 인사해야 할 경우가 있다. 앉은 자세에서는 머리를 너무 숙여 얼굴 표정이 가려지지 않도록 유의해야 한다. 이런 경우는 밝은 표정과 환대의 인사말이 허리를 굽히는 인사 동작보다 더 효과적이다.

연령에 따라서도 인사하는 방법이 달라져야 한다

센스없는 서비스맨이라면 어린 아이에게조차 “손님, 오늘도 저희 호텔을 이용해 주셔서 정말 감사합니다.” 하고 말하면서 45도로 정중하게 인사를 할 것이다. 어린 아이도 서비스맨에게는 귀한 고객임에 틀림없으나 “어서 오세요. 참 예쁘고 똑똑하게 생겼네요.” 하고 아이의 눈 위치에서 인사를 한다면 아이의 마음은 곧 그 서비스맨의 편에 기대게 될 것이다.

어린이 고객에게는 눈높이를 맞추어 이모나 삼촌처럼 친근하고 다정한 인사가 되도록 한다. 물론 어린이라고 해서 반말을 하는 것은 좋지 않으나 극존칭을 사용하는 것도 적절하지 않다. 어린이는 미래의 잠재 고객이다. 어릴 때의 좋은 인상으로 먼 훗날에 다시 고객이 될 수 있을 것이다.

노인에게는 손자나 손녀처럼 존경심을 표현하고, 40대, 50대의 부모님 세대에게는 자녀로서 가질 수 있는 존경심이나 친근감을 가지며, 20대, 30대 연령층에는 선배나 후배처럼 다정한 느낌을 가지고 인사해 보라.

다양한 상황에 맞게 인사해야 한다

외국인들을 대할 때 외국인은 대부분 격의 없게 인사를 하는 것으로 잘못 생각하는 경우가 있으나 한국인으로서 한국적인 정중하고 예의바른 인사로 좋은 느낌을 줄 수 있어야 한다.

다시 만나는 고객은 처음에 만나는 것보다 더 반가운 마음을 표현하도록 한다.

엘리베이터에서 인사할 때는 협소한 장소이므로 환한 표정으로, 그리고 목소리는 낮추어 인사말을 건네고 가볍게 목례하는 것이 좋다.

많은 고객에게 연이어서 한꺼번에 인사해야 할 경우, 마치 로봇처럼 기계적으로 하는 반복적인 인사가 되지 않도록 유의해야 한다. 보통 목소리 보다 조금 큰 목소리로 인사하되 한 사람 한 사람에게 스마일과 Eye Contact하는 것을 잊지 않는다.

변함없는 인사가 호감도를 지키는 큰 비결이다

혹시 변덕스러운 기분이나, 몸 컨디션에 따라 인사를 하지 않는 경우가 있는가? 언제 찾아가도 항상 느낌이 좋은 곳은 고객에게 안정감을 줄 수 있듯이 항상 느낌이 좋은 인사를 계속하는 것은 고객에게 좋은 인상을 주는 커다란 포인트가 된다.

언제 어떠한 상황에서도 변함없이 인사를 잘하는 습관은 자신의 성격을 밝게 해주고 적극적이고 활동적인 명랑한 사람으로 변화시켜 준다. 결국 인사란 상대에게 따뜻한 마음을 담아 전달하는 것만으로 끝나는 것이 아니다. 상대를 위한 것이 아닌 나 자신의 좋은 이미지를 형성하는, 나 자신을 위한 것임을 알아야 한다.

클로징이 중요하다

인사의 마지막 동작인 헤어짐의 인사는 서비스의 총체적인 인상을 결정짓는 것이므로 첫 번의 인사보다 더욱 신경 써서 해야 한다.

고객을 응대할 때는 '마지막 10초가 중요하다'는 말이 있다. 밝은 환영의 인사도 중요하고 서비스 과정에서의 친절한 응대도 중요하나 고객이 그 서비스를 받은 후에 그 서비스를 오래 기억할 수 있게 하는 요인이 '최후의 10초'라는 의미이다. 고객서비스 응대시 이전의 서비스과정에 충분히 만족하지 못한다면 더더욱 보완하는 의미에서라도 마무리를 잘해야 한다. 가끔 실컷 좋은 서비스를 해놓고 마무리 인사가 엉성하여 실망감을 주는 서비스맨을 보는 경우가 많이 있다. 이미 용건이 끝난 고객도 다음에 또 다시 나의 고객이 된다는 점을 잊지 말고 고객이 시야에서 사라질 때까지 성실히 응대해야 한다.

Exercise

■ 나의 인사 점수는?

1. 인사를 할 때 항상 미소 띤 표정으로 하는가?
2. 상대방과 시선이 마주쳤을 때 피해버린 경험은 없는가?
3. 목만 구부리지 않고 허리를 구부려 정중하게 인사하는가?
4. 반드시 상대의 눈을 보고 인사하는가?
5. 다양한 인사말로 상대에게 관심과 성의를 보이는가?
6. 누군가의 옆을 지나갈 때 "실례하겠습니다"라고 말하거나 가벼운 목례를 하는가?
7. 늘 시선을 넓게 하여 사람을 먼저 발견하고 먼저 인사하는가?
8. 인사한 후 친근한 마음의 EYE CONTACT을 하는가?
9. 인사하는 목소리는 밝고 경쾌한가?
10. 인사가 끝난 후 자신의 얼굴이 갑자기 무표정해지지 않는가?

라. 신뢰감을 주는 용모와 복장

서비스맨의 신체적인 모습이나 의상은 자신과 회사의 이미지를 반영하게 되며 고객에게는 아마추어인지 전문가인지를 보여준다. 즉 직장인의 용모는 직업의식의 표현이 되며 아무리 주의 깊고 양질의 서비스를 제공한다해도 고객은 서비스맨의 외모와 외형을 기반으로 판단하게 된다.

서류가 여기저기 정신없이 책상 위에 널려 있는 경우 마치 일을 열심히 하고 있는 것처럼 보인다고 생각할 수 있으나 보는 사람은 무질서하고 비전문적이며 그 사람이 하는 일에 대한 신뢰도가 떨어질 것이다. 마찬가지로 옷을 단정히 입고 세련된 용모를 갖춘 경우 보는 이로 하여금 긍정적인 메시지를 주게 됨은 당연한 일이다.

✔ 위생과 청결

고객서비스에 있어 가장 중요하면서도 필수적인 요소이다. 특히 식음료를 다루는 서비스맨에게 있어서는 개인의 청결문제 뿐만 아니라 고객이 보는 앞에서 손의 사용을 주의 깊게 해야 한다. 항상 고객의 가시권에 있는 서비스맨의 손은 깨끗하고 청결하게 사용되어야 한다.

항공기 승무원의 경우 근무여건상 승무원의 작업장과 작업과정이 승객에게 드러나게 되어있는 만큼 승객이 보는 앞에서 복도에 떨어진 오물을 맨손으로 집거나 앞치마를 한 채 화장실을 다니거나 하는 일은 모든 서비스에 있어 위생 문제를 의심하게 한다.

서비스맨은 기본적으로 청결함을 유지하기 위해 다음과 같은 사항에도 세심한 주의를 기울여야 한다.

- 목욕을 자주 해야 한다.
- 머리나 손과 발 등을 항상 깨끗이 한다.
- 손톱은 청결하게 하고 짧게 깎는다.
- 이는 항상 깨끗이 닦고 냄새가 강한 음식을 먹은 후에는 입 냄새를 없애기 위해 특히 양치질을 잘해야 한다.

자신이 느끼는 청결함도 중요하나 고객이 느끼는 단정함도 중요하다. 따라서 항상 제 3자의 시각에서 단정하게 보이도록 하는 것도 유의해야 한다. 청결하고 단정한 몸가짐에서 그 사람의 인격을 엿볼 수 있으며 신뢰감을 갖게 하는 요소가 될 수 있다. 단정하고 청결한 용모는 고객에게 첫인상을 결정짓는 매우 중요한 기본 요소임을 항상 유념해야 한다.

특히 식음료 업종에 종사한다면 더더욱 서비스맨의 용모와 위생문제는 직결되게 된다. 고객의 가정에 방문하는 A/S 직원이나 음식배달원의 경우 단정한 용모야말로 그들의 서비스상품의 질을 나타내게 된다.

✔ 화장(Make-Up)

'메이크-업' 이란 말 그대로 화장은 나의 이미지를 업(up)시켜주어야지 나를 이미지상으로 없애거나 깎아 내려서는 안된다. 타인에게 혐오감을 주어서도 안된다. 정도를 넘는 화장은 오히려 보는 이로 하여금 부담스럽고 신뢰감을 잃게 한다.

요즘은 일반 잡지나 매스컴 등을 통해 메이크업하는 기술이 보편화될 정도로 누구나 메이크업에 관심이 많고 또한 잘 알고 있다. 그러나 화장을 해서 더 아름답게 보이는 경우도 있지만 그렇지 않은 경우도 있다. 화장을 잘못 하게 되면 오히려 추한 면이 드러나는 경우도 있다. 자신의 얼굴에 메이크업을 한다는 것은 성형을 하는 것처럼 미인을 만들기보다는 자신의 매력을 강조하거나 상대방으로 하여금 마음 편하고 따뜻함이 느껴지는 온화한 메이크업을 하는 것이 중요하다.

화장이 아름답다고 느껴지는 것은 다음과 같이 메이크업을 했을 때이다.

- 밝고 건강한 자연스러운 메이크업
- 입고 있는 옷에 어울리는 메이크업
- 상대방에게 부드러운 인상을 줄 수 있는 자연스러운 메이크업

Exercise

Make-Up 실습

■ BASE 메이크업

자연스럽고 지속성 있는 메이크업을 하려면 유분과 수분의 발란스가 잡힌 맑고 투명한 피부가 기초가 되어야 한다. 메이크업에 앞서 정성스러운 세안과 마사지로 충분한 영양을 공급해줘야 보다 자연스럽고 산뜻한 메이크업을 할 수 있다는 것을 유의한다.

■ 메이크업베이스(Make-up Base)

화운데이션을 바르기 전에 발라주는 밑화장용 화장품으로서 파운데이션의 펴짐을 좋게 하고 균일하게 잘 밀착되도록 한다. 피부색에 따라 색상을 선택하여 사용할 수 있으며, 지나치게 많이 바르면 오히려 파운데이션이 밀리게 되므로 소량을 바르는 것이 좋다.

■ 화운데이션(Foundation)

완벽한 메이크업은 맑고 깨끗한 피부 표현에서 시작된다. 피부 표현을 위한 Base 메이크업의 완성은 화운데이션을 바른 후 파우더의 마무리로 끝난다. 특히 서비스맨의 경우 자연스러운 메이크업이 강조되므로 자신의 피부색에 맞는 화운데이션을 선택하여 청결하고 투명한 피부를 연출할 수 있도록 해야 한다.

■ 파우더(Powder)

파우더는 화운데이션의 수분이나 유분을 눌러 피부에 잘 스며들도록 하여 메이크업을 오래 지속시켜 주는 역할을 한다. 여러가지 색상이 있으나 일반적으로 투명 타입의 파우더가 가장 자연스럽게 마무리된다.

대체로 파우더보다 투웨이케익(Two Way Cake) 화장이 간편하여 선호하는 경향이 있으나 피부 노화를 촉진하고 화장이 두꺼워져 자연스러운 느낌을 감소시키므로 가급적 사용하지 않는 것이 좋다.

색조는 가능한 밝게 표현해야 한다. 얼굴 전체가 밝아지면 느낌 또한 건강하고 밝은 기분이 들기 때문이다. 밝고 건강한 이미지 연출을 위해 이마를 하이라이트로 강조할 수 있다.

■ POINT 메이크업

■ 눈썹(Eye Brow)

눈썹은 얼굴 전체의 이미지를 좌우하므로 자신의 얼굴형에 어울리는 자연스러운 눈썹을 그리는 것이 무엇보다 중요하다.

눈썹을 그릴 때 눈썹 산의 모양을 각지게 그렸을 경우 지적으로 보이긴 하나 다소 차가운 인상으로 보여지기도 한다. 밝은 얼굴 표정을 위해 약간 둥근 모양의 눈썹으로 메이크업하는 것이 좋다.

눈썹을 그릴 때 유의해야 할 것은 코의 모양도 함께 생각해야 한다. 얼굴 중앙에 있는 코에는 그 사람의 성격이나 의지가 표현될 수 있으므로 좋은 이미지를 나타내도록 유의해야 한다.

얼굴에 비례해 큰 코를 작게 보이려 할 때는 눈썹을 벌어지게 그려주고, 작은 코를 크게 보이려 할 때는 눈썹을 좁게 그려준다.

■ 눈화장(Eye Shadow)

눈은 그 사람의 인상을 좌우할 수 있는 중요한 포인트이므로 맑고 또렷한 눈매가 연출될 수 있도록 하는 메이크업 기술이 필요하다.

눈 주위에 음영을 넣어 눈을 보다 크고 아름답게 만드는 것이 눈화장의 역할이라고 볼 수 있다. 색상은 본인의 피부색에 맞추어 잘 어울리는 것으로 선택하는 것이 좋으나 지나친 개성 위주의 메이크업보다는 보는 이로 하여금 편안한 느낌을 갖게 하는 온화한 색상의 눈화장이 바람직하다. 특히 서비스맨에게는 브라운 톤의 색상을 사용한 자연스러운 메이크업이 가장 무난하다.

■ 아이 라인(Eye Line)

아이 라인은 눈의 이미지를 자유롭게 변화시키고 눈의 인상을 보다 강하게 해준다. 아이 라인은 쉐도우 위에 그려지는 부분으로 실패하지 않도록 신중하게 그려야 하며 너무 두껍게 그려 탁해 보이거나 부담스럽지 않도록 눈의 선을 따라 자연스럽고 가늘게 그려 눈망울이 더욱 또렷하고 맑게 보이도록 하는 것이 좋다.

■ 마스카라(Mascara)

짙고 풍부한 속눈썹은 아름다움의 상징이다. 속눈썹은 마스카라를 바름으로써 더욱 길고 짙게 하여 깊이 있는 눈매 분위기를 연출할 수 있다. 마스카라 사용시에는 본래의 눈썹 색이 두드러지지 않도록 세심하게 발라서 보다 그윽한 눈매를 연출할 수 있도록 한다.

간혹 너무 뭉쳐 있어 보기에 답답할 경우도 있으므로 뭉침을 막고 자연스러운 마무리를 위해 속눈썹이 반 정도 말랐을 때 브러쉬로 빗어 주어 마무리한다.

■ **입술**

얼굴에서 가장 두드러지며 많이 움직이는 부분이 입술이다. 실제로 입술은 메이크업할 때 색상이나 모양이 유행을 많이 따르는 부분으로 자신의 입술 모양에서 너무 벗어나지 않도록 자연스럽게 그리는 것이 중요하다. 립스틱의 색상 또한 의상과 자신의 피부색에 어울리는 것을 선택하는 것이 좋은데 어둡지 않은 붉은 계열의 색상을 선택하는 것이 좋다. 특히 서비스맨은 유행을 좇아 지나치게 번들거리거나 형광빛이 나거나 어두운 색조는 개성이 너무 두드러지게 되므로 피하도록 한다.

■ **볼터치**

볼터치는 메이크업의 마무리 단계로 얼굴의 혈색을 좋게 하고 음영을 주어 얼굴형의 결점을 보완해 준다. 색상은 눈화장과 같은 계열을 선택하는 것이 자연스러우며 경계선이 두드러질 정도로 얼굴형을 수정하는 지나친 개성 연출의 화장보다는 피부에 혈색을 주는 차원에서 볼 부위에 살짝 덧바르는 것이 좋다. 대체로 뺨이나 턱은 얼굴의 형태를 이루는 선을 결정하는데 중요한 부분이다. 얼굴이 큰 사람은 얼굴을 좀 더 가늘어 보이게 하기 위해, 그리고 볼 살이 없는 사람도 나름대로의 결점을 화장으로 보완한다.

밝고 붉은 색상의 쉐도우로 하이라이트를 주어 건강하고 부드러운 느낌의 이미지를 만들도록 한다.

■ **매니큐어(Manicure)**

서비스맨에게 있어서 손은 제2의 얼굴이라고 할 수 있을 만큼 고객에게 자주 노출되며 서비스시 가장 가깝게 다가가는 부분이다. 지나치게 긴 손톱은 왠지 서비스하기에는 화려한 느낌이거나 자칫 불성실한 사람으로까지 비춰지므로 적당한 길이를 유지하는 것이 좋다.

매니큐어가 벗겨진 손톱은 불결해 보이고 게을러 보이므로 손톱도 관리가 필요하다. 유행을 좇아 형광빛이 나거나 어두운 색 등 개성이 강한 색조는 개인만의 사적인 장소에서 표현하는 것이 좋다. 손톱색상 하나만으로도 그 사람의 이미지가 달리 보이기도 하기 때문이다.

손톱을 가다듬고 Red, Orange, Pink 계열의 매니큐어를 칠해 깔끔하고 세련된 손의 분위기를 연출한다.

NO-메이크업와 FULL-메이크업을 잘 분별하라

노메이크업이 좋다고 하여 항상 화장을 안 하거나 간혹 빨간 립스틱만 사용하는 정도로 화장을 한 것으로 여기는 경우가 있는데 중요한 것은 일할 때와 일하지 않을 때의 분별이 중요하다는 것이다. 근무할 때의 차림새를 판단하는 것은 자신이 아니고 타인이다.

노메이크업은 실제로 타인을 고려하지 않은 자신의 개성이라고 할 수 있다. 깔끔하고 성의 있는 화장은 실제로 고객에게 좋은 느낌을 전해 주므로 진정으로 매너 있는 직장 여성이라면 반드시 풀메이컵을 해야 한다.

피로한 화장에 덧바름은 역효과를 초래한다

건강한 이미지는 피부색, 립스틱으로 결정되는 경우가 많이 있다. 지나치게 하얗거나 두꺼운 화운데이션, 혹은 볼과 목의 경계가 눈에 띄는 화운데이션은 보기에 좋지 않다. 원래 자연스러운 화장은 색의 경계가 눈에 뜨이지 않게 잘 섞어주는 기술로 차이가 난다고 한다.

특히 코 부분 등 피부의 번들거림은 퇴근시간이 되면 화장의 피로도가 더욱 눈에 뜨인다. 눈 밑이 거뭇거뭇해지는 것은 수면이 부족한 아침뿐만 아니라 오후의 업무적인 피로가 올 때도 나타난다. 이럴 때는 화장을 덧하는 것보다 차라리 한 번 전부 세안 후 다시 화장하는 것이 낫다. 피로한 얼굴에는 가벼운 파우더 정도로 살짝 터치해 준다.

✔ 단정한 머리 손질

서비스맨의 머리 손질은 항상 청결, 단정해야 하고 입고 있는 의상 혹은 유니폼이나 얼굴형과 조화를 이루어야 한다. 또한 업무 타입에 따라 일의 능률과 직결되므로 업무 특성에 맞는 헤어 스타일을 유지해야 하는 것이 중요하다.

남성의 머리 손질

서비스맨의 경우 파마, 긴머리, 단발머리형 등의 헤어스타일은 바람직하지 않다. 또한 앞머리가 흘러내리지 않도록 머리결에 따라 포마드나 물기름, 무쓰 등을 발라야 한다. 하지만 지나치게 반짝거릴 정도로 바르는 것은 보는 이로 하여금 부담스러울 수도 있다. 그리고 옆머리는 귀를 덮지 않아야 하고 뒷머리는 셔츠 깃의 상단에 닿지 않도록 하는 것이 단정해 보이므로 항상 유의한다.

여성의 머리 손질

여성일 경우 서비스맨의 머리 손질은 여성미를 강조할 수 있어야 한다. 파마한 머리는 정돈된 느낌이 들지 않으므로 깔끔하게 펴는 것이 단정해 보인다. 그리고 긴 머리는 손이 자주 가게 되어 업무상 능률을 떨어뜨리기 쉬우므로 단정히 묶는 것이 좋다.

옷차림

차림새에도 성공 전략이 필요하다

누구라도 다른 사람에게 미움을 받기보다는 호감을 얻고 싶어하며 자신이 일하는 분야에서 성공하기를 원한다. 의상은 타인에게 보여지는 큰 메시지가 되므로 의상연출도 전략적으로 할 필요가 있다.

용모의 흐트러짐은 업무에 임하는 자세와 만나는 상대방에 대한 마음가짐의 이완을 나타낸다. 옷차림새는 회사의 분위기에 어울려야 한다. 왜냐하면 나의 이미지가 곧 회사의 이미지임을 인식하고 회사의 이미지를 고려하는 복장을 갖추도록 해야 한다.

같은 직장 동료나 고객에게 좋은 느낌을 갖게 하도록 자신을 가꾸는 것이 차림새이다. 사람들로부터 사랑받고 싶다고 생각한다면 반드시 그 장소, 대하는 사람에 맞추어 연구한 차림새를 갖추어야 할 것이다. 또한 직장이라면 누가 봐도 근무에 불편하지 않는 편한 복장이어야 한다.

단정하고 깔끔해야 한다

어떤 옷차림을 하느냐도 중요하지만 잘 다려진 옷, 깨끗하게 손질된 옷을 입는 것도 매우 중요하다. 사소한 부분이 전체 이미지를 흐리게 하는 경우가 있다.

흔히 유니폼이나 신발 등이 좀 구겨지고 낡아있어야 열심히 근무하는 모습으로 보인다고 생각될 수 있겠으나 서비스맨의 복장은 항상 단정해야 한다.

이는 자신의 품격을 나타내는 것이다.

고상해야 한다

용모는 자신이 가지고 있는 품격을 나타내게 되며, 연마된 내면의 아름다움과 지적 교양이 내면에서부터 밖으로 배어 나오는 것이 고상함이다. 시간, 장소, 상황(T.P.O)에 맞추어 자신의 모습을 단정히 하도록 유의한다.

소박해야 한다

지나친 유행이나 화려함을 좇는 개성의 표현은 친근감이 없어 보여 상대에게 부담감을 줄 수 있다. 친근감은 소박한 모습에서 느껴진다. 유니폼을 입었을 경우라면 특히 소박한 인상으로 고객이나 직장 동료에게 친근감을 가지고 가까이 다가갈 수 있도록 해야 한다. 따라서 조직의 구성원인 직장인의 경우 회사의 전형적인 분위기와 흐름에 조화롭게 맞추어 나가는 노력이 필요하다.

센스있는 옷차림은 직업에 맞는 옷차림이다

직업에 맞는 옷차림은 일하기 편하면서도 맵시 있고 또 직장의 분위기에 잘 조화될 수 있는 옷차림이라면 더할 나위가 없을 것이다.

화려하고 값비싼 옷보다는 무리 없이 몸을 움직이기가 편한지 그리고 직장과의 조화는 잘 이루어지고 있는지에 대해 항상 신경을 쓰는 노력이 필요하다. 옷차림에 있어 멋쟁이는 상황에 맞는가를, 유능한 사원이라면 회사에 어울리는가를 가장 먼저 생각해야한다.

옷차림의 최대의 포인트는 색맞춤의 기술에서 비롯된다

색채 심리 이론에 의하면 옷의 색은 그 사람의 이미지를 결정하는 중요 요소라고 한다. 예를 들면 선거 때 여성 입후보자가 빨간 옷을 입는 것은 적색이 투쟁심을 표현하는 것을 심리적으로 잘 이용하고 있기 때문이다. 이것과 반대로 일반 보통 사람들 중에 일부 사람들이 빨간 색을 꺼려하는 것은 많은 사람 가운데 눈에 띄지 않게 하기 위한 하나의 테크닉인 셈이다.

대체로 동양인들은 머리가 검고 그것만으로도 피부색과 대조가 되므로 전신의 색을 지나치게 두드러지지 않도록 하는 것이 좋다. 예를 들면 금발의 외국인이 진한 노랑색 톤의 옷을 입고 있다면 전체가 조화로우나 흑발의 동양인이 노란색을 입으면 필연적으로 강한 대조가 생기게 되는 것을 잘 알 수 있다.

자신의 피부색, 머리색, 눈동자색 등을 기본으로 하여 자신에게 맞는 색을 연구해 보고 선택한다. 자신이 좋아하는 색에만 관심을 갖지 말고 새로운 자신을 아는 의미로도 좋은 발견이 될 수 있다.

멋쟁이라고 생각되는 사람을 보면 으레 전신에 색이 많이 드러나지 않고 또 톤이 잘 맞아 있다. 예를 들면 색조를 동색 계열로 정리하고 명암으로 갖추기라도 하면 예쁘고 조화롭게 정리된다. 이것은 화장색, 머리색, 옷색, 구두색을 합하여 비로소 균형이 잡히고 소품으로 색을 달리하던가 반대색을 조화시킴으로써 멋스럽게 되는 것이다. 색의 톤을 조합하는데 상당히 능숙하다면 분명 멋스러움을 표현할 수 있을 것이다.

작업공간이나 의상의 색깔 또한 고객에게 긍정적인 정서적 반응을 일으키는 영향을 준다. 고객에게 어떤 색깔이 가장 긍정적인 반응을 일으킬 수 있는지의 연구도 이루어지고 있다. 색깔에 대한 사람들의 반응을 포함한 연구에서 어떤 경향이 나타나는데 다음과 같다.

〈표 6-1〉 색깔에 따른 메시지

색 깔	정서나 메시지
빨 강	흥분, 열정, 힘, 에너지, 강렬함을 자극시킴
노 랑	주의, 온화, 부드러움
진한 파랑	긴장 완화, 성숙, 신뢰, 평화
하 늘	신선함, 젊음, 남성적
자 주	단호함, 대담함, 젊음
오렌지	높은 에너지, 열의, 정서적 색깔
갈 색	안전감, 건전함, 용기, 지지
녹 색	긍정적 이미지, 진취, 편안함, 성장, 번영, 균형감
분 홍	젊음 여성, 따뜻함
흰 색	순결, 청결, 정직, 건전함
검정색	완성, 단결, 죽음

옷의 길이와 T.P.O의 관계

직장 여성의 스커트를 생각해보자. 조금 굵은 다리가 콤플렉스라고 마루바닥에 먼지를 날리고 바람을 헤치면서 걷는 것 같은 긴 플레어 스커트는 바람직하지 못하다. 물론 초미니스커트도 곤란하며 무릎이 보이는 것은 무난하나 허벅지를 노출하는 것은 좋지 않다. 앉아서 반대편에서 보면 훤히 보이는 짧은 길이는 좋지 않다. 스커트는 무릎 위로 5cm부터 무릎 아래 10cm 정도를 목표로 하는 것이 적당한 길이이다.

유행을 쫓느냐 마느냐

세련된 사람들이라면 유행을 무조건 따르는 것이 아니라 자기 자신에게 맞게 받아 들여 조화롭게 가꾸는 센스를 가져야 한다. 유행에 쫓아 옷을 이것저것 사는 것이 중요한 것이 아니라 진짜 멋쟁이는 마음에 드는 옷 몇 벌만으로도 코디를 하는 감각을 키우는 것이 더 중요하다.

Best Dresser와 Worst Dresser

멋쟁이란 말을 들으면 기분이 으쓱해지기 마련이다. 그리고 대부분의 사람들은 자신도 멋쟁이라고 생각하고 있는 경우가 많다. 그러나 주변에서 진짜 멋쟁이라고 일컬어지는 사람들의 경우 실제로 값비싼 옷이 아니라도 작은 소품 하나에서 옷의 전체적인 조화까지 비교적 미적 감각을 가지고 연출을 해내는 사람들이 있다.

대체로 Best Dresser는 다음과 같은 기본적인 내용에 반드시 주의를 기울인다.

여성 Best Dresser의 옷 연출

■ 수트(Suit)

직장 여성에게 가장 적합한 옷은 무릎 라인의 정장 수트이다. 상대에게 신뢰감을 줄 수 있을 뿐 아니라 일할 때 몸을 움직임에 있어서도 불편함이 없어서 실용적이다. 단 소재와 색상은 고급스럽고 품위 있는 것으로 선택하는 것이 싫증나지 않고 좋다.

재킷은 전통적인 테일러드(Tailored) 재킷이 무난하며 허리 라인이 너무 꼭 맞게 처리되어 가슴을 강조하는 스타일이나 목선이 지나치게 파져 있는 옷은 일하는 여성에게는 적절하지 않다.

적합한 색상으로는 밝은 회색, 중간톤의 블루, 검정, 청회색, 갈색, 베이지, 적갈색 등이다.

■ 블라우스(Blouse)

단색의 셔츠 칼라나 리본 칼라 정도가 가장 무난하다.

화려한 프릴이나 레이스가 많은 스타일, 너무 드레시하거나 섹시한 것은 오히려 역효과를 초래할 수 있으므로 피하는 것이 좋다.

■ 바지 차림

바지는 기능적이고 편안하다는 장점이 있지만 너무 편안함만을 추구해 판탈롱 등을 입는 것은 다시 한번 T.P.O에 맞는지 고려해야 한다.

■ 원피스(One Piece)

꽃무늬의 화려한 프린트물이나 파스텔톤의 원피스를 입고서는 사무실에서 능력 있는 여성으로 보이기 어렵다. 그리고 몸에 달라붙거나 광택이 있는 소재, 지나치게 스포티한 디자인은 피하는 것이 좋다.

단색의 셔츠 칼라나 스트라이프, 페이즐리, 체크 무늬의 패턴의 원피스에 그와 대비되는 재킷을 매치시키는 것은 좋은 코디네이션이라고 할 수 있다.

T.P.O.에 맞는 옷차림을 하되, 화려하고 돋보이는 의상보다는 신뢰감과 호감을 느낄 수 있는 모노톤의 무난한 디자인을 선택하는 것이 좋다.

남성 Best Dresser의 옷 연출

■ 수트(Suit)

남성의 수트는 아래 위를 같은 소재로 지은 한 벌로 된 옷을 말한다.

수트의 버튼은 하나만 잠그는 것이 옳다. 2개 버튼일 경우 윗 단추를, 요즘 유행하는 3개 버튼일 경우 위와 가운데 단추를 잠그면 된다.

요즘 남성의 수트도 유행에 따라 다양한 형태로 선호되기는 하나 일반적으로 한 벌 수트는 한 벌로만 입도록 하며, 같은 색상의 바지라 해도 그 라인이 다르므로 별개의 바지를 함께 입지 않도록 유의한다. 또한 수트 차림에는 반소매 셔츠를 입지 않는다.

수트에 노타이, 더욱이 셔츠의 깃을 밖으로 드러내는 차림은 예의에 어긋나므로 격식있는 자리에서는 피해야 한다.

그리고 수트에 맞춰 입는 베스트는 몸에 꼭 맞도록 입고, 수트 상의 단추를 잠갔을 때 그 위로 살짝 보이는 정도가 적당하다.

■ 바지(Pants)

정장용 바지의 허리 단에는 2개의 주름이 있다. 이 주름은 앉기 편하게 하기 위한 목적도 있지만 바지의 선을 우아하게 해주기도 한다.

허리 단의 안쪽에 있는 단추는 서스펜더(멜빵)를 하기 위한 용도이다. 전통적인 바지에는 서스펜더를 하는 것이 원칙이나 요즘은 허리 벨트가 보편화되어 있다.

바지의 주름이 없어도 되는 것은 청바지 뿐이므로 정장용 바지는 다림질에 더욱 유의해야한다. 멋내는 비결은 바로 바지 다림질에 달려 있다고 하기도 한다. 그 잘 다려진 바지선에서 남성의 옷맵시를 결정해 주는 포인트가 보이기 때문이다.

바지는 엉덩이 부분을 넉넉하게 입어야 앞 주름과 주머니가 벌어지지 않는다. 바지는 엉덩이가 아닌 허리에 걸쳐 입는 것이 앉기에도 편하며 바지의 선은 자연스럽게 엉덩이에서부터 발목까지 가늘어져야 하고 바지통은 신발이 3/4 정도 가려지는 것이 적당하다.

그리고 바지의 길이는 걸을 때 양말이 보이지 않을 정도가 적당하다. 단을 접은 바지는 구두의 등을 살짝 덮는 정도, 단을 접지 않은 바지는 뒷부분이 구두창과 굽이 만나는 지점까지 내려오는 것이 좋다.

■ **셔츠(Shirts)**

수트를 입고 섰을 때 뒤의 깃 위로 셔츠가 1cm, 소매 밖으로 1.5cm 정도 보이는 것이 가장 깔끔하게 보인다. 셔츠는 속옷의 개념이므로 맨 몸에 입도록 하나 대부분의 남성직장인들이 윗저고리를 벗고 일하는 경향인 우리 사무실의 현실에서는 옥스포드지 등 다소 두꺼운 면이 아닌 얇은 소재의 셔츠를 입는 경우 속옷을 갖추어 입는다. 혹 속옷을 입더라도 색깔 있는 것은 입지 않도록 유의한다.

와이셔츠는 화이트셔츠를 일본인들이 그들의 발음으로 부르는 명칭으로, 그보다는 드레스셔츠가 맞다. 전통적인 색상은 역시 흰색이므로 격식이 필요한 자리에는 흰색 셔츠를 입는 것이 좋다.

셔츠의 칼라나 소매에 얼룩이 있는 사람은 자칫 무책임한 사람으로 보일 수도 있으므로 청결에 항상 유의하며 다림질이 잘 된 셔츠, 특히 빳빳하게 세워진 칼라는 입은 사람의 마음 자세를 나타내 준다.

■ **타이(Tie)**

남성의 경우 V-Zone이라 하여 남성의 수트 상의와 셔츠, 그리고 타이가 연출해내는 목 아래에서 가슴 윗 부분은 남성에 비해 상대적으로 키가 작은 여성의 시선이 가장 먼저 머무르는 곳이라 하여 중요시되고 있다. 어떤 인물의 이미지를 결정하는데는 최초의 7초만이 필요하다고 할 때 남성의 경우 이 V-Zone이 큰 역할을 한다고 한다.

타이는 이러한 남성의 V-Zone을 결정하는데 강한 영향을 미치므로 수트와 셔츠와의 조화를 고려하여 신중하게 선택해야 한다.

타이의 길이는 매었을 때는 그 끝이 바지의 허리벨트에 닿는 정도가 적당하다.

타이는 또한 손상되기 쉬운 소재이므로 보관에 유의해야 하는데 타이를 풀 때는 맬 때와 반대 방향으로 풀어야 꼬임과 구김을 방지할 수 있다. 심하게 구겨진 경우라면 돌돌 말아 하루 정도 둔 후 걸어서 보관하도록 한다.

타이는 다림질을 할 경우 광택을 죽이고 안감을 압축시켜 모양을 변형시키므로 다림질을 하지 않는 것이 원칙이다.

수트의 색상과 동색계열의 타이는 차분하고 정숙한 느낌을, 반대색 계열의 타이는 활동적이고 자신감 있는 느낌을 전달하므로 적절히 활용하도록 한다. 격식을 갖춰야 하는 자리일수록 기본형의 무늬인 도트, 페이즐리, 스트라이프 등이 좋으며 그 무늬는 작은 것일수록 좋다.

또한 셔츠 주머니나 셔츠 안쪽으로 타이를 구겨 넣고 식사를 하는 것은 보기 좋은 모습이 아니다.

그 외 옷차림의 요소들

멋쟁이는 구두로 연출한다

구두는 그 사람의 이미지를 완성시키는 역할을 하므로 항상 정돈되고 청결하게 유지하도록 해야한다. 아무리 멋진 옷을 입고 있어도 하이힐의 굽이 젖혀져서 말려 있다던가 구두 뒷축이 다 낡아져 있거나 구두가 더러워져 있으면 모두 소용없는 일이 된다.

정장용 구두로는 전통적인 디자인의 가죽 소재 제품으로 준비하면 싫증이 나지 않고 어느 옷에나 잘 조화시킬 수 있다. 검정, 감색, 브라운색 계열의 세 가지는 기본적으로 갖추어 두는 것이 좋다.

종아리가 굵은 사람이 가는 하이힐을 신으면 단점이 더욱 부각되며 발목이 굵거나 다리가 굵고 짧은 사람은 통굽 구두는 피하는 것이 좋다.

구두는 디자인보다는 신어 보아 발이 편한 것을 구입하도록 하며 구두를 살 때는 발이 충분히 부은 상태인 오후가 적당하다. 신어서 불편한 구두는 걸음걸이나 자세를 흐트러지게 만들 수 있기 때문이다.

구두는 양복의 일부분이라고 생각하고 밖에 있는 동안에는 벗지 말고 말 그대로 발끝까지 보이지 않도록 구두 끝까지 신경을 써야 한다. 이를 위해서는 아프지 않은, 발에 꼭 맞는 구두를 신어야만 한다.

몸에 부담을 줄일 수 있는 걷기 쉬운 구두는 3cm 높이의 것이라고 하므로 사무실에서는 슬리퍼 대신 적어도 2-3cm 정도 높이의 구두를 신는다면 건강에도 좋을 것이다.

발에 문제가 있거나 요통 등으로 낮은 굽의 신발을 신는 경우는 특히 발끝까지 완벽하게 신경을 쓰지 않으면 서는 자세, 앉는 자세 등이 굽이 낮은 구두 때문에 자세가 바르지 못하게 보일 수도 있으므로 주의해야 한다.

멋진 스타킹, 타이즈, 양말의 이용법

스타킹이나 타이즈의 조화에 따라서 옷의 이미지가 상당히 바뀌며 마치 다른 옷처럼 보이게 하는 훌륭한 멋쟁이도 있다. 예를 들면 구두와 스타킹의 색을 맞추어 신는 것은 다리를 길어 보이게 하며 단정한 느낌을 준다.

그리고 불투명 스타킹은 다리를 길어 보이게 하며 스커트를 점잖게 보이게 할 수도 있으므로 적절히 활용하는 것이 좋다. 또한 무늬가 있는 스타킹은 다리를 굵게 보이게 하며, 지나치게 화려한 색상의 스타킹은 점잖은 자리에서는 피해야한다.

특히 스타킹은 손상이 많이 가는 소재이므로 늘 주의를 기울여야 하며 항상 여벌을 지참하는 것이 좋다.

남성의 경우 바지와 같은 계열로 약간 진한 색의 양말이 바람직하다.

벨트로 단정함을 플러스한다

머리에서 발끝까지 꽤 신경을 썼지만 신체의 가장 중앙에 위치한 벨트에서 흐트러질 수도 있다. 정장 수트를 입을 때에는 가죽 소재의 좋은 제품을 선택하는 것이 좋다.

기왕이면 옷과 같은 색상의 것이 허리를 좀 더 날씬하게 보이게 하며 단정해 보인다. 현란한 버클(buckle) 보다는 옷의 무늬나 소재에 따라 단순한 모양의 버클이 더 무난하다. 또 벨트의 굵기는 의상의 소재나 디자인에 맞추어 너무 넓지 않도록 한다.

남성의 경우 앉은 자세에서 자켓으로 가려진다고 생각한 나머지 무심코 벨트를 느슨하게 풀어놓은 경우를 자주 보게 되는데 공적인 자리에서는 주의한다.

핸드백은 우아하면서도 실용적인 것으로 준비한다

핸드백은 옷과 달리 유행을 많이 타지 않아 오래 사용할 수 있기 때문에 구입할 때 좋은 소재의 제품을 선택하는 것이 유리하다.

핸드백은 구두, 옷과 잘 조화되는 것을 선택하는데 반드시 색상, 소재를 통일할 필요는 없으며 소재나 색상 중 하나만 통일시키면 무난하다. 단, 핸드백에 물건을 너무 많이 넣어 불룩해 보이지 않도록 주의한다.

중요한 포인트는 T.P.O에 맞게 드는 것이다.

비지니스할 때에 캐주얼한 백을 들고 가거나 파티에 갈 때 서류가방을 들고 간다면 역시 어울리지 않는 경우가 된다.

백을 아름답게 드는 방법은 우선 자세를 바로 하는 일이다. 단정하고 바른 자세로 걸어가는 모습에 손이나 어깨에 걸쳐진 핸드백이야말로 그 가치가 더욱 돋보일 것이다.

스카프는 우아함을 더해준다

스카프는 매는 방법이 중요한 것이 아니라 체형과의 조화를 생각하여 매는 것이 더욱 중요하다. 일례로 목이 짧은 사람에게는 목을 최대한 시원스레 보이기 위해 아래로 묶거나 세로로 내려뜨리는 방법이 적합하다.

의상이 단색이면 화려한 스카프를, 의상이 화려하면 단색의 스카프를 매는 것이 좋은 연출법이다.

그리고 옷의 소재가 두껍다면 오히려 얇은 소재의 스카프를 하는 것이 멋스러울 수 있다. 그러나 지나치게 나풀거리게 매거나 상의를 너무 많이 덮이게 하여 현란한 느낌을 주지 않도록 유의해야한다.

액세서리는 포인트가 되어야 한다

액세서리는 여러 종류를 하기보다는 한 두개로써 최소화하여 그 효과를 극대화하는 것이 좋은 연출법이다.

남성일 경우 안경을 썼다면 안경도 액세서리에 속하므로 안경, 시계, 반지와 같은 필수적인 장신구 세 가지 정도가 좋을 것이다.

여성일 경우 간혹 광택이 있는 단추가 많이 달린 자켓을 입고 머리띠, 귀걸이, 목걸이, 반지, 브로우치를 모두 하게 된다면 여성의 얼굴이 액세사리에 파묻혀 보이지 않게 될 것이다.

정장용 액세서리는 세련되고 마무리가 잘 된 제품으로 구입하는 것이 좋다.

귀걸이는 직장 여성이라면 덜렁거리거나 큰 싸이즈의 귀걸이보다는 적당한 크기의 단순 부착형의 디자인이 적당하다. 얼굴이 큰 사람은 작은 사이즈를, 얼굴이 둥근 사람은 일자형이나 각진 모양의 귀걸이가 결점을 보완해 주기도 한다.

목걸이는 기본적으로 목이 깊게 파인 옷이나 목을 감싼 옷에 액센트를 줄 때 사용하는 것이 좋다. 값비싼 진주라도 두 줄, 세 줄로 되어 있는 것은 나이에 비해 늙어 보이거나 목이 굵어 보이게 될 수 있으므로 피하는 것이 낫다.

액세서리만으로도 분위기는 매우 달라진다. 심플하고 소재가 좋은 양질의 옷에 고급스러운 액세서리를 포인트로 하나만 곁들인다면 또 다른 자신을 발견하기도 하고 색다른 분위기가 나올 수 있다. 액세서리는 화려한 옷보다는 단순한 디자인의 옷에서 더욱 돋보이며 비슷한 느낌이 나는 디자인을 선택하는 것이 더욱 맵시가 난다. 중요한 것은 액세사리 하나라도 우아하고 조화롭게 연출하는 센스가 필요하다.

향수 사용법

요즘은 많은 사람들에게 향수를 사용하는 것이 보편화되고 있다.

향수는 같은 꽃향기라도 향료의 농도, 알콜 함유량, 향기의 지속시간에 따라 일반적으로 네 가지로 구분되므로 T.P.O에 맞게 좋아하는 향을 강약에 맞게 사용하는 방법을 생각할 수 있다.

■ 퍼퓸(Perfume)

일반적으로 향수라고 불리는 것을 말한다. 향 중에는 제일 농도가 짙고 최고 브랜드이다. 향의 지속 시간은 대개 5-7시간이며 목 뒤나 손목 등 맥박이 뛰는 부분의 포인트에 적당량을 뿌린다.

■ 오 드 퍼퓸(Eau De Perfume)

향수에 가까운 농도로 양이 많고 경제적인 낮 동안의 향수를 말한다. 포인트에는 향수보다 조금 넉넉하게 사용하든지 전신에 스프레이를 해도 효과적이다. 지속시간은 5시간 정도이다.

■ 오 드 뚜왈렛(Eau De Toilette)

지속 시간은 3-4시간의 가벼운 향이다. 부드러운 향을 즐기고 싶거나 처음으로 향을 사용하는 사람에게 좋다. 같은 향의 향수나 오 드 퍼퓸의 기초 준비에도 사용 가능하다.

■ 오 드 코롱(Eau De Cologne)

가장 순한 종류이므로 목욕 후나 운동 후 등 기분전환을 하고 싶을 때 사용하는 것이 좋다. 지속 시간은 1~2시간이다.

- 향수는 외출하기 30분 전에 피부에 직접 발라 주는 것이 좋다. 알코올이 증발하고 비로소 향이 나기 시작하는 시간이기 때문이다.
- 향수는 손목이나 귀 뒤 등 동맥이 뛰는 위치에 발라주어야 향이 오래 지속된다.
- 머리가 긴 사람이라면 머리끝에 가볍게 뿌리는 것도 좋다.
- 향수를 흰 옷 위에 직접 뿌리면 옷 색이 변할 수 있고 액세서리 등에도 직접 뿌리지 않도록 주의한다.
- 여러 사람과 함께 근무하는 사무실에서는 자신에게서 향을 발산시키는 것보다는 땀 냄새 등을 억제하는 방향에서 향을 생각하여 오히려 타인에게 불쾌감을 주지 않도록 한다.
- 향수를 선택할 때는 자신의 분위기나 체취에 적합한 것을 택하는 것도 중요한 포인트가 된다. 체취가 심한 사람이 강한 향수를 사용하면 향 공해가 될지도 모른다. 예를 들어 너무 진하게 향수를 뿌려 3미터 이상의 떨어진 곳에서부터 자신이 나타난 것을 타인이 알 수 있을 정도라면 가까이 왔을 땐 두통이라도 일으키게 될 것이다. 가까이 다가갔을 때 손을 닦고서 금방 나는 상쾌한 비누 냄새처럼 은은한 향기가 전달될 정도로만 사용한다.

고객을 응대하는 서비스맨은 향수를 뿌릴 경우에도 T.P.O에 맞게 사용하도록 유의해서 은은한 이미지의 향으로 표현될 수 있도록 해야 한다.

✔ 복장준비와 점검

출근할 아침이 되어서 당황하지 않도록 전날 밤에 다음 날의 일정이나 T.P.O(Time. Place. Occasion)에 맞게 모든 옷차림을 갖추어 놓도록 하는 것이 좋다.

옷은 옷걸이에 걸어 놓고 옷에 적합한 벨트와 액세서리도 미리 골라 놓는다. 백은 용도와 옷의 색깔 등에 어울리게 골라서 필요한 물건을 전부 넣어 구두와 함께 현관에 놓아둔다.

바쁜 일상생활에서 멋내기에도 시간을 아끼는 전략적인 센스가 필요하다.

약속이 두 건 이상 있을 때에는 스카프나 액세서리로 변화를 줄 수 있게 갖고 나가며 일이 끝난 후에 파티 같은 모임이 계속되는 경우는 코사지(corsage) 등도 준비해 보라.

비지니스 백 이외에 어깨에 걸게 되는 작은 핸드백을 들면 파티에서는 경쾌하게 변신할 수 있어서 편리하다.

자신의 소지품을 사용하여 그 시간에 가장 아름답게 보일 수 있도록 작은 소품 하나에도 신경을 써서 구색을 갖추어 준비해 가는 것이 멋있어 보이는 요령이다.

최종 점검으로 자신감있게 일하라

머리 모양부터 구두까지 체크할 수 있는 큰 거울을 꼭 구비하여 복장이 준비되면 이 거울 앞에 서서 전신의 분위기, 머리 스타일, 화장, 옷의 색깔, 소재 등이 그 때 보여진 전체 이미지에 어울리는지 체크해 본다.

끝마무리에는 스타킹의 색도 의외로 중요한 포인트가 되는 것을 기억하고 다음에 액세서리를 결정하면 좋다.

새로이 직장 생활을 시작하는 신입 직원들은 출근 전 반드시 용모를 점검하는 시간이 필요하다. 무심히 넘겨버리는 부분에 다른 사람들의 눈길이 의외로 많이 간다는 것을 유의해야 한다. 자신만의 체크리스트를 작성해 두고 아침마다 점검한다면 매일을 단정하고 청결하게 시작할 수 있을 것이다. 그렇다면 점검해야 할 항목에는 어떠한 것들이 있을까?

아래의 자기 점검표로 자신의 용모를 체크해 보자. 과연 몇 점이 되어야 할까?

90점 정도라면 충분할까? 스스로에게도 만점을 줄 수 없는 모습으로 고객 앞에 나가서 호감을 얻을 수 있다는 생각은 너무 무책임한 일이다.

예를 들어 모든 항목들이 만점인데 손톱이 지저분하다고 가정해 보자. 고객은 서비스맨의 용모에 대해 호감을 느끼다가 더러운 손톱을 보고 호감을 가졌던 기분을 모두 망쳐 버리고 말 것이다. 결국 0점이 되고 마는 것이다. 말하자면 서비스맨의 용모는 어느 항목이라도 빠짐없이 만점이 되도록 해야만 한다.

여성의 용모

- 각 항목별 10점씩 총 100점 -

1) 화장

- 자연스럽고 밝은 분위기의 화장인가
- 건강미가 표현되어 있는가
- 너무 진하거나 요란하여 사람들에게 불쾌감을 주지는 않는가
- 옷이나 유니폼에 잘 어울리는가

2) 머리

- 머리 모양이 유행에 치우쳐서 남에게 거부감을 주지는 않는가
- 머리 길이가 너무 길지 않는가
- 비듬이 있지는 않는가
- 단정하고 깨끗하게 정리되어 있는가
- 헤어 스프레이나 무스를 지나치게 사용하여 번들거리지는 않는가

3) 손

- 손톱의 길이가 적당한가
- 매니큐어를 칠했는가
- 눈에 띄는 색상이 아닌가
- 매니큐어는 적절한 색이며 벗겨지지 않고 잘 유지되어 있는가

4) 상의

- 옷깃이나 소매 등이 더러워져 있지는 않는가
- 얼룩이나 주름은 없는가
- 속옷이 비치지는 않는가
- 활동하기 편한가
- 유니폼일 경우 규정대로 착용하고 있는가
- 직장 분위기와 조화를 잘 이루는가
- 눈에 너무 띄는 디자인이나 색상, 소재는 아닌가

- 다림질 상태는 양호한가
- 단추를 잠가 입었는가

5) 스커트

- 적당한 길이인가
- 너무 꽉 맞지 않는가
- 다림질이 제대로 되어 있는가
- 단은 터진 곳이 없이 잘 정돈되어 있는가
- 스커트 길이는 적당한가

6) 스타킹

- 착용하였는가
- 광택이 있거나 지나치게 화려한 색은 아닌가
- 의상과 어울리는 소재나 무늬인가

7) 구두

- 발에 잘 맞는가
- 광택이 있거나 화려한 색은 아닌가
- 유행을 좇아 통굽이나 샌들을 신지는 않았는가
- 잘 닦아 청결한 상태인가
- 직장 분위기와 어울리는가

8) 액세서리

- 정장에 어울리는 것인가
- 지나치게 대담한 디자인은 아닌가
- 개수는 적당한가

9) 핸드백

- 정장에 어울리는가
- 내용물이 너무 많아 모양이 흐트러지지 않는가
- 지나치게 유행을 따르는 디자인과 색은 아닌가

10) 향수

- 향이 진하여 불쾌감을 주지는 않는가

남성의 용모

- 각 항목별 10점씩 총 100점 -

1) 얼굴
- 흡연으로 인한 구취는 없는가
- 면도는 잘 되어 있는가
- 코털은 잘 정리되어 있는가

2) 머리
- 너무 길어 셔츠의 깃이나 귀를 덮지는 않는가
- 스프레이나 무스 등으로 잘 정리되어 있는가
- 지나치게 유행을 따르지는 않는가

3) 넥타이
- 수트와 잘 어울리는가
- 현란한 무늬나 색상은 아닌가
- 끝 부분이 벨트 선에 닿을 지날 정도의 길이로 단정히 매었는가

4) 셔츠
- 너무 진한 색은 아닌가
- 깃이나 소매 부분이 청결한가
- 내의는 흰색을 입었는가
- 셔츠가 빠져 나와 있지는 않는가

5) 상의
- 자주 세탁하여 청결한가
- 잘 다려 입었는가
- 단추를 잠궈 입었는가
- 볼펜 등 필기구를 많이 부착하고 있지는 않는가
- 지갑으로 호주머니가 불룩해 보이는가

6) 지갑
- 바지 뒷주머니에 넣어 다니지 않는가

7) 손
- 손톱 길이가 적당한가
- 손톱 밑이 청결한가

8) 하의
- 무릎이 나오지 않는가
- 줄을 바로 잡아 다렸는가

9) 양말
- 바지와 어울리는 색깔인가

10) 구두
- 정장용 구두인가
- 깨끗하게 닦여 있는가
- 뒷축이 닳지는 않았는가

마. 공간적 신호

고객의 공간을 침범하지 말라

일반적으로 '매너'라고 하면 타인에게 자리나 길을 양보하는 '타인을 배려하는 마음'에서 나온 말임은 누구나 알고 있다. 그러나 자칫 여기에 타인의 공간에 대한 배려를 간과하는 경향이 있다. 남의 공간을 침범하지 않는 것 또한 매너이며 상대방에 대한 기본적인 배려이다. 또한 이는 비언어적인 표현의 요소가 된다.

일반적으로 서로의 간격을 침해하게 되면 사람들과 편안한 단계는 감소되며 방어적으로 변하고 불쾌한 감정을 품게 될지도 모른다. 사람들이 공간의 방해에 어떻게 반응하는지 인식하는 것이 고객서비스 측면에서 중요하다. 즉 공간적 거리에 따라 상호관계에 유의해야 하는 요소가 된다.

좌석버스를 탔을 때 옆에 있는 사람이 다리를 벌려 자기 자신만 편히 앉아 가려는 경우 불쾌한 기분까지 들곤 한다. 또 지하철 안에서 신문을 넓게 펴서 옆에 있는 사람의 얼굴까지 팔꿈치를 들이밀고 아무 생각 없이 신문만 들여다보는 사람들도 많다.

이와 마찬가지로 고객서비스시 자주 고객의 공간에 침범하는 것은 고객의 공간을 뺏는 행위가 된다.

고객에게 너무 가까이 다가가 바짝 붙어서 응대하는 경우 고객의 영역을 침해할 뿐 아니라 고객과 시선을 맞추기가 어색해지며, 구취나 체취 등이 쉽게 노출될 수도 있으므로 주의한다.

매너가 좋은 사람들은 상대의 고유 공간까지 배려해준다. 남의 공간을 침범하는 것은 결코 좋은 느낌을 줄 수 없는 것이다. 고객에게 불쾌감을 주지 않도록 고객과의 적당한 거리도 생각해서 자신의 위치를 결정하는 것이 중요하다. 서비스맨이 고객 앞에 적당한 거리에서 정중하게 응대하는 자세 하나만으로도 충분히 바람직한 비언어적 표현이 된다. 고객과 친해지는 거리와 멀어지는 거리를 파악하는 것이 중요하다.

미국과 많은 서구문화에서 근접한 편한 영역의 정의를 내리는 여러 연구들이 있다. 타인이 어디까지 접근하면 경계심을 느끼는가에 대해서는 여러 가지로 논의되어지는데 다음 네 가지 종류의 공간 간격으로 나눌 수 있다.

〈표 6-2〉 공간적 신호

친밀한 간격(0-8인치)	전형적으로 가족과 친척 등을 상대할 때 적당한 간격으로서 고객 대부분은 이 공간에 서비스맨이 들어올 경우 불편함을 느끼게 된다.
개인적 간격(18인치-4피트)	친한 친구, 동료 등 편안하고 신뢰감을 갖고 대하는 대상. 오랜 기간 맺어온 고객과 친근한 관계라면 이 간격이 적당하다.
사회적 간격(4피트-12피트)	일반적인 사업거래와 비즈니스의 상황 등
대중적 간격(12피트 이상)	서로 잘 알지 못하는 형식적이거나 공식적인 모임 등

Exercise

■ 서비스 공간에서의 역할 연습

두 사람이 한 공간에서 가로질러 마주보고 선다.

한 사람은 고객, 한 사람은 서비스맨으로 가정한다.

어떤 주제에 관해 자연스럽게 대화하면서 서비스맨 역할의 사람은 천천히 고객역할을 한 사람을 향해 움직인다. 그 움직임 동안 고객역할의 사람은 공간의 간격에 따라 느껴지는 감정에 대해 생각해본다.

- 어느 정도 거리에서 가장 편안하게 느꼈는가? 왜 그러한가?
- 어느 정도 거리에서 가장 불편하게 느꼈는가? 왜 그러한가?

역할을 바꿔 고객과 서비스맨 사이로 마주 서서 응대해 보라.

정돈되지 않은 주위의 모습도 비언어적 표현이다

책상 위에 흐트러진 서류, 종이 조각에 낙서처럼 쓴 이름과 숫자들, 스태플러, 끈, 테이프, 펜, 연필이 필요할 때 없는 경우, 사용하지 않는 도구들이 그것들의 보관 장소로부터 벗어나 널려져 있는 경우, 마루 위의 엎질러진 쓰레기가 쓰레기통의 주변을 덮고 있는 경우…. 지저분하고 찢어진 유니폼, 고객자리 위에 떨어진 음식 조각, 빈 컵, 빈 유리잔, 사무실의 커피 얼룩….

고객들은 이처럼 정돈되지 않은 비조직화된 작업장들을 볼 때 어떤 느낌을 갖게 될까? 고객들은 서비스맨이 고객의 일을 얼마나 효과적으로 취급하고 있는지에 관해 다음과 같이 생각하기 시작할 것이다.

- 나는 이 남자가 주변에 흐뜨려 놓은 다른 것들처럼 종이 쪽지에 적은 나의 전화번호를 잃어버리지 않기를 바란다 …
- 저 여자가 내 서류를 본부에 보낼 때 스태플러를 찾지 못한다면 어떡하나 …
- 그 남자가 내 은행 예금을 잘못된 계좌에 부치면 어떡하나 …
- 나는 그들이 바닥의 쓰레기를 밟고 다니는 것처럼 내 물건들을 손상시키

지 않기를 바란다…

한편 정리되고 조직화된 작업장은 서비스맨이 고객들의 업무처리나 정보를 주의 깊고 효과적으로 다룬다는 것을 고객에게 들리지 않는 큰 목소리로 말하고 있는 것과 같다.

고객은 서비스맨이 고객들의 일을 마치 서비스맨 자신의 설비도구나 서류를 다루는 것처럼 조심스럽게 처리해 줄 것으로 믿고 안심을 할 것이다.

정돈되고 조직화된 작업장의 가치는 바로 고객을 환대하는 매우 중요한 요소가 된다.

바. 비언어적 커뮤니케이션시 유의점

서비스맨이라면 누군가의 개인적 공간을 우연히 침범하거나 불쾌한 상황을 일으키지 않도록 시간, 거리, 접촉, 눈맞추기, 색깔의 사용 같은 문제들에 대해 다른 관점과 접근방식을 인식하는 것을 배우도록 한다.

반대로 고객을 괴롭히거나 부정적인 인식을 만드는 메시지들을 전달할 수 있는 습관이나 매너리즘을 인식해야하며 최소화하도록 노력해야 한다.

다음과 같은 산만하고 불안한 개인적인 습관 등은 부정적 메시지로서 의심과 불확실한 메시지를 전달하거나 어떤 것을 숨기고 있다는 사실을 시사하는 것이다. 이는 고객과의 관계형성에 방해가 될 수 있다.

- 고객의 신체부분을 만지거나 손으로 때리면서 대화하는 것
- 고객의 옷을 잡아당기는 것
- 자신의 몸을 긁거나 머리카락, 얼굴을 만지면서 말을 하는 것
- 자신의 입술을 물거나 핥는 것
- 자신의 입 근처에 손을 대는 것
- 손가락으로 두드리거나 다른 도구를 이용하여 만지작거리는 것
- 서비스 도중 음식물, 껌을 씹는 것

다음은 항목별로 긍정적, 부정적 메시지를 정리한 것이다.

긍정적 메시지	부정적 메시지
인사	
• 안녕하세요? 김사장님. 어떻게 도와 드릴까요? • 기다려 주셔서 감사합니다.	• 성의 없이 고개만 끄덕임 • 다음 손님~
자세	
• 똑바로 서있음. • 양발로 서있음. • 전신에 몸무게를 실어서 똑바로 서있음. • 목을 똑바로 하고 서있음. • 긴장된 모습으로 서있음. • 정력적이고 활동적인 모습으로 서있음. • 팔짱을 끼고 서있음.	• 구부정한 자세로 서있음. • 한발로 비스듬히 서있음. • 벽에 기대 서있음. • 목을 떨어뜨리고 서있음. • 긴장을 푼 편안한 모습으로 서있음. • 피곤한 모습으로 서있음. • 뒷짐을 지고 서있음.
얼굴 표정	
• Eye Contact • 똑바로 봄. • 웃는 눈 • 미소 • 가까이 하기 쉬운 표정 • 즐겁고 행복한 표정 • 자신감 있는 표정	• No Eye Contact • 눈을 굴리며 위쪽으로 보는, 노려 보는 눈 • 엄숙하게 보는 • 눈살을 찌푸리는 표정 • 거리감 있는 표정 • 슬픈 표정 • 걱정스러운 표정
몸 동작, 움직임	
• 부드럽고 유연한 • 자신감 있는 • 자연스러운 • 손가락으로 지적하거나 흔들지 않는 • 액세서리나 머리카락으로 인한 산만함이 없는 • 침묵을 잘 견디는 • 적절한 거리 • 부적절한 터치가 없는	• 갑자기 움직이며 빠른 동작 • 부끄러워하고 불안정한, 서두르는 듯한 • 동작이 강하고 기계적인 • 손가락으로 지적하며 흔드는 • 액세사리나 머리카락으로 장난치는 • 한숨짓는 • 너무 가깝거나 너무 멀리 서 있는 • 부적절한 터치
주변 환경	
• 정리가 잘된 서류 • 보관되어 있는 깨끗한 기물 • 버려질 곳에 버려진 쓰레기 • 쾌쾌한 냄새가 없는 • 산란하게 하는 잡음이 없는	• 여기저기 흩어진 어수선한 서류 • 아무데나 널려 있는 닳고 더러운 기물 • 아무데나 버려져 있는 쓰레기 • 담배냄새, 심한 향수냄새, 음식냄새같은 불쾌한 냄새 • 마음을 산란하게 하는 잡음이 많은

3. 언어적 커뮤니케이션 스킬

가. 듣기

상대방의 말귀를 못 알아들어서 곤혹을 치른 경험이 있는가?

보다 나은 고객과의 성공적인 커뮤니케이션을 위해서는 우선 듣는 사람의 입장에 충실해야 한다. 성공적인 서비스는 고객의 마음까지 읽어내어 고객의 입장을 잘 이해할수록 쉬워지게 된다. 고객이 물을 한잔 가져다 달라고 주문할 경우, 시원한 물이 필요한것인지 더운물이 필요한 것인지부터 생각해야 할 것이다.

센스없는 서비스맨은 고객의 마음을 알아내기는커녕 고객이 알려주는 정보를 무시하고 서비스를 잘하겠다고 하는 것이다. 고객이 주는 정보를 귀담아 들을 줄 알아야 한다.

일례로 비행기내에서의 일이다. 탑재된 허니문케익을 전달하면서 주문한 승객에게 "허니문케익 주문하셨죠? 여기있습니다."하고 가버리는 승무원이 있는가하면, "결혼 축하드립니다. 주문하신 허니문케익입니다. 즐거운 신혼여행되십시오."라고 축하의 말을 덧붙이는 승무원이 있는 것이다.

경청을 잘해야 한다

말을 잘하려고 하기 전에 듣는 것부터 배워라.

듣기는 언어적 의사소통에 중요한 요소이다. 듣기란 고객으로부터 정보를 수집하는 중요한 수단으로서 단순한 듣기 과정이 아닌 적극적으로 학습된 과정이다. 메시지를 듣고 받아들이고, 주의를 기울여 그 의미를 이해하고, 마지막으로 적절한 반응을 하는 과정이다.

'굿 스피커(Good Speaker)'란 '얼마나 말을 잘 하느냐'가 아니고 '얼마나 경청을 잘 하느냐'에 달려있다. 고객들은 자신의 특정한 욕구를 서비스맨에게 설명할 때 서비스맨이 귀기울여 듣고 이해하여 그것에 대응해 주기를 기대한다. 자신이 하는 말을 듣지 않으면 고객의 태도와 감정은 친근감에서 적대감으로 신속히 변화할 수 있다. 그리고 고객들은 서비스맨이 이야기를 주의 깊게 듣거나 때에 맞는 맞장구를 칠 때 상품의 신뢰를 느낄 수 있다고 한다. 그러므로 대화를 이끌어 갈 때는 3(고객):1(자신)의 비율이 좋다. 상대방의 말에 귀기울이는 것은 커뮤니케이션의 효과를 극대화시키는 일이다.

고객과의 대화에서 가급적 고객의 이야기를 듣는 쪽이어야지 서비스맨이 말이 많아서는 곤란하다. 어느 순간엔가 고객이 말을 많이 하고 서비스맨이 듣는 쪽이라면 이는 성공한 응대이다. 말을 하기보다 듣는 입장에 있어야 하며 고객이 더 많은 말을 하도록 유도하는 것이 바람직하다. 즉 고객으로 하여금 신나게 수다를 늘어놓도록 해야 하는 것이다. 이를 위해 경청이 중요하다. 진지한 태도로 상대의 눈을 응시하며 맞장구를 치며 열심히 듣자. 고객만족을 위한 한 가지 방법이다.

마음으로 듣는다

효과적으로 듣는 것은 고객의 욕구를 파악하기 위해 사용하는 중요한 수단이다. 따라서 성공적으로 듣는 것은 훌륭한 서비스에 필수적이다. 고객이 욕구를 나타내는 신호를 파악하고 계속적인 고객과의 대화를 이끌어가기 위해서는 잘 듣는 것이 중요하다. 고객의 메시지를 받아들이는데 듣기 능력기술이 부족하다면 결과적으로 서비스는 실패하게 된다.

고객의 말을 '잘 듣는다'는 것은 우선 마음으로 듣는 것이다. 고객의 걱정, 기쁨, 희망까지도 이해하려고 노력하는 것을 의미한다. 말하는 소리만을 듣는 것이 아니라 고객의 감정과 고객이 진정으로 원하는 것이 무엇인가를 이해하는 것이다.

가령 뜰에 핀 꽃을 보고 지나가던 사람이 "정말 아름다운 꽃이군요."라고 말했을 때 그저 "감사합니다." 하고 대답했다면 보통의 대화 수준에 머무는 것이다. 그러나 '이렇게 아름다운 꽃을 내 방에 한 송이 꽂았으면 좋겠다…'라는 상대의 마음까지 읽고서 "좋으시다면 한 송이 드릴께요."라고 말할 수 있다면 듣기 실력은 상당 수준일 것이다.

듣는 능력이란 편견이나 선입관을 갖지 않고 바른 마음으로 선의를 갖고 들으려고 하는 힘이다. 말로써 표현된 메시지만이 아니라 말하는 사람의 몸 전체, 분위기, 어조로 표현되는 Body language(제2의 언어)가 말하는 사람의 마음을 전달하는 커다란 부분을 차지하고 있는 것이다. '만약 내가 상대방의 입장이었다면…' 하고 생각하는 상상력의 풍부함이 듣는 능력을 신장시키는데 필수 불가결한 요소라고 할 수 있다.

잘 듣는 요령

■ 고객이 말하고자 할 때 말을 멈추고 여유있게 듣는다

누군가의 말을 듣기 위해서는 상대의 말을 듣기 전에 받아들일 준비가 되어야 한다. 주위의 산만한 요소들을 정리하되 하던 일이 있다면 잠시 양해를 구하고 빨리 일을 마친 후 응대한다.
바르게 앉거나 서있고 고객과 눈을 맞추고 적절히 고객에게 몸을 굽혀 귀를 기울여 기꺼이 듣고 있음을 보여라.

■ 감정이입을 보여준다

자신을 고객의 위치에 놓고 고객의 욕구, 욕망, 관심과 부합하고자 노력하는 것이다.

고객의 욕구를 말로 표현하는 것을 듣고 그들을 확실히 이해하고 느긋하게 시간을 갖고 고객의 말을 적극적으로 듣는다.

■ 주의집중하라

고객에게 완전히 주의 집중함으로써 고객의 메시지를 잘 이해하고 고객의 욕구를 만족시킬 수 있다.

■ 맞장구를 쳐라

특히 비언어적인 표현으로서 고개를 끄덕이거나 적절히 반응한다.

시기적절하게 맞장구를 치면서 이야기 상대와 일체가 되어 대화를 진행시킨다. 상대방이 말하고 있는 것을 가끔씩 들은 내용을 바꾸어 말하되 말참견을 하거나 끊지 말라. 고객의 말을 반복하는 것도 효과적인 맞장구의 하나이다.

고객이 하는 말 중에 개인적인 정보가 들어 있으면 서비스맨은 고객이 그

것에 대해 얘기하고 싶어한다고 생각해야 한다.

고객들은 이렇게 말할 수 있다.
"이게 내 첫 번째 여행인데 비행기를 제대로 탔는지 걱정스러워요. "
"잘 보관해 주세요. 내가 사랑하는 조카의 졸업 선물이거든요."
"우리 아버님이 심장마비로 돌아가셨는데 가능하면 장례식 하루 전에 도착했으면 해요."

아무 대답 없이 이런 말들을 무시해 버리는 것은 고객들에게 '방해하지 마세요.' '난 관심 없어요.' 라고 말하는 것과 같다.

따라서 적절한 반응을 보여서 고객으로 하여금 자신의 말에 귀 기울이며 자신의 감정과 상황을 이해한다고 느끼게 해 주는 것이 중요하다.

실제로 고객관리란 고객에게 많은 관심을 갖는 그 순간부터 가능하다.

회화를 활기 있게 하는 맞장구의 유형

- 동의할 때 : 그렇지요, 그렇고말고요. 예, 저도 그렇게 생각합니다, 전적으로 동감입니다, 말씀하신 대로입니다.
- 놀램을 나타낼 때 : 설마, 그런가요(그렇군요).
- 의문을 나타낼 때 : 왜 그럴까요, 어째서 그렇게…
- 다음 말을 끌어낼 때 : 그래서, 그리고, 그렇게 말씀하시면

이렇게 여러 가지 말을 번갈아 사용하면 효과적이다.

■ 질문하라

고객의 정보를 확인하고 명확하게 하기 위해 적절히 질문을 하라. 고객의 메시지를 철저히 이해하도록 하는 것이다.

■ 필요하면 메모하라

정보가 복잡하거나 이름, 숫자 등의 세부항목이 내용에 들어있다면 앞에서 메모하는 것이 좋다. 일단 메모 후에는 이해한 사실을 확인해라. 이는 업무상 실수도 방지할 뿐만 아니라 고객의 말에 귀기울여 전념하고 있다는 증거가 된다.

■ 주관적인 의견이나 판단을 피해 선입견 없이 열린 마음으로 듣는다

흥미를 갖고 듣게 되면 상대방의 마음은 활기있게 되며 성의를 갖고 들어주면 마음이 안정되고 자신감이 넘치게 된다.

Exercise

■ 듣기능력 자가평가

자신이 실제로 얼마나 잘 들을 수 있는가 객관적으로 응답해보자.

1. 대화할 때 상대방에게 나의 모든 주의를 기울인다.
2. 대화하는 동안 의식적으로 문제나 세부사항을 찾아본다.
3. 메시지를 전부 듣고 난 후까지 다음 소견을 준비하지 않는다.
4. 진심으로 듣고자 하는 관심을 가지고 의사소통에 접근한다.
5 나의 감정으로 인해 듣기가 방해되지 않도록 한다.
6. 이야기를 들으면서 공상에 잠기는 것을 피한다.
7. 나 자신이 상대방의 입장이 되도록 노력하고 상대방이 말하려는 것에 감정이입을 하려고 노력한다.
8. 대화중 앞서서 비약하는 것을 피하기 위해, 다른 사람이 무엇을 말하려는지 알고 있다고 생각하지 않는다.
9. 상대방이 말한 메시지를 이해한다는 것을 증명하기 위해 질문을 하여 그 의미를 이해하고 있는지 체크한다.
10. 내가 이해하지 못하는 단어나 문장을 명확히 하기 위해 질문을 하여 그 의미를 이해하고 있는지 체크한다.
11. 상대방이 말하고 있는 동안 집중하도록 다양한 기술을 사용한다.
12. 상대방이 이야기할 때 눈을 맞추든지 그를 쳐다본다.
13. 내가 말하는 것에 상대방이 어떻게 응답할 지에 대해서 의식적으로 생각한다.
14. 나에게 예민한 주제라고 해도 상대방에게 자신의 생각을 제시하도록 한다.
15. 들을 때 다른 소리나 활동에 방해받지 않는다.
16. 객관적으로 들으면서, 상대방을 판단하지 않는다.
17. 들으면서 메모한다.
18. 단지 사실이나 세부사항 뿐 아니라 생각과 개념에 대해서 들으려 한다.
19. 효과적인 듣기를 위해 가장 좋은 환경을 제공하며 주위가 산만하지 않는 장소를 택한다.
20. 상대방의 신체적 자세와 제스처를 관찰하고 평가한다.

(출처 : Lucas『customer service』)

나. 음성적신호

언어적 의사소통에 음성적인 특성들, 즉 음의 높이, 음량, 속도, 질, 발음, 기타 다른 특징들이 언어적 메시지를 고객에게 전달하는데 중요한 역할을 하게 된다.

음의 높이

어떤 고객이 값을 깎아 달라고 하자 직원이 "안됩니다"라고 소리쳤다.
고객 : "아니 안되면 안됐지, 왜 언성을 높여요?
직원 : 내 목소리가 원래 커서 그런거지, 내가 뭐 어쨌다고 트집이예요?
고객 : 뭐, 트집?

목소리는 상승 작용을 하는 것이다. 한 사람이 큰소리로 말하면 상대방도 덩달아 목소리가 커지고 나중에는 싸움이라도 하는 것처럼 되어 버려 다른 고객에게도 불쾌감을 주게 된다.

음의 높낮이는 다양한 메시지를 추가하여 극적으로 의미하는 것을 판단하는데 영향을 미칠 수 있다. 뉴스를 진행하는 아나운서의 문장은 적당히 말미에서 떨어짐을 알 수 있는데 문장 끝이 부적당하게 높아지는 경우 안정감과 신뢰도가 떨어지게 된다.

목소리는 낮고 무게감이 있는 것이 호소력이 있다.

음량

목소리가 너무 크거나 작지는 않은지 주위 상황과 공간의 크기, 듣는 사람의 여건에 따라 적절히 음량 정도를 조절하여 밝은 목소리로 말한다.

음량의 변화는 감정을 나타내고 의도하지 않는 부정적인 메시지를 전달할 수도 있으므로 유의해야 한다.

소음이 많은 곳에서 목소리를 너무 작게 내는 것은 고객을 짜증나게 할 수도 있고 무성의한 응대 태도로 느껴질 수도 있다. 또한 대화할 때 큰 목소리만이 환기를 집중시키는 것이 아니므로 목소리 크기를 때로는 크게, 때로는 작게 조절하여 고객의 주의를 집중시키도록 해야 한다.

말의 속도

말의 속도는 메시지를 받고 정확하게 판단하는데 영향을 미친다.

말의 속도를 조절하여 너무 빠르거나 너무 느리지 않도록 적당한 속도로 가끔씩 숨을 쉬고 말한다.

말이 빠른 경우 듣는 사람이 불안감을 느끼게 되며 일을 빨리 처리하려고 하는 경우로 들리기도 한다. 또 반대로 너무 느릴 경우 산만하고 주의 집중이 되지 않으며 고객의 요구에 응대하기 싫어 성의가 없는 것처럼 여겨질 수도 있다.

일반적으로 말의 속도는 본인의 성격과 관계가 있으며 특히 자신이 없는 경우나 성의 없이 일을 빨리 해치우려 할 때 말의 속도가 빨라지므로 유의해야 한다.

목소리의 질

목소리의 질의 변화는 고객들의 반응에 영향을 미친다. 신경질적인 목소리, 쉰소리, 콧소리, 금속성의 소리 등 타고난 부분이기도 하나 훈련이나 노력에 의해서 충분히 개선함으로써 좋은 음질을 표현하여 고객서비스 이미지를 향상시킬 수 있다.

분명한 발음

단어의 발음을 명확히 함으로써 듣는 고객으로 하여금 의미를 왜곡하지 않도록 한다. 정확한 발음이야말로 고객과 정보를 전달하거나 의사소통할 때 중요한 요소이다.

Exercise

■ 밝은 목소리 연습

어떻게 하는 것이 밝은 목소리로 말하는 방법일까?
실제로 웃는 얼굴을 하고 있을 때 목소리는 가장 부드럽고 따뜻하게 들린다.
앞서 연습한 표정 연출과 함께 그 결과를 실험해 보자.

- 먼저 눈썹을 위로 동그랗게 긴장시켜 웃는 표정을 지어 본다.
  그리고 매우 화가 난 듯한 낮은 목소리로 "제 이름은 000입니다."를 발성해 본다. 아마 목에서 부자연스럽게 나오는 발성으로 어색할 것이다.
- 이번에는 눈썹을 잔뜩 찌푸려 화가 난 표정을 지어 본다.
  그리고 아주 밝은 목소리로 "제 이름은 000입니다." 라고 발성해 본다. 역시 어색한 목소리가 흘러나올 것이다.
- 그렇다면 눈썹을 위로 동그랗게 긴장시킨 후 밝은 목소리로 발성해 보자. 아주 자연스럽게 밝은 목소리가 흘러나올 것이다.
  이와 같이 밝은 목소리는 밝은 표정에서 나온다. 고객의 귀에 항상 밝고 즐거운 목소리를 건네 줄 수 있는 밝은 마음을 가질 수 있도록 노력해야 한다.

다. 대화의 기술

예절의 실제는 마음속에 있고 그 마음을 상대방에게 인식시키는 첫 번째 방법이 말을 이용한 대화이다. 대화할 때는 우리가 전달하려는 의사를 상대방에게 정확히 이해시킴은 물론 그 과정을 통해 친절함과 공손함이 동시에 전달되어야 한다. 그러므로 좋은 말씨의 기본원칙은 밝고, 상냥하고, 아름답게 말하는 것이다. 말은 마음과 생각을 담은 그릇이라고 한다.

말을 단지 도구로 사용하면 그것은 말장난이 되어 버린다. 말씨는 마음 씀씀이의 표현으로서 고객에게 따뜻한 마음이 전달되도록 배려를 하는 것이 그 첫째 조건이다. 준비없이 말을 하게 되면 의도하지 않게 단 한마디로 고객의 마음을 상하게 하는 경우도 있다. 고객응대시에 나타나는 언어는 곧 서비스의 수준을 나타낸다.

말씨의 포인트는 발성, 발음, 표현 방법, 화제 선택 등 여러 요인이 있겠으나 고객의 마음에 밝고, 상냥하고, 아름답고, 알기 쉽고, 부드럽게 다가서는 표현을 사용해야 한다.

서비스맨이 익혀야 할 화술은 웅변이나 연설이 아닌 대화술이다. 이 대화능력의 차이가 고객관계와 서비스의 결과에 엄청난 차이를 나타낸다. 유능한 서비스맨이 되기 위해서는 서비스맨의 말씨는 교양의 척도이므로 항상 예의에 벗어나지 않도록 하며 대화능력을 보다 다듬는 노력을 끊임없이 기울여야 한다. 단순히 말 주고받기 식이 아닌 고객의 기분을 헤아리고 예절을 갖춘 '대화'를 하도록 해야 한다.

긴장을 풀고 대화한다

고객과의 대화에서 가장 중요한 부분은 바로 고객의 마음을 끄는 것이다. 그러나 첫 만남에서 상대의 마음을 읽기란 쉬운 일이 아니므로 너무 조급하게 생각하지 말고 스스로 긴장을 풀어야 한다. 침착하게 말한다.

비즈니스 상황에서 가장 실수하는 부분이 어떻게 해서든지 자신의 고객을 만들고자 여러 가지 상품의 대한 정보를 늘어 놓는 경우이다. 그래서 고객이 부담을 느끼는 것이다. 대화를 하기에 앞서 고객과 눈맞춤을 자주 하도록 노력하고 부드러운 미소로 표정관리에 조금만 신경 쓴다면 서로 긴장은 풀리게 마련이다.

"어서 오십시오. 고객님, 무엇을 찾으십니까?"

"아직 모르겠습니다."

"아참! 이번에 신상품이 나왔는데 한 번 보시겠어요?"

"이 상품은……."

"그게 아니고요, 제가 천천히 살펴볼께요."

누구나 한 번쯤 위와 같은 상황을 겪었을 것이다. 그냥 별 무리 없이 대화를 하는 것 같아 보이지만 80% 이상의 사람들은 그저 구경만 하고 그 매장을 나왔을 가능성이 높다.

첫 만남에서 시작되는 불과 몇 마디의 대화, 이젠 고객과의 대화에도 스킬이 필요하다. 그 스킬이 나쁘게 사용되는 것이 아니라 고객에 대한 서비스 차원으로 생각하면 좋을 것 같다. 가장 편안한 대화에서 고객은 친근감을 느끼며 그 친근감이 형성되어질 때 비즈니스는 성립되어지는 것이다.

밝고 적극적으로 고객을 리드한다

밝은 어조와 긍정적인 화제를 가지고 적극적으로 고객에게 다가간다. 고객이 테이블에 앉는 위치까지 생각하며 자유자재로 이야기할 수 있는 분위기를 연출해야 한다. 그리고 고객의 이야기가 엉뚱한 방향으로 흐르지 않도록 도와야 하며, 너무 이야기가 길어지거나 할 경우엔 상황에 맞게 끊을 수 있어야 한다. 이 부분이 너무 어렵다면 이야기 도중에 긍정적인 제스처와 함께 본인이 끌어가고자 하는 내용으로 자연스럽게 질문을 던지면 된다. 상대방은 긍정적인 제스처를 했기 때문에 자신의 이야기를 잘 받아들였다고 생각하게 될 것이다.

- 신혼부부인 듯 보이는 꽃바구니를 들고 있는 고객이 앉아있다면?
- 어딘가 두리번거리며 찾는 듯한 고객이 눈앞에 있다면?
  서비스맨인 당신은 어떻게 하겠는가?

유머가 경쟁력이다

서비스맨이라면 상황에 맞는 화제를 재빨리 알아채야 한다. 상황에 따라 서먹해지기 쉬운 분위기를 친밀감있고 부드럽게 바꿀 줄 알아야한다. 이를 위해서 평소에 상대방에 대한 관심, 그리고 다양한 방면으로 풍부한 경험과 지식이 구비되어 있어야한다. 그래야만이 고객의 수준과 취향에 맞는 화제를 적시적소에 끌어낼 수 있다.

칭찬은 고래도 춤추게 한다

고객을 칭찬하기 위한 기회를 찾아라.

이를 위해서 개인적인 상황이나 의사소통 내용 등 고객이 말하는 것을 잘 듣고 공통으로 갖고 있는 특별한 관심사들을 찾아라. 맞장구를 치며 고객의 화제에 호응하라, 수긍하고 질문하고 동의해라.

칭찬과 관심은 상대방의 기분을 좋게 하고 사고력까지 마비시킨다. 누구든지 칭찬거리는 갖고 있게 마련이므로 그것을 찾아 칭찬을 통해 고객은 서비스맨에게 호감을 갖게 됨이 분명하다.

칭찬이야말로 고객에 대한 배려이며 관심이다. 다만 진심에서 나오는 칭찬이어야 한다. 유효 적절한 칭찬의 기술을 터득한 사람이야말로 서비스맨의 자질이 충분하다.

예를 들어 "지금 00지방에서 막 돌아왔다."고 말하는 고객이 있다면 그 지방에 관해 공통점을 찾아 대화를 이끌 수 있을 것이다. 이로써 고객과 결속되고 고객에게 갖는 관심에 감사할 것이다. 때로는 고객에게 듣기 좋은 말을 하는 것도 좋다. "향수냄새가 좋은데요", "넥타이가 잘 어울리십니다" 등 얼마나 무궁무진한가?

간단하고 알아듣기 쉽게 말하라

고객을 대할 때 전문적인 지식이라면 쉽게 이해되는 용어와 표현을 사용하라. 빈번히 피드백의 질문을 하며 고객의 비언어적 신체언어를 관찰하라. 만약 통화중이라면 고객이 이해하지 못하는 경우 질문할 수 있는 여유를 주며 귀를 기울여야한다.

이는 고객으로부터 들은 메시지를 반복함으로써 확인할 수 있다.

"말씀하신…"

단어선택은 메시지전달과 판단의 중요한 요소가 된다. 사용하는 단어와 구사하는 방법으로 인해 효율적인 의사소통을 촉진시키거나 떨어뜨릴 수 있다. 앞서 메시지 의미의 7%가 단어에서 기인한다고 지적했듯이 특수 용어나 복잡한 전문용어를 사용할 경우 고객을 화나게 하거나 실망시킬 수 있다.

부드럽고 상냥하되 자신있고 명확하게 말하라

"그렇게 생각합니다." vs "그렇습니다."

어떤 차이가 느껴지는가? 두 말 모두 의미 전달에 별 차이가 없더라도, 상대방이 받아들이는 정도에는 큰 차이가 있다. 서비스맨이라면 자신있게 그리고 강하게 느껴지는 '그렇습니다'의 말을 사용해야 하겠다.

고객의 질문에 '좋다고 생각합니다', '좋을 것 같습니다' 등과 같이 말한다면 믿음을 줄 수 없다. 자기가 자신의 말과 자사의 제품에 대해 자신 있게 말할 수 없는데, 고객이 그 제품에 흥미와 관심을 가질 수는 없는 법이다.

자신 있는 끝맺음은 고객에게 신뢰를, 자신에게는 만족을 가져온다. 고객에게 강한 인상을 남기고, 제품에 대한 신뢰를 갖도록 한다.

'우리 제품은 다릅니다', '좋습니다'라고 말해야 한다.

- 말끝을 흐리지 말고 단호하게 말하라.
  단호함은 자신감있게 생각을 표현하는 것을 말한다. 예를 들면 손과 발을 바르게 한 자세로 상대방의 눈을 보고 미소지으며 대화에 몰입하는 것이다
- 목소리는 조용하고 안정적으로 하라.
- 발음을 분명하게 한다.
- 서비스맨이 비용, 날짜, 세부사항 등 정보를 전달할 때 특히 상품설명이라면 더욱 구체적이고 명확하게 말한다.
- 숫자를 즐겨 사용하라. 숫자는 전달하려는 내용을 보다 쉽고, 빠르게 설명할 수 있게 하며, 설득력을 갖게 한다. 몇 퍼센트 절감 효과를 가져오는지, 몇 배의 생산성 향상을 볼 수 있는지, 숫자를 사용하는 습관을 들이는 것이 좋다. 그런 습관이 고객의 눈과 귀를 서비스맨의 입으로 향하게 하고, 훨씬 더 고객에게 신뢰감을 준다. 고객을 앞에 두고 뜬구름 잡기식의 추상적이고 일반적인 이야기를 한다면 그 고객을 붙들어 놓을 수 없으며 아마 본론으로 들어가기 전에 고객은 집중하고 있지 않음을 알 게 될 것이다. 고객은 제품을 구매함으로써, 얼마나 비용을 절감할 수 있는지, 또는 어느 정도 효과가 있는지 등의 구체적인 설명을 듣고 싶어한다.

Service Speech - I message, You message

'나의 마음'을 전달하라.

고객에게 말을 할 때 나 혹은 우리가, 고객을 위해 혹은 고객과 함께 할 수 있는 것에 초점을 맞추어라.

"손님이… "하는 단어는 도전적으로 들릴 수 있다. 반면 "저는…" 하는 단어는 책임의식이 있게 들린다.

"손님이 모르셨군요…" 라는 말보다 "제가 미리 말씀드리지 못해 죄송합니다."라는 식이 바람직하며 도전적인 자세를 취하지 않고 문제를 해결하는 태도로 고객의 불만을 해소시킬 수도 있다.

흔히 부부 사이에서 대화를 할 때도 '나 전달법(I Message)'을 사용해야 한다고 한다. "일찍 들어와!(명령형)"라는 표현은 '유 전달법(you message)'이며 대화가 단절되는 화법인 반면, "당신 좋아하는 찌개 끓여 놓을께요.(호소형)"는 '나 전달법(I Message)'으로서 이해와 사랑의 표현으로 느껴진다.

'나 전달법'은 나의 입장에서 느끼는 것을 상대방에게 말하는 것으로 "나는 ~를 하는 게 좋을 것 같다"라고 전달하게 된다. 반면 '유 전달법(You Message)'은 상대방을 화자로 삼아 "너 때문이야", "너는 왜~"라는 말로 상대에 대한 불만을 이야기하는 경우가 많다. '유 전달법'이 아니라 차분하게 마음을 가라앉히고 "그런 말을 들으니까 나는 섭섭하다" 등으로 자신의 마음을 표현해야 한다.

단 한마디도 주의 깊게 한다

바쁜 업무 중에 고객으로부터 무언가 부탁을 받으면 "조금 기다려 주십시오, 잠시 후에 가지고 오겠습니다." 등의 소극적 말로 응대를 하기보다는 "예, 곧 갖다 드리겠습니다." 라고 자신감있게 말하는 것이 고객 입장에서 볼 때 더 좋은 응대이다.

또 준비 시간이 지체될 경우에는 "지금 준비중이오니 5분 정도 기다려 주시겠습니까? "등으로 정확하게 안내를 해 드릴 수 있어야 한다.

고객이 기다리는 시간은 같으나 서비스맨의 주의 깊은 말 한마디로 고객이 기다리는 시간은 길게 느껴질 수도, 아주 짧게 느껴질 수도 있을 것이다.

또한 이러한 고객응대 말씨는 고객에게 서비스맨의 세심한 준비성을 일깨워 사소한 것에서부터 서비스를 더욱 신뢰하는 계기가 될 수도 있다.

단 한마디가 달라도 고객이 받는 인상은 크게 달라질 수 있는 것이다. 작은 일에서부터 '항상 무엇에든 책임을 지고 틀림이 없다.' 는 확신으로 고객에게 좋은 이미지를 보여주어야 한다.

부정어는 긍정어로, 부정문은 긍정문으로 고쳐서

무언가를 사러 나가서 "그 상품은 품절되었습니다. 없습니다,' 라는 부정적인 대답을 듣는 것 보다 "지금은 없습니다만, 창고에 재고가 있는지 조사해보고 오겠습니다." 등의 적극적인 말을 듣게 되면 설령 상품이 없어도 일단 기분이 침착해지게 된다.

또 "마침 같은 상품은 없지만 대신에 이 상품은 어떠세요?" 와 같은 방법으로 대안을 제시하는 것도 한 가지 방법이다.

"없습니다." "안됩니다." "그렇게 해드릴 수는 없습니다." 등의 부정문은 고객의 기대를 한 순간에 어긋나게 해 버린다. 그 대신 "죄송합니다만, …하기가 어렵습니다."라고 하는 것이 바람직하다.

"지금은 바빠서 안돼요."라는 표현보다는 "죄송합니다만, 급한 일을 먼저 처리하고 20분쯤 후에 해드려도 괜찮으시겠습니까?"

"신분증 없으면 안돼요."는 "이 업무를 처리하려면 반드시 신분증이 필요합니다."라는 긍정 표현을 사용해서 조금이라도 고객의 기대에 부응하려는 노력을 해야 한다.

질문도 긍정적으로 하라

질문의 용어도 주의 깊게 선택하여 부정적인 느낌을 주는 질문은 피한다.

'왜'라는 질문은 도전적인 것처럼 들릴 수 있고 부정적 감정의 반응을 촉진시킬 수 있다.

"왜 그렇게 하시죠?"는 "무엇 때문에…." "어떤 다른 일이 있으신가요?"

"…라고 생각지 않으세요?" 는 "…을 어떻게 생각하시나요?" 라고 표현하는 것이 바람직하다.

어떤 경우에라도 될 수 있는 한 부정문을 사용하지 않는 것은 고객에게 최선을 다한다는 성실함으로 비춰진다.

명령문은 의뢰형이나 청유형으로 고쳐서

사람은 누구나 자신의 의지로 움직이고 싶어하며 타인으로부터 지시나 명령을 들으면 마음속에 저항감이 생긴다. 어디까지나 결정권은 고객에게 맡기도록 한다.

레스토랑에 가서 음료수나 식사를 주문할 때 "와인!", " 스테이크!" 등의 단어만으로 주문하고 있는 경우가 있다. 또는 같은 방법으로 외국의 레스토랑에서도 "Water!", "Beer!" 등 단어만으로 말하기도 한다. 최근에는 어린 학생들과 이야기하고 있어도 마찬가지로 "주스", "콜라" 식의 단어만으로 말하는 사람이 쉽게 눈에 뜨인다.

어쨌든 어떤 사람이라도 명령을 받고 기분 좋은 사람은 없을 것이다.

서비스맨으로서 고객을 응대할 때 "부탁합니다, Please" 등의 한 마디를 붙이는 것만으로도 고객과의 대화가 부드럽게 될 수 있다.

또한 극장이나 음악회 등 줄을 지어 입장해야 하는 장소에서 대부분의 사람들은 아직도 제대로 줄을 서지 않는 경향이 많은데 이 때 "줄 서세요." 라고 응대하기보다 "차례대로 모시겠습니다." 등의 말로 서비스맨의 입장에서 고객을 유도하는 말의 기술이 필요하다.

즉 고객에게 '어떻게 하라, 하세요' 등의 명령형의 말보다 '~해 주시겠습니까?', '~해 주시기 바랍니다', '~해 주시면 감사하겠습니다' 등의 의뢰형이나 서비스맨이 '어떻게 해 주겠다' 는 적극적인 응대의 화법을 사용하는 것이 좋다.

Exercise

■ 다음 대화문을 긍정적인 바람직한 대화문으로 바꾸어 적어보라.

- 무슨 용건이세요?
- 잠깐만요.
- 지금 자리에 없습니다.
- 다시 한 번 말해 주세요.
- 필요한 거 없어요?
- 글쎄요, 확실치는 않습니다.
- 내가 하겠습니다.
- 손님은 이해할 수 없겠지만…
- 손님이 틀렸습니다. 실수하셨습니다.
- 이해하시겠어요?
- 안됩니다.
- 손님의 문제는…
- 내 말 좀 들어보세요.
- 손님은 …을 했어야 했습니다.
- 그것은 나의 일이 아닙니다.
- 우리는 …을 금지합니다.
- 나는 … 을 할 수 없습니다
- 손님은 …을 해야만 합니다.

경어를 올바르게 사용하라

'차 마시세요.' 라는 소리보다는 '차 드시겠습니까?' 라는 소리가 훨씬 듣는 사람의 기분을 좋게 할 것이다. 경어는 바로 '나를 중요하게 여겨준다', '나에게 경의를 나타내 준다' 라는 느낌을 받기 때문이다.

그러나 간혹 경어를 전혀 사용할 줄 모르거나, 잘못 사용하여 자신을 높이고 상대를 낮추어 말하는 경우도 볼 수 있다.

경어를 올바르게 사용하기 위해서는 고객과 자신과의 관계를 순간적으로 판단할 수 있는 센스가 필요하다. T.P.O에 따라 어떤 경어가 어울리는 지를 재빨리 알아차려 적절한 말을 쓸 수 있는 사람이 경어에 능숙하다고 할 수 있다. 그러기 위해서는 평소에 아름다운 말을 쓰겠다는 생각을 늘 갖고 생활화하는 것이 중요하다.

또한 자연스럽게 경어사용을 하는 것도 중요하다. 매번 문장마다 "…습니다. …습니까, 하십시오…"를 연속적으로 말하다보면 듣는 사람으로 하여금 딱딱한 기계적인 느낌과 함께 부담을 줄 수도 있다. 경어를 구사화되 "…그렇지요. 네, 알겠습니다." 하는 식으로 자연스럽고 조화롭게 부드러운 표현을 사용하는 것이 좋다.

경어를 품위 있고 정중하게 구사하여 고객과 기분 좋은 커뮤니케이션을 가질 수 있다면 정말 멋진 서비스맨이 될 수 있을 것이다.

고객을 호칭하라

고객의 입장을 고려한 어휘의 선택과 올바른 호칭을 사용하도록 한다.

고객을 부를 때 원칙적으로 이름을 불러서는 안되며, 적합한 호칭을 사용해야 한다. 대화의 첫인상은 호칭에서 결정된다.

직함을 알고 있는 경우 함께 붙여 사용해야 하며 보편적인 호칭은 성에다 직함을 붙여서 하는, 예를 들어 "김 교수님" 같은 방식이 무난하다.

호칭을 계속 반복해서 해야 될 경우에는 성은 생략해서 '교수님' 이라 칭해도 무방하다.

그리고 외국인의 경우 정확한 호칭을 사용할 수 없을 때는 남자인 경우 'Sir', 여자인 경우 'Ma'am' 이 무난하다. 내국인의 경우는 '선생님, 여사님, 손님' 등의 호칭을 사용한다.

사전에 정보가 없거나, 직위에 대한 기록이 없어 어려운 경우 서비스 중에 적극적인 자세로 직위를 알아내어 호칭해야 하는 것도 하나의 방법이다.

호칭은 고객이 듣고 싶어하는 것을 들려주는 것이 가장 바람직하다.

〈표 6-3〉 적절한 호칭의 사용

대상인사	호칭
사모님	본래 '스승의 아내'에게 사용하였지만 오늘날 부인의 존칭으로 변한 것으로 특별한 고객에게 서비스를 제공할 경우 사용한다. 아줌마, 아저씨 호칭은 사용하지 않는다.
선생님	論語에서 父兄을 뜻하고, 禮記에서 노인이나 스승을 , 고려시대엔 과거에 급제한 선비에게 붙였다. 근래에는 연장자에 대한 공손한 경칭으로 정착되어 30대 이상의 고객에게 무리없이 사용 가능하다.
사장님, 부장님	비교적 상대를 잘 아는 경우에는 선생님, 손님보다는 직함을 불러주는 것이 훨씬 부드럽고 친근감을 줄 수 있다. 호칭에서 중요한 것은 고객이 듣고 싶어하는 것을 들려주는 것이 가장 좋다.
어르신	남의 아버지나 나이 많은 사람에 대한 경칭으로 사용한다.
초등학생, 미취학 어린이	"○○○어린이/학생"의 호칭 사용. 잘 아는 사람이라면 이름을 불러 친근감을 줄 수 있으나 처음부터 반말사용은 피한다. 필요시 ○○○고객님으로 성인에 준하여 호칭한다.
고객님/손님	고객을 따뜻하게 맞이하겠다는 마음이 그 말 속에 녹아 있다면 "고객님" "손님"은 가장 적절한 호칭이 될 것이다.
○○○님	고객의 이름을 기억해 불러준다면 아주 특별한 느낌을 받는다. 최근 고객을 호칭할 때 이름에 '님'을 붙여 친근하게 사용하는데, 고객을 존중하는 느낌을 주므로 적극 사용한다.

주요 호칭 일람

〈국가 수반(HEADS OF STATE)〉

대상인사	호칭
국왕 내외 KING, QUEEN	Your Majesty
공화국 대통령 PRESIDENT OF A REPUBLIC	각하 Mr. President, Your Excellency
부통령 VICE PRESIDENT	Mr. Vice President
수상 PREMIER	Your Excellency
국무총리 PRIME MINISTER	(국무) 총리님 Mr. Prime minister

〈외교사절(DIPLOMATS)〉

대사 AMBASSADOR	*대사님 Mr. Ambassador, Mr. Mr.
영사, 공사 CONSUL (DIPLOMATIC) MINISTER	*영사님, * 공사님 Mr. *, Sir Mr. *, Mr. Minister

〈정부 고위 공직자(GOVERNMENT OFFICIALS)〉

각료, 장관 CABINET OFFICER "Secretary"	*장관님 Mr. Secretary (미) Mr. Minister(영)
법무(부)장관 ATTORNEY GENERAL	Mr. Attorney General
시장 MAYOR	*시장님 Mr. Mayor, Mayor*

도(주)지사 GOVERNOR	*도지사님 Governor (.*)
국회의장 SPEAKER	*(국회)의장님 Mr. Speaker, Mr.*
국회의원 SENATOR REPRESENTATIVE	*의원님 (*.) Seantor Mr.*
시(도, 주)의원 ALDERMAN REPRESENTATIVE, STATE SECRETARY OF STATE	*의원님 Mr.* Mr.* Mr.*
대법원장 CHIEF JUSTICE	*대법원장님 Mr. Chief Justice, Chief Justice.*
판사 SUPREME COURT ASSOCIATE JUSTICE (FEDERAL) JUDGE	*판사님 Mr. Justice (.*), Judge.*
검사 DISTRICT ATTORNEY	*검사님 Mr.*
군장성 ADMIRAL (BRIGADIER) GENERAL MAJOR GENERAL	*장군님 Admiral.* General.* General.*
영관급 CAPTAIN (LIEUTENANT) COLONEL COMMANDER	*소(중, 대)령님 Captain.* Colonel.* Commander.*

〈학계 인사(COLLEGE & UNIVERSITY FACULTY, OFFICIALS)〉

대학총장, 단과 대학장 PRESIDENT PRESIDENT/PRIEST CHANCELLOR OF UNIVERSITY DEAN	총장(학장) 님 Dr.* Father.* Dr.* Dr.*, Professor.*
대학교수 PROFESSOR	*교수님, 박사님 Dr…*, Professor.*

〈전문직업인 (MISCELLANEOUS PROFESSIONAL TITLES)〉

의사 DENTIST PHYSICIAN VETERINARIAN	박사님, 선생님 Doctor.* Doctor.* Doctor.*
변호사 ATTORNEY	*변호사님 Mr.*

〈종교인〉

교황 POPE (카톨릭)	Your Holiness, Most Holy Father
총대주교 PATRIARCH (희랍 정교)	Your Beatitude
추기경 CARDINAL	(*)추기경님 Your Eminence, Cardinal.*
주교, 고위 성직자 BISHOP ARCHBISHOP ARCHDEACON ABBOT MONSIGNOR	(*)주교님, 신부님 Bishop.* Your Excellency Archdeacon.* Abbot.* Monsignor.*
신부, 수녀 PRIEST CATHOLIC PRIEST EPISCOPAL	(*)신부님, (*)수녀님 Father.* Father.*. Mr.*
기독교 목사 Clergy, PROTESTANT PASTOR	(*)목사님 Mr.*, Reverend.* Pastor.*
유대교 랍비 RABBI	Rabbi.*
승려 (불교, 라마교 등) PRIEST BUDDHIST	*스님 Reverend.*

*표는 성(명)「SURNAME」을 표시하며, 반복적 호칭 사용시 생략이 가능하다.

경어를 사용하는 것보다 서비스맨의 정중한 태도가 더 중요하다

아무리 경어를 잘 사용하고 있어도 로봇처럼 무표정으로 반복하는 형식적인 말씨나 일의 절차를 서둘러 처리하는 듯한 위압적인 말투는 오히려 역효과를 줄 수 있다. 고객에게 친근함이나 경의를 느끼게 하는 데에도 요령이 필요하다. 우리가 타인과 얘기할 때 상대방의 말만 듣고 있는 것은 아니다. 말과 함께 상대방의 태도나 표정, 몸짓 또는 어조 등으로부터 그 사람의 마음을 직접 느끼고 분별하고 있는 것이다. 고객의 눈을 보고 있지 않았다든지 책을 읽는 것 같은 억양으로 귀찮다는 듯이 말한다든지 하게 되면 비록 경어를 쓰고 있다 하더라도 고객에게 불쾌감을 주게 된다.

경어는 말하는 사람의 태도와 하나가 되어질 때 비로소 그 힘을 발휘할 수 있다.

자신의 언어를 표현하라

자신의 언어로 스스로를 매력적으로 상대방에게 말할 수 없으면 능력있는 서비스맨이라고 말할 수 없다.

미국에 살고 있던 한 저널리스트가 한국인들의 인사에 관해서 이런 것을 지적하고 있다. 한국 사람들의 인사는 너무나 틀에 박혀있어서 예를 들면 만날 때는 '안녕하세요', '반갑습니다'. 헤어질 때면 '안녕히 가십시오'. 라는 상투적인 인사말만 되풀이하고 있다는 것이다. 그보다 상대의 그 날의 스케줄을 의식하여 좀 더 구체적으로 마음을 써주는 말을 하는 것이 어떨까? '회의가 잘 되었으면 좋겠네요.' 혹은 '이번 주말 여행 잘 다녀오세요.' 와 같이 말에 변화를 주어 대화를 나누는 것이 바람직하다.

이처럼 항상 판에 박은 듯 똑같지 않고 그 사람이나 장소에 적합한 매력적인 인사말이나 표현 방법을 찾아서 자신의 언어로 말해 배려해주는 대화법이야말로 상대를 기분 좋게 하는 기술이다.

부드럽고 편리한 쿠션 언어

"저기…" 라든지 '여보세요…' 등으로 말을 하고 싶은 것을 '실례합니다만…, 죄송합니다만" 등으로 말을 하기 시작하면 우아함이 있는 말 붙임이 가능하다. 영어에는 'Excuse me' 라고 하는 편리한 단어가 있다.

특히 부정적인 답을 해야 하거나 부탁할 때 '죄송합니다만' '번거로우시겠습니다만' '실례합니다만' '바쁘시겠습니다만' '괜찮으시다면' 등의 쿠션언어는 뒤에 따라오는 내용을 부드럽게 연결시키고 보완하는 윤활유가 된다. 이같은 쿠션 언어를 이용해 부드럽고 품위있게 고객을 응대할 수 있다.

효과적인 pause와 침묵

대화에서 말을 잠시 쉬는 것은 어떻게 이용하느냐에 따라 긍정적이거나 부정적일 수 있다.

대화중 적당한 시간동안 말을 쉬는 것은 긍정적인 견지에서 고객이 서비스맨의 메시지에 대한 반응을 할 시간을 이용하게 되는 것이다. 반면 오랜 시간 말을 쉬는 것은 무성의한 응대로 느껴져 상대를 화나게 할 수 있다.

침묵은 다른 것들보다 더 생산적으로 많은 방면에서 이용될 수 있는 무언의 의사소통형식이다. 신체언어들을 사용함으로써 동의하거나 포용한다는 것을 나타낼 수 있는 반면 비언어적 행동과 침묵이 결부될 경우 빈헝심이나 무관심이 될 수 있으므로 이는 고객과의 관계를 손상시킬 수 있다.

고객의 의견에 선별해서 동의하라

사람은 누구나 다른 사람들이 자신에게 동조해 주기를 바라므로 그 상황이나 얘기 중에 동조할 수 있는 점을 찾아야 한다.

고객과 의견 대립을 하기보다는 그 얘기 중에 긍정할 수 있는 부분을 찾는 것이 중요하다. 비록 고객의 말이나 감정에 다른 함축된 뜻이 있더라도 제한적인 부분만이라도 동의를 해서 그 고객을 확신시키도록 하라.

이 때 고객과의 대화의 흐름을 놓치지 않도록 유의한다.

초면에 사적인 이야기를 하지 않도록 해야 한다

느닷없이 "결혼하셨습니까?" 라는 사적인 문제를 초면에 태연하게 묻는 경우가 있다. 그것보다는 오히려 즐거운 농담 하나라도 이야기해 주는 것이 '재치있는 멋진 사람이군' 이라고 생각할 것이다.

초면에 "00대학 출신으로…." "옛날에는…" 하면서 과거의 자신의 경력을 끝없이 말하는 사람 또는 유명인을 열거하여 이러한 사람을 알고 있다고 자만하는 타입, 그리고 자신의 친척, 연고가 있는 사람의 이야기로 끼리끼리 뭉치는 사람도 많다. 이런 식으로 말을 하기 시작하면 상대방은 이미 '아, 네' 하고 듣고 있는 수밖에 없다.

이야기할 때에는 그 때의 상대방과 상황을 잘 판단해서 대화의 화제 제공은 반드시 서로 주고 받는 것으로 한다.

최근 자신이 감격했던 일이나 멋지다고 생각했던 일, 즐거운 화제 선택을 하되 이런 일은 싫고 그 사람이 이렇게 말했다 등 자신의 일, 상급자, 동료, 다른 고객들에 대해 불평하는 일로 만남의 시간을 남의 이야기로 낭비해 버리는 것은 바람직하지 못하다.

대화의 시작부터 사람을 불유쾌하게 만들어 버리는 것은 말씨 이전의 중요한 문제가 된다. 신체에 관한 것, 병력, 나이, 종교, 결혼, 수입 등의 사적인 화제는 피하는 것이 좋다.

대화를 종결시키는 어구를 사용하지 않는다

고객과의 대화를 부정적인 상황으로 몰고 가는 가장 나쁜 방법은 대화를 종결시켜버리는 것이다.

대화의 종결 요인에는 화자의 말을 즉시 중단하게 만드는 단어나 어구가 포함된다. 고객과의 대화를 종결시키는 다음과 같은 어구는 삼가해야 한다.

- 말도 안됩니다.
- 그러니까 손님이 잘못하신 것이지요.
- 다른 사람들도 손님이 틀렸다고 합니다.

- 손님의 경우는 그럴 수 없습니다.
- 손님이 이해를 잘 못하신 것 같습니다.
- 손님이 그런 말씀을 하시면 곤란하지요.
- 왜 꼭 마지막 순간에 항상 그런 요구를 합니까?
- 지금 제겐 결정권이 더 이상 없습니다.

■ **회화를 풍요롭게 하는 화제 찾는 방법**

- 자신이 체험한 것은 무엇보다도 큰 설득력이 있으므로 무엇이든 해 봐야지 하는 적극적인 정신으로 생활의 범위를 넓히도록 한다.
- 자신의 감성 안테나를 언제나 펼쳐 놓고 하찮아 보이는 일상사에도 마음을 감동시키는 이야기 거리나 지식이 들어 있으므로 놓치지 않는다.
- 매스미디어는 화제의 보고이다. 조간신문 하나에도 단행본 한 권에 가까운 활자가 들어 있으므로 늘 가까이 한다.

■ **바람직하지 못한 대화법**

- 언제나 화제를 반전시키지 못하고 신선미가 결여된 화제
- 남의 소문이나 험담
- 자기 얘기만 계속하는 원맨쇼
- 쉬지 않고 계속 지껄임
- 전문용어, 외래어의 빈번한 사용
- 너무 낮거나 높은 음색, 음량
- 쓸데없는 말버릇
- 과장된 제스처
- 유행어의 남발

Exercise

고객과의 대화연습

다음의 상황을 읽고 드러난 문제점들을 참고로 하여 다시 바람직한 대화로 만들어보자.

고객 : (물건을 반환하며) 실례합니다. 이 셔츠를 선물로 받았는데 반환하고 싶어요.
서비스맨 : (무표정하게) 옷에 무슨 문제라도?
고객 : (웃으면서) 아니요, 같은 옷이 있어서요.
서비스맨 : (여전히 무표정) 영수증 있나요?
고객 : (겸연쩍어하며) 아니요, 선물받은거라서…
서비스맨 : (양식을 건네주며) 영수증이 없으시니까 여기 양식에 기입해주세요.
고객 : (웃지 않고) 제가 오래 기다렸는데, 이거 다 쓰고 다시 기다려야하나요?
서비스맨 : (웃지 않고) …. 다음분…

고객(물건을 반환하며) : 실례합니다. 이 셔츠를 선물로 받았는데 반환하고 싶어요.
서비스맨 : ……………………………………………………………………………………
……………………………………………………………………………………
……………………………………………………………………………………
……………………………………………………………………………………
……………………………………………………………………………………
……………………………………………………………………………………
……………………………………………………………………………………

고객(웃으며) : 감사합니다.

T.P.O에 따라 센스있고 공손한 말씨를 써야한다

■ 고객을 맞이할 때

- 어서 오십시오, 어서 오세요.
- 안녕하십니까?, 안녕하세요?
- 어떤 일로 오셨습니까?, 어디를 찾으십니까?

■ 고객의 용건을 받아들일 때

- 감사합니다.
- 네, 잘 알겠습니다.
- 네, 손님 말씀대로 처리해 드리겠습니다.

■ 고객에게 감사의 마음을 나타낼 때

- 대단히 감사합니다.
- 찾아 주셔서 감사합니다.
- 항상 저희 회사를 이용해 주셔서 감사합니다.
- 멀리서 와주셔서 감사합니다.

■ 고객에게 질문을 하거나 부탁할 때

- 괜찮으시다면, 연락처를 말씀해 주시겠습니까?
- 실례지만, 성함이 어떻게 되십니까?
- 실례합니다만, ○○○손님이십니까?
- 성함을 여쭤봐도 되겠습니까?
- 번거로우시겠지만, 제게 말씀해 주시겠습니까?

■ 모를 때

- 죄송합니다만 잘 모르겠습니다.
- 곧 알아봐드리겠습니다.

■ 고객을 기다리게 할 때

- 잠깐 실례하겠습니다.

- 죄송합니다만, 잠시만 기다려 주시겠습니까?
- 책임자와 상의해서 곧 처리해 드리겠습니다.

■ **고객 앞에서 자리를 뜰 때**

- 잠시 기다려 주시겠습니까?
- 5분만 기다려 주시겠습니까?

■ **고객으로부터 재촉 받을 때**

- 대단히 죄송합니다, 곧 처리해 드리겠습니다.
- 대단히 죄송합니다. 잠시만 더 기다려 주시겠습니까?

■ **고객을 재촉할 때**

- 죄송합니다만 조금만 서둘러 주시겠습니까?

■ **고객을 번거롭게 할 때**

- 죄송합니다만….
- 대단히 송구스럽습니다만….
- 귀찮으시겠지만….
- 번거롭게 해드려서 죄송합니다.

■ **고객이 불평을 할 때**

- 네, 그렇게 하는 것이 당연합니다만….
- 다시 확인해 보겠습니다, 잠시만 기다려 주시겠습니까?
- 네, 옳으신 생각이십니다만…

■ **고객에게 거절할 때**

- 정말 죄송합니다만…, …하기 어렵습니다.
- 정말 미안합니다만…, …해드리기 어렵습니다.
- 말씀드리기 어렵습니다만…, 그렇게하기는 곤란합니다. 죄송합니다.
- 곤란한 일입니다만, 알아보겠습니다.

■ **상급자와의 면담을 요청 받을 때**

- 실례지만, 누구시라고 전해드릴까요?

• 실례지만, 어디시라고 전해드릴까요?

■ **되물을 때**

• 한번 더 말씀해주시겠습니까?
(다시한번)
• …라고 말씀하셨습니까?
• 죄송합니다만, 잘 못들었습니다…

■ **용건을 마칠 때**

• 대단히 감사합니다.
• 오래 기다리셨습니다. 감사합니다.
• 바쁘실텐데 기다리시게 해서 정말 죄송합니다.

동작에 대응한 말이 금방 나올 수 있도록 훈련을 해야한다

■ **고객과 스쳐가며 부딪쳤을 때**

• 실례했습니다, 죄송합니다.

■ **고객 뒤를 지나갈 때**

• 실례하겠습니다, 뒤로 지나가겠습니다.

■ **고객의 뒤에서 말을 걸 때**

• 실례합니다.

■ **입구나 출구, 엘리베이터 등에서 고객과 맞부딪칠 때**

• 실례했습니다. 먼저 가시지요.

■ **고객에게 물건을 넘길 때**

• 여기 있습니다, 이것 좀 봐 주시겠습니까 ?

■ **물건을 가리킬 때**

• 저쪽에 있습니다, 이쪽에 있습니다, 계단을 올라가서 우측에 있습니다(손의 동작도 함께).

Exercise

■ 다음 고객과의 서비스상황에서 바람직한 표현을 연습해보시오.

- 우물쭈물 망설이고 있는 손님에게 말을 건다.
- 손님으로부터 "아직 안되었어요? 빨리 좀 해줘요"라고 재촉을 받았다.
- 손님에게 상품을 2가지 보이고 비교해보도록 한다.
- 손님 응대 중 다른 사람으로부터 전화가 걸려왔다.
- 망설인 끝에 손님이 "다음에 또 들리겠어요"하고 말했다.
- 일전에 산 ○○○ 좋지 않았어.
- 희망하는 물건이 매진되었을 때(없을 때 / 가져올 수 있을 때).
- 전표에 주소, 성명을 기입해 받는다.

■ 다음 직장에서의 상황에서 바람직한 표현을 연습해보시오.

- 상사에게 휴가를 신청한다.

- 동료 여자 사원에게 손님의 차 준비를 의뢰한다.

- 외출에서 돌아온 상사에게 말을 건다.

- 점심식사 후 바로 상사와 마주쳤을 경우

- 상사보다 먼저 퇴근할 경우

- 상사를 면회온 손님에게 기다려달라고 하는 경우
(예 : 전화중, 회의중)

Exercise

communication 호감도 체크

등을 쭉 펴고 몸 속의 오감을 움직여가며 열심히 상대의 말에 귀를 기울이며 상대방의 입장에서 생각하고 아름답고 성실한 말씨를 쓰고 있다면 타고난 겉모습에 관계없이 상대방에게 바람직한 플러스 인상을 줄 수 있다. 매일 같이 이루어지는 상대방과의 대화 속에서 주위 사람들과의 달라진 인간관계를 발견할 수 있을 것이다.

다음은 communication 호감도 체크 리스트이다. 스스로 자신을 객관적으로 체크해 보라.

■ **듣는 법**

- 상대가 이야기하기 쉽게 따뜻한 분위기를 몸에 익히고 있는가?
- 이야기를 들을 때 상대의 눈을 보면서 진지한 태도로 듣고 있는가?
- 상대의 이야기를 선입관이나 편견 없이 들을 수 있는가?
- 상대의 이야기 중간을 끊지 않고 끝까지 들을 수 있는가?
- 사실과 의견을 바르게 구분하여 듣고 있는가?
- 5W 1H를 확실히 파악하면서 듣고 있는가?
- 업무 지시를 받았을 때 복창하고 있는가?
- 나와 이야기하는 사람이 자신감과 안정감을 갖도록 적절한 맞장구를 아끼지 않고 칭찬의 말을 해가며 듣고 있는가

■ **말하는 법**

- '안녕하십니까', '어서 오십시오' 등의 인사말을 항상 자기 쪽에서 먼저 하고 있는가?
- '감사합니다', '수고하셨습니다' 등의 감사와 위로의 말을 마음속으로부터 아낌없이 쓰고 있는가?
- 솔직히 '죄송합니다'라는 사과의 말을 할 수 있는가
- 밝고 상냥하고 즐겁게 이야기하고 있는가
- 경어를 바르게 쓸 수 있는가
- 'NO' 라는 말을 해야 할 때 상대방의 기분이 상하지 않는 말을 쓰고 있는가
- 주위 사람들의 장점을 찾아내어 진실이 담긴 칭찬을 하고 있는가
- 말은 사람에 따라 달라지기 마련이다. 항상 자신의 인간성과 감성을 연마하는 노력을 하고 있는가

대화의 원칙

■ **위치**

- 고객과 45°각도, 80cm~1m 정도의 거리를 두고 고객을 향해 선다.
- 너무 바짝 붙어서서 소곤거리는 것은 삼간다.

■ **자세**

- 등을 곧게 펴고 어깨의 힘을 빼며 가슴은 자연스럽게 펴고 턱은 당긴다
- 양다리, 발꿈치는 붙이고 중심은 양다리에 둔다.
- 양손을 가지런히 모은다.

■ **시선**

- 대화의 POINT, 또는 상대의 동의를 구하고 싶을 때는 눈을 보고, 가끔 가슴 이상의 부분에 시선을 둔다.
- 2인 이상일 경우는 각각의 상대에게 시선을 균등하게 둔다.

■ **표정**

- 온화하게 미소지으며, 밝고 상쾌한 표정을 한다.

※ 고객과의 대화가 길어지거나, 사과할 일이 있을 때, 또는 노약자, 어린이 등과의 대화시에는 고객이 편안한 마음으로 대화에 임할 수 있도록 가능한 한 상체를 낮추어 고객과 눈높이를 같이 하는 것이 좋다.

4. 전화응대

현대의 기업들은 외부고객 뿐 아니라 내부고객과 커뮤니케이션을 하고 매일의 일상업무를 수행하기 위해 전화를 주로 사용한다.

전화상으로 효과적인 고객서비스를 성공적으로 제공하는 가장 기본적인 전략은 전화의 모든 특성을 이해하고 효과적으로 그것을 활용하는 것이다.

가. 전화응대의 특성과 기본원칙

전화는 정보화 시대의 필수적인 업무상 중요한 의사교환 수단이다. 그러므로 그 사용능력을 향상시키는 것은 곧 업무능력 향상과 직결된다.

또한 회사의 이미지 결정의 중요한 요소로서 하나의 회사이자 대표자의 얼굴이며 고객과의 얼굴 없는 만남으로 고객접점의 최일선에 서게 된다. 고객이 한번도 회사를 방문하지 않았어도 직원의 전화응대가 성의 있고 친절하면 회사의 이미지와 신뢰도 형성의 판단 기준이 좋아지게 된다.

전화응대는 단지 음성에만 의존하는 것이기 때문에 잘못 들음으로 해서 오해가 생길 수 있으므로 주의해야 한다.

서비스맨에게 있어 전화를 올바르게 사용하고 항상 친절하고 예절 바르게 응대 할 수 있는 매너가 필요하다.

고객은 서비스맨이 친절하고 상냥하게 응대해 주기를 바라고, 빠른 시간에 일이 해결되기를 원하며, 서비스맨이 업무에 잘 알고 있기를 바란다.

전화응대의 기본 원칙

친 절	- 친절성은 고객이 가장 기대하는 사항이다. - 음성에만 의존하기 때문에 목소리에 상냥함이 배어있어야 한다. - 음성뿐 아니라 고객의 요구 충족을 위해 애쓰는 태도도 전달되어야 한다.
신 속	- 전화를 빨리 받는 것부터 친절한 응대이다. - 전화 벨이 3번 울리기 전에 받는 것이 좋다. - 부득이하게 시간이 지체된 경우 상대의 입장까지 배려해야 한다.
정 확	- 정확한 업무 내용은 전화 서비스를 완성시킨다. - 고객이 전화를 하는 이유는 궁극적으로 자신이 궁금한 것을 알아보기 위함이므로 업무에 대해 정확히 알고 응대해야 한다.

나. 전화를 거는 요령

1) 전화 걸기 전 POINT

- 고객의 시간(Time) · 장소(Place) · 상황(Occasion)을 고려한다.
- 전화를 거는 것은 남의 집을 방문하는 것과 같은 배려가 필요하다.
- 전화를 걸 때에는 식사시간이나, 너무 이른 시간, 심야 시간은 피한다.

2) 통화 할 용건을 점검한다.

- 통화할 용건과 순서를 메모한다. 통화시에 필요할 만한 자료는 미리 빠짐없이 준비해 둔다. (전화통화 전 점검은 특히 장거리, 해외전화일 경우 필수적이다.)
- 상대방의 전화번호, 소속, 성명, 직함 등을 다시 확인한다.
- 5W 1H(What · When · Where · Who · Why · How)를 염두에 둔다.
- 음성을 가다듬고, 자세를 바르게 한다.
- 전화가 잘못 걸렸을 때 말도 없이 끊지 않도록 한다. "죄송합니다."라고 사과한 뒤, 반드시 '혹시 몇 번이 아닙니까?' 라고 전화번호를 확인한다.

그래야 또 다시 잘못 거는 것을 막을 수 있다.

3) 먼저 자신을 밝힌다.

"안녕하십니까? 저는 00회사 00부의 김 친절이라고 합니다."

"안녕하십니까? 영업과 000입니다. 00건 때문에 전화드렸습니다. 죄송합니다만 000씨가 있으면 바꾸어 주시겠습니까?"

- 상대를 확인한 후 지명인을 부탁한다.
- 상대와 연결되면 인사를 한다.
- 상대편이 지금 전화를 받을 수 있는 상황인지 반드시 확인한다.
  통화가 길어질 것이 예상될 경우, "통화가 좀 길어질 것 같은데 지금 시간이 괜찮으시겠습니까?"라고 먼저 말한다.
- 담당자와 통화를 하기 위해 전화를 걸었으나 부서장이 직접 받았을 때는 당황하지 말고 용건을 말하는 것이 좋다.

4) 용건을 말한다.

- 상대방 입장에서 관심있는 부분을 용건화하여 간단명료하게 말한다.
- 결론을 미리 말한 뒤에 설명을 시작한다.
- 일방적인 통화가 되지 않도록 한다.
- 용건에 대해 확인한다. 숫자, 시간, 장소, 이름, 연락처 등 주요 결정 사항은 반드시 재확인한다.
- 메모를 남길 경우
  "번거로우시겠지만 메모 좀 전해주시겠습니까?" 라고 메모를 다 말한 후에 감사의 표현을 한다.
  메시지를 남기고자 할 때는 메시지를 받아 적는 상대편 이름을 확인한다. 상대가 자리에 없을 때는 반드시 돌아올 시간을 확인해 둔다.

5) 끝 인사

- 통화에 대한 감사인사를 한다.

- 다음 통화를 기약하고 상황에 따른 적절한 끝 인사를 한다.
- 끊을 때는 원칙적으로 건 쪽에서 먼저 끊는다. 다만 상대방이 윗사람일 경우는 나중에 조용히 끊는다.

다. 전화를 받는 요령

1) 전화 벨이 3회 이상 울리기 전에 받는다.

- 벨이 3회 이상 울렸을 경우에는 '늦게 받아 죄송합니다'라고 한다.
- 수화기를 받음과 동시에 메모준비가 되어 있어야 한다.
- 인사말과 소속 부서, 성명을 명확히 밝힌다. 이 때 다소 천천히, 정확히 말하여 상대가 되묻는 일이 없도록 한다.
- 어떤 사람이 전화를 해서 "난데, 김과장 있어?" 라는 식으로 말할 경우는 "저는 영업과 000입니다."라고 밝히고, "지금은 안 계십니다. 실례지만 들어오시면 누구시라고 전해 드릴까요?" 라는 식으로 받는 것이 좋다.
- 상대를 직접 응대하는 것과 같은 바른 자세를 한다.

2) 상대를 확인하고 용건을 듣는다.

- 들을 때는 응답을 하면서 끝까지 차분하고 정확하게 경청한다.
- 찾는 사람이 없을 때는 용건을 메모한다.

3) 응답은 책임 있게 한다.

- 요점을 명료하게 메모, 정리, 복창하여 내용을 재확인한다.
- 의문점 및 용건 해결에 필요한 질문을 한다.
- 무성의하게 응답하지 말고 용건 해결을 위한 해결방안을 상대방이 이해하기 쉽게 답변한다.
- 잘 모르는 내용인 경우에는 양해를 구한 다음 담당자를 바꾸어주거나 확인해서 연락드릴 것을 약속한다.

4) 끝맺음 인사를 한다.

"(전화 주셔서) 감사합니다. 안녕히 계십시오."

- 나에게 온 전화가 아니더라도 감사의 표현과 인사말을 잊지 않는다.
- 미 해결된 전화용건은 없는지 확인한다.
- 상황에 따른 적절한 끝인사를 하고 상대방이 끊은 뒤에 조용히 수화기를 내려놓는다. 상대가 끊기 전에 내가 먼저 끊어버리면 상대에게 무례한 느낌을 줄 수 있으며, 혹여 마지막 전할 말을 못 듣는 경우가 있다.

라. 전화를 연결하는 요령

1) 찾는 사람이 있을 때

(김 과장님 좀 부탁드립니다.)

"네, 김과장님 곧 연결해 드리겠습니다. 연결 중 끊어지면 000-0000번으로 전화해 주십시오."

- 연결 중 끊어질 것을 대비하여 상대가 원하는 사람의 직통번호를 알려주고 친절히 연결한다.
- 전화 받을 사람을 확인하고 전화를 연결할 때는 홀드버튼을 사용한다. (연결 음이 고객에게 들리지 않도록 주의한다.)
- 송화구를 손으로 막은 다음, 전화 받을 사람에게 연결해 준다.
- 전화 통화중에 다른 사람과 상의할 일이 생기면 양해를 구하고 상대방에게 대화가 들리지 않도록 송화기를 막는다.
- 서비스센터에 전화를 걸어 다른 담당자에게 전화 연결시 무성의하게 이리저리 돌려 시간이 많이 걸리고 한없이 기다릴 경우 고객은 매우 불쾌해진다. 게다가 똑같은 이야기를 여러 번 해야하는 경우도 있다. 통화중인 상태에서 고객에게 다른 직원을 연결할 필요가 있다면 담당자에게 그 고객의 용건을 간략히 소개하여 통화내용이 지속되도록 하라. 고객이 다시 처음부터 설명을 해야 하는 불편을 사전에 줄여준다.
- 일단 연결이 되면 기다리도록 양해를 구하고 전화에 감사표시를 하며 조용히 수화기를 내려놓는다.

2) 담당자가 통화 중일 때

"지금 000씨가 통화중인데 괜찮으시다면 잠시만 기다려 주시겠습니까?"

- 업무 중의 통화는 길지 않기 때문에 잠시 기다릴 것인가를 물어본다.
- 전화 받을 사람이 즉시 전화를 받을 수 없을 때, 이를테면 통화중이거나 중요한 회의 중일 때는 중간 상황을 상대방에게 알려주어 다시 전화하거나 기다리게 한다.

3) 기다리는 상대가 더 기다려야 할 때

"죄송합니다만, 000씨가 통화가 길어질 것 같습니다. 메모 남겨주시면 곧 전화 드리도록 하겠습니다."

- 바로 전화가 불가능할 경우 양해의 표현과 함께 메모를 받아 전화를 드리도록 한다.

4) 담당자가 부재중일 때

"지금 000씨가 부재중으로 2시쯤 돌아올 예정인데, 메모 남겨 주시면 전해 드리겠습니다."

"잠시 자리를 비우셨습니다만, 메모를 남겨 드릴까요?"

"지금 사무실에 안 계십니다. 제가 도와드릴까요? 메시지 남기시겠습니까?"

"지금 자리에 없습니다. 메시지 전해드릴까요?"

"제가 도와드릴 수 있습니다"(필요시)

- "나중에 다시 하세요."와 같은 표현은 삼간다.
- 부재중인 사유와 예정을 알려주고, 용건을 정중히 묻는다. (자신의 이름을 알려준다.)
- 조퇴라든가 병원에 있다거나 하는 개인적인 정보전달은 피한다.
- 전화를 끊고 메시지를 수신자에게 전달한다.
- 통화 가능시간을 알리고 메시지를 받아 이쪽에서 전화를 걸도록 한다.

- 메시지를 받을 때 반드시 다음 사항은 기입해 놓는다.
  이름, 회사명, 전화번호(지역번호), 간단한 메시지, 답신할 수 있는 시간, 전화건 시간, 날짜, 받은 사람 이름 등을 받아 적어 놓는다.

5) 전화를 받을 사람이 보이지 않거나 멀리 있을 때, 담당이 아닐 때

- 전화로 받을 사람을 확인한 후 연결시키거나 전화 받을 사람이 즉시 받을 수 없을 때는 그 상황을 알려준다.
- 설령 잘못 걸려온 전화일지라도 친절히 응대하고, 상대가 필요한 곳을 알고 있다면 친절히 알려주는 것이 좋다.
- 이 때 무조건 전화를 연결하는 것은 피해야한다. 본인이 담당이 아니라면 전화를 연결하기 전에 다른 직원에게 연결해도 될지 고객으로부터 항상 허락을 득한다.
- 고객이 전화를 오래 기다리게 될 경우 대략 20-30초마다 그 고객에게 전화를 잊지 않고 있다는 것을 알려주기 위해 확인시킨다. 또한 일단 전화를 다시 받았을 때는 전화를 건 사람에게 기다려준 것에 대한 감사를 한다.

6) 메모 받을 때

(저는 ○○산업의 홍길동이라 합니다.)
"네. ○○산업의 홍, 길자 동자 님이세요."

- 이름을 복창할 경우 한 자 한 자 정확히 발음하며 성에는 字를 붙이지 않는다.

(전화번호가 000에 0012번입니다.)
"네. , 영 영 영에 영영하나 둘 맞습니까?"

- 1, 2가 섞여있거나 번호의 끝에 있을 경우는 "일", "이"라고 말하는 것보다 '하나', '둘'이라고 말하는 것이 정확하다.

(김 과장님께 꼭 좀 전해주십시오.)
"네, 저는 김 친절이라고 합니다."
김 과장님께 꼭 전해 드리겠습니다.

특별히 전언을 당부 받았을 경우, 자신을 밝히면 상대에게 신뢰감을 줄 수 있다.

마. 전화응대 예절

전화를 받을 때 바로 내 자신이 회사를 대표한다는 마음으로 성의껏 응대하여야 한다. 전화응대는 청각적 요소만으로 나의 친절을 표현해야 하므로 음성, 말씨, 정중한 표현, 정확한 언어, 적당한 속도 등의 표현에 주의한다.

- 대면서비스와 마찬가지로 전화를 건 고객과 직접 마주 앉아 대화하듯이 고객의 말을 적극적으로 경청하는 것이 중요한 전화기술이다.
- 상대방의 표정, 태도, 주변의 환경을 알기 어려우므로 항상 상대방의 전화응대 상황을 항상 고려하여 적절하고 신속하고 확실한 답변을 취한다.
- 메모를 받는 경우, 해당자에게 정확한 내용을 반드시 전달하고 중요한 내용인 경우 재차 확인한다. 번호, 금액, 수량, 일시, 장소, 품명 등을 말할 경우 강조하여 또박또박 말하면서 상대에게 정확히 전달되었는지 확인한다.
- 항상 바른말로 정확하게 표현하며 유행어나 속어, 낯선 외국어 등은 피한다.
- 내 시간 뿐 아니라 상대방의 시간도 중요하다. 고객에게 전화할 경우 미리 생각을 정리하여 용건만 간단히 한다. 고객에게 정보를 제공하는데 시간이 걸리는 경우 중간보고를 하며 무작정 기다리게 하기보다 알아본 후 연락할 것을 제안한다. 간결하게 통화하며 보고나 결과 통보의 경우 예정 시간 등을 미리 알린다.
- 통화도중 끼어들거나 주변 사람의 대화를 엿듣고 같이 웃거나 하면 무례하고 의사소통이 단절된다.
- 말을 하거나 질문할 때 잠시 간격을 두어 대화의 흐름을 여유있게 하고 긴장감을 해소한다.
- 업무중에는 사적인 전화를 되도록 삼간다.
- 공중전화나 핸드폰으로 전화를 걸 때는 미리 양해의 표현을 하는 것이 에티켓이다. 그래야 통화 도중에 갑자기 끊겨도 상대가 불쾌하게 느끼지 않으며, 상대에게 신속, 간단하게 전화해야 함을 알려 주는 것이 된다.

• 자신의 할 말만을 얘기하고 먼저 끊는 경우가 있다. 이 경우 상대는 매우 불쾌한 느낌을 갖게 된다. "전화 주셔서 감사합니다.", "안녕히 계십시오.", "좋은 시간 되십시오.", "즐거운 하루 되십시오."라는 마무리 인사말과 상대가 끊는 것을 확인 후에 수화기를 내려놓는다.
• 고객 응대시 다음과 같은 무성의한 전화응대는 상대방이 전화상으로 충분히 느낄 수 있으므로 피한다.
  - 옆 사람과 얘기하면서 하는 통화
  - 음식물을 먹으면서 하는 통화
  - 수화기를 턱과 어깨 사이에 걸치고 하는 통화
  - 다른 작업을 하면서 하는 통화

바. 전화상의 효과적인 의사소통기술

전화에도 표정이 있다

Voice with Smile! 어느 통신회사의 광고문구이다.

누구나 목소리만 들어도 상대의 표정을 충분히 읽을 수 있다. 그래서인지 어느 호텔의 전화 교환수 책상에는 거울을 놓고 전화벨이 울리면 먼저 미소부터 짓는다고 한다. 전화응대의 기본은 밝은 얼굴에서 시작된다. 말하는 동안 미소를 짓고 항상 밝은 목소리로 응대한다. 전화통화 시 미소를 지으면 목소리의 톤과 고객이 받아들이는 느낌이 다르다.

목소리를 화장하라

시간과 장소에 맞게 목소리를 화장하는 것이 중요하다.

전화응대는 얼굴은 보이지 않지만 목소리만으로 따뜻함이 배어있어야 한다.

- 기초화장 : 호흡훈련, 발성, 발음, 속도
- 색조화장 : 억양, 속도변화, 어조
- 향수 : 호감가는 화법, 적절한 어휘의 선택

■ 전화목소리는 상냥하고 자연스럽게 말한다.

판에 박힌 말이나 발표하듯 하지말고 자연스럽게 대화체로 말한다.

■ **명확하게 말한다.**

명료한 발음, 소리의 음량, 말하는 속도는 적당히 이해할 수 있게 말한다.

청량감 있고 자신감있는 톡톡 튀는 밝은 목소리로 생동감 있게 이야기한다.

■ **목소리 변화를 활용한다**

상황에 맞게 톤과 볼륨을 적절히 조정한다.

날카로운 소리, 콧소리를 없애고 음성을 잘 관리한다.

고저강약이 없는 기계적이고 사무적인 단조로운 목소리는 부자연스럽고 고객은 따분함을 느끼게 된다. 중요한 내용에 밑줄을 긋는 것처럼, 내용의 중요도에 따라, 고객의 반응에 따라 목소리 크기를 조절해 나가도록 한다.

작게 말하다가 크게 말하고, 들뜬 목소리에서 가라앉은 목소리로, 즉 목소리로 포인트를 주면서 이야기한다. 억양변화를 이용하여 단조로운 어조의 말투를 피하고 말하는 것은 고객의 관심을 지속적으로 끌 수 있는 방법이다. 이로써 첫 번 전달된 메시지가 정확하게 전달되어 반복해서 말하지 않아도 되기 때문이다. 본인은 업무상 항상 사용하는 말이라고 어조도 없이 중얼거리며 내뱉는 경우 고객이 몇 번씩 되묻게 하는 어리석은 서비스를 하는 경우가 많다.

〈표 6-2〉 음성의 특징

바람직한 음성의 특징	개선해야 할 음성의 특징
• 미소가 느껴지는 음성 • 부드럽고 친절한 음성 • 멜로디가 담긴 음성 • 중음 톤 음성 • 정확한 발음 • 힘있는 음성	• 콧소리의 울리는 음성 • 툭툭 내던지듯 퉁명스럽게 말하는 어투 • 발음이 부정확한 목소리(반토막말, 웅얼거림) • 너무 작거나 큰 목소리(울림, 높은 톤) • 거칠고 쉰듯한 음성 • 단조롭고 무기력한 음성 • 금속성의 날카로운 음성 • 아기처럼 어린양이 밴 목소리 • 짜증 섞인 목소리

〈표 6-3〉고객과의 전화

상황	지양해야 할 응대	바람직한 응대
여보세요	네, 말씀하세요	네, 인사부입니다. 무엇을 도와드릴까요? 네, 안녕하십니까? 무엇을 도와드릴까요?
수고하십니다	무응답, 네	감사합니다. 무엇을 도와드릴까요?
거기 00죠? 00맞죠?	네, 맞습니다.	네, 그렇습니다. 네, 00입니다. 무엇을 도와드릴까요?
감사합니다.	네.	네, 감사합니다. 네, 전화 주셔서 감사합니다. 네, 이용해 주셔서 감사합니다.
기다리게 할 때	잠깐만요. 잠시만요.	죄송합니다. 잠시 기다려 주시겠습니까? 죄송합니다. 잠시 기다려 주시면 도와드리겠습니다.
기다리게 했던 전화를 다시 받을 때	네, 그런데요? 네, 말씀하세요.	기다리시게 해서 죄송합니다.
이름을 물을 때	성함은요? 누구신데요?	실례지만, 존함이 어떻게 되십니까? 실례지만, 존함을 말씀해 주시겠습니까? 실례합니다만, 어디신지 여쭈어 봐도 되겠습니까? 실례합니다만, 누구시라고 전해드릴까요?
말을 전할 때	누구라고 할까요?	전하실 말씀이 있으십니까? 메모 전해드리겠습니다. 말씀 전해드리겠습니다.
안들릴 때	네? 여보세요? 뭐라구요?	죄송합니다. 다시 한번 말씀해 주시겠습니까?
전화를 끊을 때	(무응답)	감사합니다. 전화 주셔서 감사합니다. 이용해 주셔서 감사합니다.
(문의시) 뭐 좀 물어보려고 하는데요	"말씀하세요", "뭔데요?" "왜 그러시는데요?"	네 , 무엇을 도와드릴까요?

전화 응대 CHECK LIST

- 전화기 근처에 메모용지와 펜이 준비되어 있는가?
- 전화 걸기 전에 필요한 용건은 메모해 두었는가?
- 날짜를 이야기 할 때 요일까지 정확하게 전달하고 있는가?
- 벨이 울리면 3회 이내에 받고 있는가?
- 늦게 받았을 때 적당한 인사를 하는가?
- 전화 받을 때 인사말, 회사 부서 이름을 말하는가?
- 전화 걸고 받을 때 자세와 표정에 신경을 쓰고 있는가?
- 말의 속도를 조절하는가?
- 목소리의 톤이 너무 낮거나 높지 않은가?
- 분명히 말하는가?
- 미소를 지으며 말하는가?
- 적극적으로 상대방의 말을 듣는가?
- 중요한 용건은 복창하는 습관이 있는가?
- 메모를 하면서 응대하고 있는가?
- 경어는 적절히 사용하고 있는가?
- 종종 고객의 이름을 사용하는가?
- 상대방을 오래 기다리게 하지는 않는가?
- 내용에 대한 정리를 요약, 확인하는가?
- 통화가 길어질 때 call back service를 유도하는가?
- 전화를 연결할 때 고객에게 연결하기 전, 상대의 전화번호를 알려주는가?
- 끝맺음 인사말을 하고 있는가?
- 장거리 전화나 휴대폰인 경우 시간을 염두에 두고 있는가?
- 고객이 먼저 전화를 끊도록 하는가?
- 수화기는 조용히 내려놓는가?

※ call back service

통화가 길어질 경우 상대방에게 통화가 가능한지, 잠시 후에 다시 걸지 등을 묻는 것으로 "통화가 길어질 것 같은데, 괜찮으시겠습니까? 아니면 제가 10분 정도 있다가 다시 전화드릴까요?"라고 응대한다.

5. 전자우편(e-mail) 응대

다른 상호작용기술과 마찬가지로 고객에게 서비스를 제공하고 대화를 나누는 전자우편 응대에 있어서 지켜야 할 예절을 무시할 경우 고객을 대면해보지도 않은 채 잃을 수 있다.

효과적인 전자우편 응대 요령은 다음과 같다.

- 전자우편은 비형식적인 의사전달수단이므로 약어를 사용하는 것이 효과적일 경우도 있으나 상대가 일반적으로 이해하기 쉽도록 한다.
- 전자우편 한 줄도 회사의 이미지를 대표하므로 메시지를 보내기 전에 반드시 문장구조, 철자, 단어 사용법 등을 점검한다.
- 간결하고 명확한 용어와 문장을 사용하며 핵심적인 내용을 적는다. 고객을 혼란하게 하거나 당황하게 하는 전문용어 등은 피한다.
- 비형식적인 서신에만 사용하며 중요하고 시급한 일인 경우 다른 방법을 택하는 것이 좋다.
- 개인의 용도로 기업의 이메일을 사용하지 않는다.
- 이메일로 개인정보 등을 보내지 않도록 한다.
- 가급적 함께 받는 사람을 사용하지 않는다. 고객에게 개별적으로 서비스하듯이 이메일도 가급적 개개인에게 보내는 것이 바람직하다.
- 청탁받지 않은 광고물이나 홍보물을 보내지 않는다. 오히려 기업에 대한 고객의 부정적인 반응을 유발한다.
- 문자를 이용한 얼굴 표정인 이모티콘을 사용시는 유의한다. 사업문서에는 적절치 않다.
- 메시지 주소는 마지막에 기입한다. 주소를 입력하기 전에는 전송되지 않으므로 메일을 실수로 보내지 않기 위한 안전대책이 된다.
- 전자우편을 받을 시 가능한 한 즉시 답장한다. 만일 즉시 응하지 못할 경우 적어도 24시간 이내에는 답장하도록 한다.

Review

- 서비스맨이 갖추어야 할 기본 매너에는 어떠한 것들이 있는가?
- 상대방의 첫인상을 결정하는 요소에는 어떠한 것이 있나?
- 인사를 함에 있어 가장 중요한 요소는 무엇이라고 생각하며 그 이유는 무엇인가?
- 인사에 있어 각도의 의미는 어떤 것인가?
- T.P.O에 맞는 인사란 무엇을 말하는가?
- 고객에게 호감을 주는 차림새는 어떤 것인가?
- 직장인의 용모가 직업의식으로 평가되는 이유는 무엇인가?
- 좋은 말씨의 기본원칙은 어떠한 것들이 있는가?
- 대화를 잘하려면 어떻게 해야 하는가?
- 고객응대시 마지막 10초가 중요하다는 말의 의미는?

warming-up에서 분석했던 나의 비언어적/언어적 모습들을 다시 생각해보고 서비스맨으로서 바람직한 긍정적인 이미지가 무엇인지 그리고 나의 이미지를 평소 어떤 훈련과 연습으로 더욱 향상시킬 수 있을지 그 방안을 적어보라.

항목	내가 바라는 나의 이미지	나의 이미지 향상 방안
표정		
인사		
자세		
용모		
대화		

제7장

고객서비스 응대

Customer Service

Warming-up

■ 당신이 어느 장소에서 긴 줄에 오랜 시간 서서 기다리고 있을 때의 경험을 생각해 보라.

- 오랜 기다림 끝에 내 차례가 왔을 때 서비스맨은 어떻게 응대했는가?

- 이 때 서비스맨이 "다음 분~"하고 응대한다면?

- 내가 서비스맨이라면 어떻게 해야 했을까?

■ 자신이 경험한 인상적인 고객응대서비스의 좋은 사례를 한 가지 들어보라. 서비스맨의 어떠한 응대가 인상적이었나?

■ 글로벌 시대의 서비스맨으로서 다양한 고객을 응대하기 위해 갖추어야 할 요건은 무엇이라고 생각하는가?

1. 고객 응대 에티켓

가. 고객을 안내할 때

직장 내에서 고객과의 만남은 너와 나의 개인적인 만남이 아니라 회사를 대표하는 자격으로 만나게 되므로 더욱 중요하다. 보다 친절하고 세련된 고객 응대는 회사를 찾는 방문객들에게 좋은 인상을 심어줄 수 있다.

■ 어떤 장소로 안내할 경우

"제가 모시겠습니다. 이쪽입니다." 라고 말을 하고 정성을 다해 안내한다. 이 때 고객이 중앙으로 걸을 수 있도록 비스듬히 반걸음 앞서서 걸어가는 것이 좋다. 이 때 고객의 바로 앞에 서지 않고 한 두 걸음 오른쪽 또는 왼쪽에서 비스듬히 걸어가며 안내하며, 가끔 뒤돌아보면서 고객과의 보조를 맞춘다.

■ 고객과 함께 걸을 경우

윗사람과 나란히 걸을 때는 윗사람의 왼쪽에 서는 것이 예의이다. 단 상황에 따라 우측이 위험한 경우는 꼭 이것을 지키지 않아도 된다. 고객도 윗사람과 마찬가지로 적용하면 된다. 그리고 남성이 여성과 나란히 걷는 경우는 일반적으로 여성이 우측에 서게 되지만 남성이 윗사람일 경우는 여성이 좌측으로 서는 것이 예의이다.

■ 계단을 오르내릴 때

고객의 오른쪽, 또는 왼쪽에서 2보 정도 옆에서 비스듬히 걸어가며 안내한다. 계단을 오르내릴 때는 2~3계단 앞서 안내하는 것이 원칙이다.

■ 회전문을 이용할 때

회전문은 먼저 들어서서 문을 미는 것이 예의이다. 간혹 자동으로 회전하는 문일 경우에는 고객이나 상사가 앞서도록 한다.

■문을 통과할 때

당겨서 여는 문을 통과할 때에는 문을 먼저 당겨 열고 서서 고객을 먼저 통과하도록 안내한다.

반대로 밀고 들어가는 문을 통과할 때에는 안내자가 먼저 통과한 후 문을 잡고 고객을 통과시키도록 한다.

■엘리베이터나 에스컬레이터를 이용할 경우

엘리베이터를 조작하는 사람이 있을 때는 고객이 먼저 타고 내리도록 한다. 조작하는 사람이 없을 때는 안내자가 먼저 엘리베이터에 타고 버튼을 조작한 후 고객이 타도록 해야 하며 내릴 때에는 고객이 먼저 내리도록 한다.

타기 전에는 "000(목적지장소)는 0층입니다"라고 미리 예고한다.

나. 고객과 함께 배석할 때

상석은 일반적으로 입구로부터 먼 자리이지만 음료를 내기 쉽도록 고려해 배정하는 것도 좋다.

의자의 좌측으로부터 착석하는 것이 원칙이지만 식탁에 앉을 때를 제외하고는 그 때의 상황에 따라 어느 쪽으로 앉아도 상관없다. 그러나 고객이나 상사가 먼저 앉도록 해야 한다. 긴 의자일 경우 오른쪽 끝이 상석이다. 하지만 같은 모양의 의자라면 출구에서 먼 쪽이 상석이 된다. 고객은 항상 상석에 앉도록 하는 것이 좋다.

다. 고객을 소개할 때

직장생활을 하다 보면 여러 부류의 사람들을 소개하는 경우가 많은데 방금 소개받은 사람의 이름을 잊어 버려 쩔쩔 매는 경우도 많다.

소개할 때는 어느 쪽을 먼저 소개해야 하는지를 생각하고 자연스럽게 말을 건넨다. 소개를 하는 사람이나 소개를 받는 사람이나 반드시 일어서서 웃는 얼굴로 '안녕하십니까, 잘 부탁합니다.' 라고 인사해야 한다.

소개가 끝나면 대체로 악수로 인사를 나누게 되나 소개를 받았다고 곧 바로 손을 내밀지 않도록 유의해야 한다. 예를 들어 고객이 악수를 청하기 전에 손을 내미는 것은 실례가 될 수도 있다. 간혹 고객이 악수 대신 간단히 인사를 하는 경우도 있기 때문이다.

- 남성을 여성에게 먼저 소개한다.
- 아랫사람을 윗사람에게 먼저 소개한다.
- 연소자를 연장자에게 먼저 소개한다.

라. 고객과 악수할 때

악수는 서양의 인사 방법 중 하나로 허리를 굽혀 인사하는 우리의 전통적인 인사 방법과는 달리 인사하는 방식이 다소 차이가 있다. 그러나 요즘에는 국제화 시대에 맞게 악수하는 것도 많이 보편화되어 가고 있다.

그런데 서양의 문화적 관습에서 오는 차이 때문인지 우리의 전통적인 인사와 악수하는 것이 혼용되어 어설픈 또 다른 인사 방식으로까지 변모되어 가는 듯하다. 예를 들면 악수하면서 동시에 허리를 굽히고 두 손으로 상대의 손을 감싸 쥐는 등 절을 함께 하는 어설픈 악수가 있다. 악수를 할 때 중요한 포인트는 상대의 얼굴을 보면서 하는 Eye Contact이다. 따라서 허리를 굽혀 시선을 아래로 떨어뜨리는 것은 별로 바람직하지 못하다.

윗사람과 악수할 때 수평적인 시선이 부담스러울 경우에라도 한 손으로 상대의 손을 잡고 다른 한 손은 흔들리지 않게 몸 옆으로 붙여 놓고 허리를 약간만 구부려 시선을 피하지 않는 것이 좋다.

악수도 서로 만나 반가운 마음을 표현하는 것이다. 손을 잡음으로 해서 일체감을 느끼고 한두 번 잡은 손을 흔들며 마음의 문을 열게 되는 의미가 있다.

악수는 윗사람이 먼저 청하는 것이므로 아랫 사람이 먼저 손을 내밀지 않도록 유의해야 한다.

- 손윗사람이 아랫사람에게
- 선배가 후배에게
- 상급자가 하급자에게
- 여성이 남성에게(업무상으로는 남성이 먼저 악수를 청해도 무방)

우선 상대와 적당한 거리에서 오른손으로 상대의 손을 깊게 잡아 성의 없는 느낌이 들지 않도록 잡아야 한다. 손을 쥐는 것은 우정의 표시이므로 엄지손가락과 검지손가락 사이가 서로 닿도록 하여 손을 감싸 쥐는 정도로 해서 너무 세게 쥐거나 약하게 쥐지 않도록 주의해야 한다.

손을 잡은 채로 세 번 정도 흔들면 무난하며 이 때 마구 흔들거나 3초 이상 손을 잡은 채로 계속해서 말을 해서는 안되며 인사말이 끝나면 곧 손을 놓도록 한다. 아는 사람을 만났을 때는 악수에 대비해서 오른손에 들었던 물건을 왼손으로 바꿔 드는 센스도 필요하다.

상대가 윗사람이거나 고객일 때는 상체를 10도 정도 숙이고 왼손을 팔꿈치 위치에 가볍게 댄다.

많은 사람과 악수하는 경우에는 손에 힘을 빼고 악수하는 것이 좋으며 여성과 악수할 때 너무 꽉 잡으면 반지 등으로 인해서 상대방에게 고통을 줄 수 있으므로 주의해야 한다.

상대가 악수를 청할 때 앉아 있는 모습은 외관상 좋지 않으므로 일어서서 하는 것이 좋다. 또한 집무용 책상이라면 책상 옆으로 벗어나서 악수하는 것이 매너이다.

사교 모임 등에서는 여성이 먼저 악수를 청하는 것이 에티켓이므로 주저하지 말고 즉시 악수를 청하는 것이 자연스럽게 보인다.

마. 고객과 명함을 교환할 때

명함은 자기 소개서이자 자신의 얼굴이다. 명함은 명함집에 넣어 상의 안주머니에 보관하여 꺼내어 상대에게 건네는 것이 좋다. 간혹 돈지갑에 자신의 명함을 넣고 지갑의 돈과 함께 노출이 되는 경우나 지갑을 바지 뒤쪽에 넣어 두어 구겨진 채로 건네는 경우가 간혹 있다. 명함을 자신의 얼굴로 생각한다면 자신의 얼굴을 구기거나 깔고 앉는다는 우스운 해석도 가능한 것이다. 명함을 보관할 때는 나의 명함과 상대로부터 받은 명함을 구분하여 관리한다.

■ **명함을 건넬 때**

미리 충분한 매수를 지니고 다니며 필요시 사용하도록 한다.

명함을 주고 받을 때는 항상 '만나 뵙게 되어 반갑습니다.' 는 인사말과 함께 나의 이름을 정확히 말하며 밝은 미소를 띄우는 것도 잊지 않는다.

고객에게 먼저, 아랫 사람이 윗 사람에게, 찾아온 사람이 주인에게 먼저 명함을 건네도록 한다.

명함을 건넬 때는 자신의 이름이 상대방 쪽에서 바로 보이도록 하여 양손으로 상대의 가슴과 허리선 사이에서 내밀면 자연스럽다. 그리고 반드시 일어서서 '000에 있는 000입니다.' 라고 소개를 해야 한다.

■ **명함을 받을 때**

가볍게 목례하며 오른손으로 받고 왼손을 팔꿈치를 가볍게 받친다.

명함을 받으면 두 손으로 받쳐서 회사와 부서, 성함을 바로 확인한다.

받은 명함은 그 자리에서 보고, 읽기 어려운 글자는 바로 물어 보도록 한다. 상대의 명함으로 부채질하거나, 상대가 있을 때 명함에 메모하는 것은 결례이다. 명함은 자신의 얼굴이기도 하지만 상대의 얼굴이기도 함을 유념한다.

받은 명함은 명함철에 보관한다. 복잡한 현대를 살아가는데 있어 언젠가 두툼한 명함철이 큰 자산이 될 수 있을 것이다.

명함이 없는 데 상대방이 명함을 주며 자신의 명함도 받기를 원할 때에는 일단 명함이 없음을 사과하고 상대방이 요구할 경우에는 백지에라도 적어 주어야 한다.

■ **서로 명함을 주고받을 때**

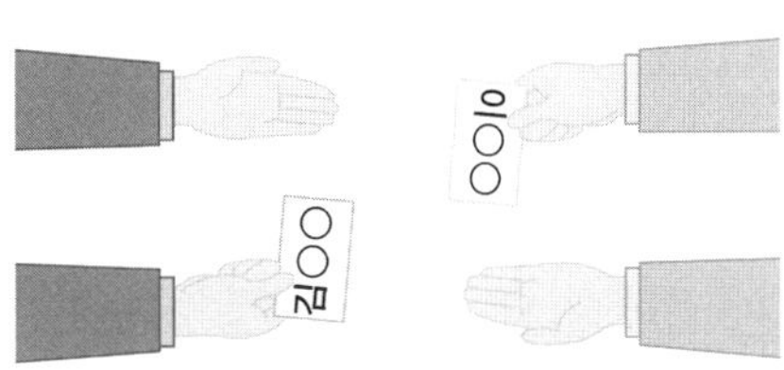

동시에 주고받는 경우에는 오른손으로 건네고 왼손으로 받은 다음 두 손으로 읽는다.

서양에서는 회의가 끝날 때에 명함

을 교환하는 것이 일반적이나 요즈음은 비즈니스를 하는 사람들의 경우 첫 만남에서 그들의 명함을 제시하는 경우가 많다. 이 때 의식적으로 직위가 높은 사람에게 먼저 주고 다음 직위의 사람에게 준다. 또한 명함을 주고받은 후에는 고객에게 앉으시라고 의자를 권한 후 먼저 앉으시는지 확인하고 착석하는 것이 중요하다.

바. 고객에게 차를 대접할 때

한 잔의 차는 긴장된 분위기를 풀어주고 마음을 편안하게 해주는 효과가 있다. 진심이 담긴 한 잔의 차는 고객과 원활한 대화를 진행하는 윤활유가 될 수 있다.

다음은 고객에게 차를 서비스하기 전에 체크할 사항이다.

- 손은 깨끗한가?
- 찻잔에는 흠이 없는가?
- 찻잔과 받침은 손님 숫자만큼 준비되어 있는가?
- 찻잔을 따뜻하게 데워 놓았는가?
- 찻잔의 손잡이 및 티스푼을 찻잔 받침의 오른쪽에 오도록 미리 준비해 두었는가?
- 차의 양은 적당한가?
- 차의 농도와 온도는 적당한가?
- 쟁반이 더렵혀져 있다거나 물기가 있지는 않는가?
- 서비스 전 용모와 복장은 단정한가?

■응접실에서 차를 서비스할 때

먼저 노크를 가볍게 두 번 한 후 응접실로 들어간다. 들어간 다음 조용히 문을 닫고 '실례합니다.' 라고 인사한다. 그러나 상사와 고객이 말씀을 나누는 중에는 인사말은 생략하는 것이 좋다.

차는 고객에게 먼저 서비스한다.

찻잔을 옮길 때는 소리가 나지 않도록 조용하게 하며 양손으로 정중히 고객 앞에 전달하도록 한다. 서류나 물건 등의 위에는 놓지 않도록 유의해야 한다. 차를 서비스한 다음에는 쟁반을 왼손에 들고 목례로 인사한 다음 고객에게 등을 보이지 않도록 하며 조용히 나오도록 한다.

2. 유형별 고객응대

인간관계에서는 상대방의 사정을 알고 나면 달리 대응해야 되는 경우가 있다. 고객과의 관계에 있어서도 보편적인 고객의 심리를 파악하는 한편, 고객 한 사람 한 사람의 특수한 사정까지 헤아려서 응대하는 유능한 서비스 전문가가 되어야 한다.

서비스맨에게는 수많은 만남의 기회가 있다. 고객과의 그 만남을 자신에게 긍정적이고 발전적인 방향으로 몰고 갈 것인가, 아니면 포기하고 좌절하는 부정적인 방향으로 되게 할 것인가에 의해 인생의 모습도 크게 달라질 것이다.

가. 상황별 까다로운 고객응대법

서비스맨으로서 다루어야하는 많은 어려운 상황은 고객의 필요, 요구, 기대에서 비롯하게 된다. 고객의 요구에 응대함에 앞서 우선 고객의 감정상태가 어떠한지 이해해야 하며 진정시키도록 노력해야 한다.

모든 고객에게는 고객으로서 '이렇게 대접받았으면… '하는 공통된 심리가 있지만 그 표현 방법은 각양각색이다. 이러한 고객의 욕구를 만족시키기 위해서는 상대방에 맞춘 응대 방법이 필요하다. 즉 다양한 유형의 고객에게 성공적으로 서비스하는 열쇠는 각각의 고객을 한 개인으로서 다루어야한다는 것이다. 모든 사람을 그들의 행동을 보고 일정한 유형으로 분류해서 동일한 방법으로 다루지 말아야한다.

단지 고객에게 말 한마디 던져보고 고객을 평가하는 경우가 있는데 이런 방식은 매우 위험하다.

궁극적으로 효과적인 의사소통, 긍정적인 태도, 인내심, 기꺼이 고객을 돕고자하는 마음을 통해 성공적인 고객서비스를 할 수 있다. 사람에 초점을 맞추기 보다 상황과 문제자체에 집중할 수 있는 능력이 중요하다. 고객의 행동을 상식적으로 이해하지 못한다 하더라도 '고객'이다. 상호관계를 긍정적인 것으로 만들도록 노력해야한다.

고객을 응대함에 있어 벌어지는 상황은 가지각색이다. 고객을 알아야 문제를 해결할 수 있다. 특히 까다로운 고객을 응대할 때는 침착하게 전문가다운 모습을 보이도록 한다. 화내고 짜증내고 목소리를 높이며 감정적으로 행동하는 고객은 대부분 서비스맨이 해결할 수 없는 구조, 과정, 조직 등에 화가 난 경우이므로 상황을 잘 듣고 고객의 입장에서 말과 행동을 하며 이해해야한다. 우선 고객의 감정상태를 배려하는 것이 중요하다.

고객과 쉽게 친해지려면 현재의 상황이 어떤지를 먼저 파악하는 것이 중요하다. 고객이 미리 예보하는 징후들을 감지하고 고객을 대하면 만나고자 하는 고객과 오히려 쉽게 친해질 수 있다.

화가 난 고객

- 무조건 화부터 내는 고객은 일단 사과하고 고객이 불만을 토로하도록 귀 기울여 경청한다.
- 긍정적인 태도로 제공이 불가능한 것보다 가능한 것을 제시하라.
- 고객의 감정을 인지하라.
- 고객을 안심시켜라.
- 객관성을 유지하라.
- 원인을 규명하라.

신경질적인 고객

- 보통 아무 것도 아닌 일을 대단히 마음에 걸려 하는 고객이다. 말씨나 태도에 주의해서 상대를 자극하지 않도록 한다.
- 불필요한 대화를 줄이고 신속히 고객의 요구에 조치한다.

무리한 요구사항이 많거나 거만한 고객

- 세세한 일에 주관적인 태도를 취하는 편이므로 상황에 따라서는 예기치

못했던 일이 발생할 수도 있다. 고객의 의견을 경청한 후에 이쪽의 상황을 있는 그대로 설명한다.

- 전문적이 되라.
- 목소리를 높이거나 말대꾸하지 말라.
- 고객을 존중하라.
- 문제해결을 위해 긍정적으로 임하라.
- 고객의 요구에 초점을 맞추고 확고하고 공정한 태도를 유지하라.
- 서비스맨으로서 할 수 있는 것이 무엇인지 이야기하라.
- 고객 응대시 부정적이고 불가능한 것에 초점을 맞추지 말고 가능하고 할 수 있는 것을 말하라.
- 융통성 있게 고객의 요구를 적극적으로 들어주는 자세가 필요하다.

깐깐한 고객

- 별로 말이 없으나 잘못은 꼭 짚고 넘어가는 편이며 서비스맨에게 예의있게 대하는 고객이다.
- 정중하고 친절하게 응대한다. 잘못을 지적할 때는 반론을 펴기보다는 "지적해주셔서 감사합니다."하고 받아들이는 자세를 보인다.

무례하거나 경솔한 고객

- 침착하고 단호하게 대처하며 전문가답게 행동하라.
- 고객의 높은 음성, 무례한 태도에 대해 차분히 응대한다.
- 다른 사람 앞에서 고객을 무안하게 만드는 행위는 고객을 더욱 화나게 만든다. 고객과 논쟁이 되지 않도록 말 한마디라도 주의한다.

수다스러운 고객

- 따뜻하게 성심성의로 대하되 대화의 초점은 맞춘다.
- 자유롭게 말할 수 있도록 개방형의 질문을 하되 대화의 조절을 위해서는 '예, 아니오'를 답하도록 하는 폐쇄형 질문을 한다.
- 간략하고 명료하게 설명하며 대화시간을 관리한다.

뽐내고 싶어하는 타입의 고객

- 자기를 과시하고 싶은 기분은 누구에게나 있는 것이지만 그것을 특히 표면에 나타내는 타입이므로 이를 인정하고 존중하는 태도를 취하여 충분히 뽐내도록 친절히 응대한다.
- 오히려 솔직한 면이 나타나 선뜻 협력해 주는 일도 적지 않다.

조급한 성격의 고객

- 얼굴을 대하자마자 무언가 쫓기는 듯한 심정으로 급하게 이것저것 요구하는 고객이다.
- 서비스맨도 고객에 맞추어 민첩하게 행동하는 것이 중요하다. 서비스가 지연될 경우 적절한 상황설명이 필수적이다.

말수가 적은 승객

- 머리 속에서는 이렇게 생각하고, 마음 속으로는 여러 가지를 원하고 있어도 일단은 사양하고 좀처럼 확실한 의사표시를 하지 않는 고객이다. 진의를 살피듯이 조용하고 친절하게 물어보고 응대한다.
- 수동적이고 서비스맨의 응대에 무반응인 고객은 적절한 질문으로 서비스를 리드하도록 한다.

활달하고 무신경한 듯 털털해 보이는 고객

- 서비스맨도 밝고 솔직하게 응대하는 것이 중요하나 의외로 주의성이 없이 무례하게 행동하는 경우 더 큰 불만을 초래하는 경우도 있으므로 유의한다.

의심 많은 고객

- 자기가 충분히 납득할 수 있을 때까지 질문을 하므로 대충 정확하지 않은 설명은 금물이다. 자신감을 갖고 확실한 태도와 언어로 응대해야 한다.

위와 같은 고객의 유형은 사실 특별한 것이라기보다 평소 친구나 동료, 상사와의 관계에서 항상 체험하고 있는 것들이다. 인간은 누구나 타인으로부터 존중받고 싶어한다는 기본적인 욕구를 이해하고 상대방의 입장에 서서 배려한다면 어떠한 유형의 고객과도 마음을 서로 합쳐 나갈 수 있다.

Exercise

■ **다음의 고객들은 어떻게 응대해야 할까?**

- 큰소리로 말하는 고객
- 모르는 질문을 할 때
- 거절할 때
- 고객의 말이 길어질 때
- 거짓말하는 고객
- 트집잡는 고객
- 우유부단한 고객
- 주문을 취소하는 고객
- 경쟁사 제품을 선호하고 칭찬하는 고객
- 냉담한 고객
- 막무가내로 요구하는 고객
- 마음을 읽기 힘든 고객
- 다 안다고 생각하는 고객
- 자아가 지나치게 강한 고객
- 실수를 용납하지 않는 고객

나. 다양한 유형의 고객응대

고객은 각자의 성격이 상이함은 물론이고 서비스 경험 또한 다양하다. 그러므로 항상 고객 개개인에 대해 각별한 주의와 높은 관심을 가져야하며, 이러한 근무태도가 보다 좋은 서비스를 제공하게 함은 물론이고, 나아가 종사자 자신 개개인에게도 유익한 일이 될 것이다.

여성

- 일반적으로 실내온도, 음식, 서비스에 대해 예민하다. 응대하는 서비스맨의 사소한 말이나 행동 하나하나에 감성적이고 엄격한 편이다.
- 유아나 어린이를 동반한 여자고객은 남편과 같이 여행하는 부인이나 미혼녀보다 도움을 더 많이 필요로 하면서도 잘 요구하지 않는 경향이 있으므로 미리 헤아려 서비스한다.

어린이

- 어린이고객의 요구에는 즉시 응대하는 것이 바람직하다.
  아이들은 쉬지 않고 놀이를 즐기고 싶어하므로 경우에 따라 다치지 않게, 혹은 다른 고객들에게 방해가 되지 않도록 부모의 협조를 요청할 필요가 있다.
- 자아를 인식할 수 있는 어린이에게는 반말을 하지 않도록 주의하고 어린이 눈높이에 맞추어 대하되 마치 성인을 대하는 말씨와 태도를 보이는 것이 효과적이다.

노년층 고객

- 어떠한 경우라도 절대로 공손함을 잃지 않는다.
- 고객의 반응에 인내하며 시간을 배려하고 끊임없이 응답한다.
- 특히 경어사용과 호칭에 유의해야한다. 친근감 있는 '할아버지, 할머니'의 호칭을 사용해도 된다고 판단된다면 '할아버님, 할머님'으로 호칭하도록 한다.

처음 호텔을 이용하거나 항공여행을 하는 고객

- 이러한 고객에 대해 이용 경험이 없음을 알고 있다는 내색을 하지 않고 고객이 편안하게 느끼도록 대해야 한다.
- 고객의 질문에는 주변의 고객들이 눈치채지 않도록 조용한 목소리로 확실한 답변을 하며 상황에 따라 충분한 도움을 제공한다.

유명 인사

- 대부분의 경우 특별한 관심을 기대하거나 요구하지 않으며 가능한 자신의 신분을 드러내지 않는 것을 좋아한다.
- 이들에게 개인적인 질문을 한다거나 사진촬영을 요구하는 등의 행동은 절대 피해야 한다.

VIP

- VIP란 특별한 관심을 갖고 환대하여야 할 고객을 말하며, 일반적으로 '국가 및 회사 차원에서 국가나 회사의 특별한 이익을 도모, 보전하기 위해 특별히 대우하여야 할 고객'을 말한다.
- 서비스 종사자는 회사와 국가를 대표하고 있는 만큼 VIP 접대 시 국가 및 회사의 이익 보전에 보탬이 되도록 각별한 관심을 기울이는 것이 당연한 의무이다.
- 항공기의 경우 VIP 고객은 대부분 사전에 예약 담당 직원으로부터 필요한 정보를 받게 되며, SHR (Special Handling Request)에 제시되어 있다.
- 서비스 종사자로서 주의해야 할 점은 VIP 응대에 과다하게 치중하여 다른 고객에게 불쾌감을 주지 않도록 "VIP에 대한 각별한 예우와 다른 고객에게 대한 원만한 서비스"라는 두 가지 측면을 모두 고려하여 충족시켜야 한다.

언어불통 고객

- 특수한 언어를 사용하여 의사소통이 어려운 고객이 있을 경우에는 언어

소통이 가능한 다른 종사자가 서비스하도록 조치하는 것이 좋다.
- 고객이 말하는 것에 집중하여 그들의 의도를 이해하려고 노력한다.
- 서비스맨이 말할 경우 보통의 어조와 크기로 분명하고 천천히 말하되 고객이 못 알아듣는다고 해서 영어나 한국어로 말할 때 농담이나 약어, 반토막말 등을 해서는 안된다.

다. 장애 고객의 응대

장애고객은 특별한 사람이 아니라 '우리와 똑같은 사람이다'라는 의식이 먼저 필요하다. 특히 장애인이라는 말을 장애 고객 앞에서 사용하지 않도록 유의해야 하며 장애 고객 본인과 직접 대화하려는 자세도 중요하다.

전면에서 서비스를 제공하는 사람으로서 자주 당황하게 되는 경우는 장애자인 고객에게 언제 어떻게 도움을 주어야 할지 혹은 도움을 주어도 되는 건지 어쩔지를 모르는 경우가 있다. 불필요한 도움을 주어서 고객을 당황하게 하지 않도록 하되 도움이 필요한 상황에는 민감해야 한다.

고객이 도움을 진정으로 원하는지 여부를 알기 위해서는 얼굴 표정과 눈을 살피고 어떤 도움을 필요로 하는지 결정하도록 한다. 장애 고객이 먼저 요구하기 전에 어떻게 도와드려야 하는지 물어 보는 것이 바람직하다.

예를 들어 맹인의 팔을 잡고 복잡한 대기실에서 끌어내는 것보다는 그저 팔을 내밀고 언제 어떻게 따라 올지를 스스로 결정하도록 해보는 것이 좋다.

특별고객에 대해 지나친 친절과 원조는 고객 자존심을 건드릴 수 있으므로 유의해야 한다.

유의할 사항

- 사전에 준비하고 지식을 가져라.
- 선심쓰는 체 하지 말라.
- 누구나 똑같이 대접하라.
- 고객에게 의사를 묻지도 않은 채 무조건 돕지 마라.
- 장애에 초점을 맞추지 말고 사람이 갖고 있는 어려움에 초점을 맞추어 보

통사람들에게 문을 열어주거나 짐을 들어주는 것 같이 도움을 제공하라.
- 항상 공손하게 대하라.

휠체어 고객

- 정보나 자료를 제공하거나 대화를 할 때에는 눈높이에 맞추어 “필요하신 게 없으십니까?” 등 친근한 말로 배려한다.
- 고객의 허락 없이 휠체어를 움직이거나 밀지 않도록 한다.

시각 장애 고객

- 가능한 고객의 이름을 기억하고 이름을 호칭한다.
- 어떠한 물건을 제공할 때에는 눈이 부자유스런 장애 고객보다 옆에 있는 다른 일반 고객에게 먼저 제공하여 장애 고객으로 하여금 마음의 준비를 할 수 있도록 배려한다.
- 시각장애 고객을 처음 맞이할 때는 밝은 표정 대신 고객의 양해를 얻어 고객의 손을 잡아 따뜻한 체온을 전달하고 부드럽고 정감있는 말씨로 친근감을 유도해 본다. 또한 한 잔의 음료수를 드릴 때에도 양을 적게 하여 실수하지 않도록 미리 헤아려 서비스해야 한다.
- 시각적으로 어려움이 있는 경우이므로 절대로 억양을 높일 필요가 없다.
- 고객에게 직접 이야기한다.
- 맹인견이 있을 경우 주인의 허락 없이 접촉하지 말아야 한다.
- 고객을 놀라게 할 수 있으므로 허락 없이 고객의 팔을 잡거나 하지 않는다.
- 가능한 상세한 정보와 방향을 알리도록 한다.

청각 장애 고객

- 부드러운 Eye Contact으로 고객의 불안을 제거하도록 한다.
- 가능한 소음을 줄이고 밝은 곳에서 대화한다.
- 그림이나 도표 등 시각적인 자료를 사용하여 이해를 돕는다.
- 강조의 표정이나 제스처를 쓰되 비언어적 신호에 유의한다.
- 얼굴을 보면서 이야기하며, 발음을 정확하게 천천히 입 모양이 보이도록

말한다.

- 짧은 단어와 문장을 사용한다.
- 지속적인 개방형 질문으로 이해도롤 확인하고 고객이 자신의 대답을 표현할 수 있도록 한다.

3. 글로벌 서비스응대

다국적 문화의 고객 응대를 위해 국제 매너는 필수

문화적 다양성에 따라 다양한 배경을 지닌 고객의 수는 급속도로 증가하고 있다. 이문화 혹은 문화간의 커뮤니케이션은 문화나 습관, 관심이 다른 타문화권 사람들과의 교류를 통해 생활방식, 문화습관을 이해하고 인간의 다양한 사고나 경험들을 교류하는 것을 의미한다. 국제사회의 글로벌화로 인해 직장에서 다른 문화권의 사람들을 만날 가능성은 점점 커져가고 있다. 이문화권의 사람들 사이에서 분명히 차이점이 존재하지만 한 개인으로 이해한다면 공통점이나 비슷한 점을 발견할 수 있으며 이러한 점들이 성공적인 대인관계유지에 중요한 요소가 된다. 만약 한 사람을 이해하는데 그 사람이 아니라 단순히 그 사람이 속하는 집단공동체를 통해서만 이해한다면 그들에게 동일한 방법 밖에 사용할 수 없는 서비스의 한계를 갖게 되며 고객응대의 실패를 자초하게 될 것이다.

이문화 간의 차이점들을 인식하고 자신의 선호에 대해 정확히 이해하는 것이 성공적인 서비스응대의 열쇠가 될 수 있으므로 다른 문화에서의 사람들과 상호작용에 능숙해지기 위해서는 많은 문화, 습관, 가치 그리고 폭넓은 다양한 사람들에 대해 익숙할 필요가 있다. 배우고 탐구할 것들에 대한 활동계획을 개발하라. 최소한 스스로 한 문화에서 또 다른 문화까지 극적으로 다른 일반적인 비언어적 암시들에 익숙해져야한다. 다른 사람들과 원활한 상호작용을 위해서는 이문화를 이해하고 배려하는 마음이 필요하다.

글로벌시대의 서비스맨이라면 다른 문화권의 고객에게 서비스를 제공함에 따라 고객들과 대화할 수 있는 능력에 있어서 커다란 벽을 발견하게 되고, 다양한 문화에 따라 고객에게도 다양한 서비스를 제공해야 하는 필요성을 절실히 깨닫게 될 것이다.

다른 국가와 문화의 바디랭귀지를 이해하는 것은 국제적인 상식이다

이 시대의 모든 사람들은 흔히들 국제화 시대를 살아가고 있다고 말한다. 그러나 외국어만 잘한다고 해서 반드시 능사는 아니듯이 한 나라의 언어를 이해할 때에는 반드시 그 나라의 언어 저변에 깔려 있는 문화나 의식 또한 같이 연구하여 그 나라의 정서에 맞추어 사용하는 것이 국제화 시대를 살아가는 현대인들의 필수적인 요건이라 할 수 있다.

특히 다국적 고객을 응대하는 서비스맨이야말로 더 말할 필요도 없을 것이다.

물론 세계가 글로벌 사회화되면서 각 국가별로 몇 가지 특징지어 규정해 놓고 그들의 문화를 이해하는 것에 문제가 있을 수 있겠으나 오랜 세월 지녀온 각 국의 문화적 가치관과 습관을 이해하는 것은 서비스맨에게 있어 그 나라 사람을 응대하는데 필수적인 요건이라고 하겠다.

그런 맥락에서 볼 때 다른 국가와 문화의 바디랭귀지에는 우리와 다른 점들이 많다.

서구문화권에서는 효율적인 의사소통수단 이야기 중에 눈을 맞추지 않으면 부정직하거나 자신감이 없는 것으로 이해되나, 인도나 일본 등 다른 문화권에서는 눈을 맞추는 행위는 별로 좋은 행위가 아니다. 남녀가 사회적으로 다른 지위를 가진 경우 더욱 그렇다. 도전적이고 무례하게 여겨질 수 있기 때문이다.

서구문화의 경우 말로만 'lady first'가 아니라 생활 속에서 몸에 밴 사람들이므로 남성과 여성이 함께 있을 경우 여성고객에게 먼저 서비스한다.

인도나 스리랑카 사람들은 알았다고 할 때에 머리를 옆으로 흔들고 모를 경우에는 머리를 위아래로 흔든다.

우리나라에서 손바닥을 아래로 향하게 하고 '이리 오세요'하는 동작은 외국에서는 저쪽으로 가라고 하는 사인이 된다.

어떤 나라에서는 좋은 친구들끼리 손을 잡고 걷는 것이 일상적으로 받아들여지지만 그렇지 않은 국가에서는 혼성 커플인 경우에만 받아들여진다고 한다.

한국과 일본에서는 고개를 숙여 인사한다.

어떤 사람들은 악수를 하고 또 어떤 사람들은 존경과 겸손함을 나타내기 위해 손을 앞으로 모으기도 한다.

프랑스에서는 사람들이 종종 서로 악수하고 볼에 키스하며 인사한다. 그들은 하루 중 매번 만날 때 그렇게 한다.

그리고 영어권의 대부분 지역에서는 사람들이 서로에게 인사하고 처음 소개받을 때에는 신체적인 접촉 없이 인사하는 것이 일상적이다. 서로 스마일과 친숙한 눈길로 교류한다.

다른 나라와 다양한 문화 배경을 가진 사람들을 만나는 서비스맨에 있어 이러한 바디랭귀지의 차이를 아는 것은 중요하다. 이러한 전통들을 알고 있지 않다면 외국인 고객과의 응대에 있어 자칫 무례한 인상이나 친절하지 못한 인상을 심어 주게 되고, 심지어 공격적인 인상을 줄 위험도 있기 때문이다.

이처럼 바디랭귀지의 동작은 각 나라마다 다르기 때문에 어느 한 부분에만 신경을 쓰다보면 오히려 이해할 수 없게 된다. 눈, 손, 마음의 3박자로 알 수 있는 것을 기본으로 한다.

이처럼 외국어 능력 뿐만이 아니라 한국인으로서 외국인을 응대할 때 손색이 없도록 국제적인 상식인 글로벌 에티켓을 익혀 나가는 것이 중요하다. 세계에서 통용되는 친밀감 있는 우아한 바디랭귀지를 표현하는 국제적인 서비스맨이 되도록 해야 한다.

국가별 고객의 특성을 파악하여 서비스한다

현대사회는 고도의 기술중심적이고 이동성이 큰 사회로 서로 다른 배경과 경험, 종교, 가치와 신념을 가진 사람들과 만나는 것이 이상한 일이 아니다. 이러한 요소들도 결국 고객의 필요를 창조해 내고 그들의 필요를 보여주는 언어적, 비언어적 메시지들에 더욱더 신경써야 하는 상황이 된다. 서비스맨의 고객은 다양한 국적 및 인종으로 구성되어 있다. 따라서 이들은 각각 상이한 관습, 기호, 사회규범, 종교 등을 갖고 있으므로 서비스종사자는 이런 모든 차이점을 숙지하고 수용할 수 있어야 한다. 이를 위해서는 사실상 많은 경험이 요구되는 것이지만 문화의 상이함에 대한 특별한 관심을 가짐으로써 단기간

내에 파악할 필요가 있다.

이문화의 사람들을 효과적으로 응대하기 위해서는 서비스맨은 가치와 신념의 힘에 대해 지속적인 관심을 갖되 어떤 가치관이 다른 것보다 좋다는 식의 생각을 가져서는 안될 것이다. 열린 마음과 필요에 대해 다르게 반응할 수 있는 신념이나 가치체계의 상이성을 인식하고 받아주는 행동이야말로 성공적인 고객응대의 요령이며 질 높은 서비스를 제공할 수 있다.

4. 고객지향적인 고객서비스 응대요령

고객의 입장에서 생각하고 판단하라

서비스의 정신은 상대와 입장을 바꿔서 생각하는 「역지사지(易地思之)」가 기본이다. 이는 맹자가 즐겨 쓴 말로 사물을 사유(思惟), 관찰함에 있어 정의롭고 신중하게 함은 물론이고, 주관에 치우침이 없도록 처지를 바꾸어 생각해 보아야 한다는 것이다. 다시 말해서 고객의 입장에서 생각하고, 고객의 심정이 되어서 고충을 느끼고, 배려해서 일 처리를 하는 것, 즉 역지사지(易地思之)와 역지감지(易地感之)의 정신이 곧 시비스정신이다.

기업측면에서 아무리 훌륭한 시설과 서비스를 제공한다고 해도 고객의 입장에서 판단해서 만족하지 못하면 의미가 없다.

상대방의 입장에서 불편과 불만족을 파악하고 감정이입을 통해 상대방과 정서적으로 하나가 되는 입장을 취함으로써 고객을 진정으로 이해할 수 있는 자세를 갖출 수 있다. 항상 고객의 목소리에 귀기울이고 입장을 바꿔 생각해 보는 것이야말로 고객응대의 기본이다. 고객의 입장에서 냉정하게 고객이 원하는 서비스가 무엇인지 그리고 고객이 원하지 않는 서비스는 무엇인지 생각해보라.

Exercise

고객의 입장에서 다음과 같은 서비스는 결코 받고 싶지 않는 서비스일 것이다. 그 외에 어떤 사례가 있을지 자신의 경험에 비추어 생각해보라.

- 매일 갔는데도 고객의 이름을 모르는 경우
- 가까이 다가가도 알아채지 못하는 경우
- 고객이 기다리는 동안 사적인 일로 통화를 길게 하는 경우
- 약속이 되어있음에도 불구하고 기다리게 하는 경우
- 추후에 연락하겠다고 하고서 연락하지 않는 경우
- 옷차림이 단정하지 못한 경우
- 의미없는 기계적인 미소만 짓는 경우
- 시선을 마주치지 않고 일을 처리하는 경우
- 어떻게 문제를 해결해야 할지 고객의 의견을 묻지 않는 경우
- 이미 말해 준 정보를 되물어 오는 경우
- 내키지 않는 일에 대해서 '할 수 없다'라고 일축하는 경우
- 아무런 해명이나 설명없이 규정을 적용시키는 경우
- 자신의 실수를 인정하려 들지 않는 경우
- 자신의 잘못을 오히려 고객에게 설득하려는 경우
- 자신의 실수를 컴퓨터 등 기기의 탓으로 돌리는 경우
- 정확한 답을 모를 때 대충 넘기려는 경우
- 귀찮은 듯 건성으로 대답하는 경우
- 문제가 발생했음에도 고객이 알아차릴 때까지 말을 하지 않는 경우
- 결과에 대해 거짓말을 하는 경우
- 사소한 규정들을 내세우는 경우
- 생색을 내는 경우
- 고객의 문제를 '별일 아닌 일', '대수롭지 않은 일'로 간주하여 설득하는 경우
- 고객의 이야기를 주의깊게 듣지 않는 경우
- 고객의 진실성을 의심하는 경우
- ______________________________
- ______________________________

고객 개개인에게 정성을 다하라

서비스 특성인 획일성의 문제점을 극복하는 길은 서비스를 개별화하는 것이다. 개별화 서비스란 수요자 중심의 서비스로 고객을 한 개인의 존재로 보며 획일적으로 하는 서비스가 아니라 개개인의 개성과 취향을 존중하는 개인에게 초점을 둔 차별화된 서비스를 의미한다. 즉 고객의 개성을 존중하고 고객의 사전 욕구를 분석하여 이에 맞는 다양한 서비스를 제공해나가야 한다. 이를 위해 고객의 욕구 및 감성까지 염두에 두어 서비스하는 것이 중요하다.

줄을 서서 기다리는 고객들을 응대할 때 무심코 서비스맨은 "다음 분!" 하고 응대한다. 고객 개인에 초점을 맞추어 그들의 기다림, 시간, 노력 등에 인간적으로 응대하라. 서비스맨이 모든 고객에게 같은 말을 되풀이해서 말하고 있음을 오랜 시간 줄을 서서 기다리고 있는 다음 사람에게 알리지 말라.

다양한 유형의 고객들에게 성공적으로 서비스하는 방법은 각각의 고객을 한 개인으로 다루어야 한다는 것이다. 그들의 행동으로 일정하게 분류하여 유형화하는 것은 피해야 한다. 그리고 고객으로서 처음 뵌 분들에게도 차별하지 않고 공평하게 접대한다. 고객 개개인에게 차별 없이 배려한다는 것은 마음과 몸의 에너지를 모두 최상의 상태로 충전시켜 굉장한 에너지가 필요하다.

고객의 마음을 읽어라

서비스맨은 고객을 집에 오시는 손님처럼 만나기 전부터 준비한다.

고객의 마음을 사로잡는 것은 무엇일까 생각해보고 고객이 기뻐하고 만족하는 모습에서 자신의 기쁨을 찾는다면 고객의 보이지 않는 마음까지 읽어낼 수 있다. 그 중요한 핵심은 항상 고객에게 흥미와 관심을 갖는다는 것이다. 연인 사이는 아니지만 고객의 마음을 미리 알아차려 구체적인 형태로 대응하는 적극적인 자세야말로 서비스맨에게서 꼭 필요한 조건이다.

단순히 묻는 말에 대답만 하는 서비스가 아니고 미리 알아서 요구하기 전에 먼저 제공한다. 더 많이 해주고, 더 빨리 해주고, 더 잘해 주도록 한다. 그리고 나서 고객에게 이익을 줄 수 있는 일이 무엇인지 더 찾도록 한다. 그리고 이것으로 만족하겠는가를 자문해 보는 것이다.

항공기내에서 승무원이 한 사람의 승객에게 한 잔의 물을 서비스하는 경우에도 세 가지 형태의 서비스가 이루어진다.

첫 번째, 비행중 객실의 건조함으로 인해 갈증을 느낀 승객이 승무원에게 물 한 잔을 주문할 경우, "네, 곧 가져다 드리겠습니다." 하고 돌아서서는 아무 소식이 없다. 승객의 마음에 불만이 쌓여갈 것이다.

두 번째, 승객의 주문을 받은 승무원이 곧 바로 물 한 잔을 가져다 드린다. "시원하게 드십시오." 승객은 당연한 서비스를 받았다고 생각할 것이다.

세 번째, 승객이 승무원에게 주문을 하기도 전에 승무원이 승객의 마음을 읽고 물 한 잔을 들고 다가간다. "비행기 안이 건조해서 갈증이 많이 나시죠? 시원한 물 한 잔 드시겠습니까?"

서비스는 고객이 요구하기 전에 고객의 마음을 읽고 적극적으로 응대하는 것이다. 이를 위해서는 고객에 대한 무한한 애정으로 고객의 일은 내 자신의 일처럼 여기고 신경을 써야 한다.

서비스맨의 사명이 서비스를 통해 고객에게 작은 정성으로 큰 감동을 맛보게 하는 것이라면 그 첫걸음은 고객 한 사람 한 사람에게 흥미와 관심을 갖는 것이라 할 수 있다. 항상 고객으로부터 눈과 귀를 떼지 않아야 고객이 필요한 요구를 알아낼 수 있다. 변하는 고객의 요구와 기대를 읽고 그에 따라 서비스맨의 서비스도 날마다 업그레이드 되어야한다.

어느 커피점 주인은 카운터에서 멀리 떨어진 구석자리에 앉은 손님이 커피를 마실 때 잔이 기울어지는 각도를 보고 때맞춰 커피 리필을 한다고 한다. 고객의 필요에 맞추어 서비스를 제공하려면 고객과 한마음이 되도록 노력해야한다.

타이밍이 서비스의 질을 좌우한다, 고객에게 즉각 반응하라

고객서비스에 있어 중요한 핵심이자 가장 쉬운 방법은 고객의 요구에 즉각적으로 '반응'하는 것이다. 언제든 "무엇을 도와드릴까요?"하는 자세로 임한다.

직장에서도 "000씨~" 하고 부르면 말이 끝나기도 전에 "네!" 하고 대답하며 상사의 눈 앞에 서 있는 직원이 있는가 하면 몇 번씩 불러도 못 듣고 있는 직원도 있다. 어느 쪽에 더 호감이 가겠는가? 어느 사람을 더 신뢰할 수 있겠는가?

고객이 들어서면 우선 일어서서 고객에게 몸의 방향을 돌려야 한다. 그리고 친근한 표정으로, 고객의 시선을 바라보며, 상황에 맞게 허리굽힌 자세로 "어서 오십시오. 안녕하십니까?" 하고 인사하는 것이 진정으로 고객을 환대하는 마음을 보이는 것이다.

서비스에 대한 고객의 첫 인상은 서비스맨의 고객에게 접근하는 첫 단계에서 결정된다. 고객에게 접근하는 첫 단계의 성패는 그 50%가 첫 번째 자세로 좌우된다. 고객이 들어서면 반사적으로 우선 일어서야 한다. 즉 반갑게 고객을 맞이하라는 것이다.

고객에게 응대하는 속도는 고객의 중요성에 대한 표현이다.

고객에 대한 서비스가 시간이 지체할 경우 고객에게 이유를 설명하고 적절하고 유용한 대체 서비스를 제공하라.

고객이 장소를 물어본다면 간단히 지적하거나 가리키지 말고 직접 발로 안내하라.

고객의 입장에 서서 예의 바르고 친절하게 응대하라

웃는 얼굴과 기쁜 마음으로 고객을 맞이하며 누구든지 먼저 인사부터 하고 열정적으로 도움을 제공할 의사를 보인다.

고객의 시선을 마주보며 밝은 표정으로 고객을 반갑게 맞이한다.

- 안녕하십니까? 어서 오십시오.
- 반갑습니다.
- 어디를 찾으십니까? 무엇을 도와 드릴까요. 어느 분을 찾으십니까?
- 담당자에게 안내해 드리겠습니다.
- 잠시 기다려 주시면 바로 처리해 드리겠습니다.

고객에게 장소를 안내하거나, 고객의 질문에 성의껏 답변을 해드리거나, 고객이 무엇을 원하는지 고객의 고충을 듣거나, 고객이 떠날 때까지 어느 것 하나 소홀함이 없도록 고객의 입장에서 예의바르고 친절하게 응대해야 한다. 어떠한 일이 있더라도 고객의 면전에서 화를 내지 않는다.

형식적인 인사가 아닌 마음에 남는 여운을 담은 감사의 인사를 한다.

- 이용해 주셔서 감사합니다.
- 안녕히 가십시오.
- 다음에 또 뵙기를 바랍니다.

고객을 기억하여 호칭하라

고객을 기억하는 것은 고객관리의 첫걸음이다. 상대방을 안다는 것이 무엇보다 중요하다. 사람을 기억하기 위해서는 고객에 대한 관심과 노력이 필요하며 사람을 잘 기억하는 능력은 서비스맨에게 필수불가결하다고 할 수 있다.

서비스를 잘한다는 서비스의 달인들은 고객의 이름만 기억하는 것이 아니라 고객이 언제 방문했는지도 정확하게 기억한다. 고객을 기억하는 것은 고객을 중요시 여긴다는 것을 단적으로 보여주는 것이다.

고객의 이름을 기억하여 사용하는 것은 고객과의 관계를 친밀하게 하는 좋은 방법이며 서비스맨의 의지가 있어야 한다. 그러한 의지만 있다면 그리 어려운 일이 아니다. 또한 중요한 것은 언제나 호칭하는 것 그 자체가 중요한 것이 아니라 한 분 한 분 고객에게 관심을 갖고 알아주는 것이 목적이다. 고객에게 어쩌다 '한 번 정도만 하면 되겠지' 하고 호칭하는 것은 고객에게 형식적인 느낌을 줄 수도 있다. 반면에 지나치게 남발하여 사용하게 되면 오히려 부담스러울 수 있다. '이 때 쯤이다' 라고 생각될 때 자연스럽게 호칭하기 위해서는 그 타이밍, 상황 등을 파악하는 감성이 필요하다. 고객의 호칭은 인사말을 하고 나서 대화중간에 언급하는 것이 무난하다.

자신을 기억해주는 서비스가 좋은 서비스이며 고객으로부터 불평을 들었을 때 서비스회복 기회가 되기도 한다.

항공기내에서 생긴 일이다. 어느 승객이 승무원에게 서비스에 대해 언성을 높이며 심한 불평을 했다. 이 때 그 승무원은 아무 변명도 없이 "김사장님, 죄송합니다." 라고 응대했다. 그러자 그 승객은 다소 누그러진 톤으로 "당신이 날 어떻게 알아?" 하고 물었다. "제 집에 오신 손님인데요. 불편한 점이 있으셨다면 정말 죄송합니다." 그 승객은 알았다며 자신의 좌석으로 돌아갔다.(승무원은 그 승객의 일행끼리 호칭하는 것을 듣고 기억해둔 것이었다.)만약 그 승무원이 "손님, 무엇때문에 그러시죠?."라고 응대했다면 상황은 어떻게 되었을까?

대부분의 사람들은 특별하게 인식되어지고 특별한 개인으로 보여지고 있는 것처럼 느끼고 싶어한다. 고객이 어떤 식으로 불려지길 원하는지 아는 것은 그 고객을 응대하는데 있어서 매우 중요한 영향을 미칠 수 있다. 그러나 만약 고객과의 대화를 시작하자마자 호칭으로 인해 실수를 한다면 회복하기 쉽지 않다.

고객의 이름을 알고 대화를 통해서 몇 번 그리고 헤어질 때 인사하면서 이름을 사용하라. 손님이란 호칭 대신 고객의 직함을 부르라. 이는 서비스맨이 고객을 중요하게 인식하고 그들의 시간을 존중하는 것처럼 들릴 것이다.

플러스 대화로 응대하라

서비스는 말과 행동으로 이루어진다. 그 가운데서도 적절하게 말로서 응대하는 것은 친절 서비스에서 매우 중요한 부분이 된다.

고객이 '서비스맨이 무성의하다'라고 느낄 때는 바로 행동만 하고 말을 하지 않을 때이다. 말하지 않고 무표정한 행동으로 서비스를 한다면 친절과는 거리가 멀어지게 된다. 고객서비스응대시 한 가지 행동을 할 때 반드시 한 가지 말을 하라.

또한 고객은 두 단어, 즉 복수로 말할 때 친절함을 느끼게 된다.

다음 중 고객이나 상관이 부를 때 어떻게 하는 것이 바른 행동일까?

1. 그냥 다가간다.
2. 다가가서 "부르셨습니까?"라고 한다.
3. 부르면 즉시 "네"고 대답하고, 다가가서는 "부르셨습니까, 손님?" 혹은 "부르셨습니까, 부장님?"이라고 밝은 목소리로 응대한다.

당연히 3번이 친절한 응대가 될 것이다.

단순한 것 같지만 복수로 응대하는 것이 친절함을 느끼는데 크게 좌우하게 되므로 실천하고 습관화시키도록 해야한다.

고객이 도착하거나 서비스맨에게 다가올 때 일어서서 고객에게 인사하고 마음으로 다가가라. 간절히 돕고 싶어하는 것을 보여준다.

■복수 응대의 예

"네, 그렇게 하겠습니다."

"네, 지시대로 처리하겠습니다."

"네, 다녀오겠습니다."

"부장님, 부르셨습니까?"

"손님, 무엇을 도와드릴까요?"

"고객님, 잠시만 기다려주시겠습니까?"

허락을 얻어라, 먼저 말하고 행동하라

버스나 전철에서 앉아 있는 사람이 서있는 사람의 가방을 미리 뺏어놓고 "들어드릴께요" 하는 경우가 있다. 좋은 의도였다 하더라도 오히려 불쾌감을 줄 수 있다.

앞서 승인되지 않은 행동을 하기 전에는 반드시 고객에게 허락을 얻어라. 이는 고객의 권위와 지위, 자존심을 높이는 일이며 고객으로 하여금 선택하게 함으로써 권력을 갖게 하는 일이다. 그렇지 않을 경우 오히려 불만과 불쾌감을 초래할 것이다. 고객이 요청하지 않은 상태에서 갑자기 고객을 돕는 행위는 오히려 고객을 당황하게 할 수 있다.

고객에게 재촉하지 말고 도움을 제공하라

고객을 밀어내듯 서비스하지 말고 어떤 도움이든 기꺼이 제공하라. 항상 서비스 말미에는 "제가 더 도와드릴 수 있는 것이 있습니까?" 라고 물어라.

특히 도움이 필요한 노인이나 장애고객일 경우 도움이 필요하다면 도움을 제공하되 고객이 원하지 않을 경우 기꺼이 물러서라. 원하지 않는 도움은 고객을 당황하게 하거나 불쾌하게 할 수 잇다. 소란을 피우거나 우기지 말고 조용히 물러서라. 고객을 가장 편하게 하는 것이 가장 좋은 서비스이다.

고객과 파트너십을 맺어라

고객은 서비스맨이 직업을 갖고 일할 수 있고 회사가 존속될 수 있는 근원이 된다. 그 이유 하나만으로도 고객과의 관계를 향상할 수 있는 일은 무엇이든 해야 한다.

고객과 심리적으로 동료가 될 수 있다면 고객은 절대로 공격적일 수 없다. 고객응대시 고객의 의견을 묻고 대화를 통해 친밀한 관계를 형성하고 참여하도록 하여 관여도를 높인다. 고객의 의견, 제안 등을 수용하여 만족감을 높이는 것도 좋은 방법이다.

- 열린 마음으로 대하라.
- 항상 미소를 띠고 긍정적인 이미지를 형성한다.
- 열심히 듣고 적절히 반응한다.
- 고객과 회사가 상생할 수 있는 상황을 만든다.
- 고객과의 단 한번의 서비스나 판매제공 기회를 갖는 대신 지속적인 관계로 발전시킨다.
- 고객이 '내 가게'라고 생각하게 만들어라

고객은 인간적이고 열정적인 서비스를 원한다

고객은 누구나 기계적인 서비스가 아닌 인간적인 서비스를 원한다. 규칙에만 얽매이거나 틀에 박힌 태도를 버리고 인간의 감성이 배어 나오는 서비스를 하라. 단 10원이라도 모자라면 커피 한 잔이 절대로 나올 수 없는 자동판매기를 과연 서비스라 부를 수 있는가?

"저 승무원아가씨! 아까 기내식에 나오던 그 작은 고추장 하나 줄 수 없을까? 외국에서는 음식이 입맛에 맞지 않을 텐데……"

어느 나이 드신 승객 한 분이 한 승무원에게 조심스레 말을 건넸을 때, 승무원에 따라 역시 서비스는 다를 수 있다.

"손님, 여기 있습니다." 하며 고추장 한 개를 가져오는 승무원이 있는가 하면, "뭐니뭐니 해도 우리 입맛에는 고추장이 최고지요? 여행 중에 음식이 맞지 않으시면 드세요."하며 고추장 몇 개를 봉투에 넣어 드리는 승무원도 있다.

감성에너지는 조직의 부정적 에너지를 긍정적으로 변환시키는 원동력이다. 열정있는 행동은 기대 이상의 성과를 올리며 자기평가 및 만족도도 높아진다. 경영에 있어서도 감성이 접목돼야 하는 이유는 현대는 급속히 디지털화되어간다는 데 있다. 디지털 시대는 인간의 감각적 요소들을 자극해 질 높은 삶을 추구하는 게 목적이다. 인간의 오감을 만족시킬 수 있는 정서적 마케팅은 바로 감성경영에서 시작된다.

서비스맨은 상품이 아닌 서비스를 팔아야 한다. 평범한 서비스, 열정이 없는 서비스는 더 이상 고객의 발길을 붙들지 못한다. 자신의 서비스성향을 높여 자신의 관심과 열정을 밖으로 표현하라. 고객을 먼저 생각하고 현재의 고객 뿐 아니라 미래의 고객에게도 최선을 다하라.

고객을 보내버리는 서비스

칼 알브레히트는 조직외부에 양질의 서비스를 제공하려면 먼저 조직내부에 양질의 서비스를 제공할 수 있는 체제를 구축해야한다고 하며 서비스업에서 공통적으로 발견되는 종업원의 응대태도불량을 서비스의 7거지악으로 명명하였다.

■무관심 (apathy)

고객이 "저어, 여기요"하며 조심스레 물어도 묵묵부답

소속감이 없고 불만이 많은 사원들이 나와는 상관없다는 식의 태도

월말 공과금 납부창구 여사원은 바빠서 어쩔 줄 모르는데, 다른 담당부서 동료직원은 내 일이 아니라며 못 본 척하고 고객이 창구에 다가와도 쳐다보지도 않는 행위

■ **무시(brush-off)**

"퇴근시간이라 안되는데요"

서점이나 쇼핑센터에서 물건을 고를 경우 교대시간만 기다리는 점원들의 행태로 '하나 더 판다고 월급 더 주냐'는 식의 고객회피 성향

고객의 요구나 문제를 못 본 척 피하는 일

■ **냉담(coldness)**

"예약 끝났다고 말했잖아요.", "시계도 볼 줄 모르세요?"

고객을 귀찮고 성가신 존재로 대하는 태도 적대감, 퉁명스러움

■ **건방떨기(condescension)**

"초등학교는 나오셨나요?", "제 말씀대로만 하시면 됩니다."

건방진 태도로 생색을 내며 고객을 어린애처럼 다루는 태도

■ **로봇화(robotism)**

"감사합니다. 예, 다음 손님!"

자기 일을 계속하면서 고개 숙인 채 기계적으로 하는 인사는 인간미가 "제로".

음식점 출입문에 "어서 오세요", "안녕히 가세요" 녹음테이프형 서비스맨

■ **규정제일(rule book)**

"규칙상 어쩔 수 없습니다."

고객만족 마인드보다는 회사의 규칙을 우선시 하는 태도

초우량 기업일수록 회사의 규정보다는 고객의 요구를 우선시 하는 유연 마케팅(flexible marketing)을 강조한다.

■ **발뺌(runaround)**

"제 소관이 아니라 모릅니다.", "저~어 쪽으로 알아보세요"

자신의 업무영역, 책임한계만을 주장하며 서로 업무를 떠 넘기는 태도

대표전화 "OO번으로 문의하시길 바랍니다." 자동응답 받은 후 그 번호로 몇 번을 걸어도 통화 중 일 때

REVIEW

■ 다음은 고객이 서비스맨에게 원하는 욕구들이다. 다음에 나오는 고객의 욕구를 만족시키는 방안을 고객응대요령에 근거하여 적어 보라.

고객의 욕구	욕구를 만족시키는 방안들
환영받고 싶다	
이해받고 싶다	
편안하게 느끼고 싶다	
감사를 받고 싶다	
중요하다고 느껴지고 싶다	
존경받고 싶다	
특별히 대접받고 싶다	

■ 글로벌시대에 이문화를 이해하는 방안은 무엇인가?

■ 고객지향적인 고객서비스 응대요령에는 어떠한 것들이 있는가?

참고문헌

계도원, 고객만족마케팅, 좋은책만들기, 2004.

김성혁, 관광서비스, 백산출판사, 1994.

김은영, 이미지메이킹, 김영사, 1991.

박혜정 외, 매너는 인격이다, 현실과미래사, 1999.

박혜정 외, 스튜어디스로 멋지게 성공하기, 현실과미래사, 2003.

손대현, 서비스는 이런 것이다, 백산출판사, 2000.

신정길 외, 감성경영 감성리더십, 넥스비즈, 2004.

원석희, 서비스운영관리, 형설출판사, 1998.

원석희, 서비스품질경영, 형설출판사, 1998.

이상문, 총체적 품질경영과 리더쉽, 형설출판사, 1998.

이상환 외, 서비스마케팅, 삼영사, 1999.

이승희, 관광서비스실무, 백산출판사, 2002.

이유재, 서비스마케팅, 학현사, 2001.

이유재, 울고웃는 고객이야기, 연암사, 1997.

임붕영, 서비스리더쉽, 백산출판사, 2003.

임붕영, 서비스바이러스. 도서출판 무한, 2002.

정동성 외, 서비스마케팅, 동성사, 1999.

조관일, 서비스에 승부를 걸어라, 다움, 2000.

한치규, 고객만족전략과 실천, 신세대, 1993.

비트너 외, 전인수 역, 서비스마케팅, 도서출판 석정, 1998.

칼 알브레히트 외, 장정빈 역, 서비스 아메리카, 물푸레, 2003.

다니엘 골먼, 감성의 리더십, 청아, 2003.

피어갈 퀸, 김세중 역, 부메랑의 법칙, 바다출판사, 2003.

로버트 루카스, 고객서비스 어떻게 할 것인가, 석정, 2002.

리처드 코치, 공병호 역, 80/20 법칙, 21세기북스, 2000.

숀 스미스 외, 정우찬 역, 브랜드 가치를 높이는 고객경험, 다리미디어, 2003.

스티븐 코비, 김경섭 외 역, 원칙중심의 리더쉽, 김영사, 2001.

스티븐 코비, 성공하는 사람들의 7가지 습관, 김경섭 외 역, 김영사, 2000.

켄 셀턴, 정성묵 역, 최고의 고객 만들기, 시아출판사, 2001.

칩 벨 외, 김우열 역, 마그네틱 서비스, 가야넷, 2004.

다케다 요이치, 김현희 역, 고객을 감동시키는 엽서 한 장, 예문, 2004.

사토요시나오, 은영미 역, 위너스, 청아, 2002.

후나이 유키오 외, 구혜영 역, 고객의 마음을 사로잡는 32가지 기술, 오늘의 책, 2004.

Chip R. Bell, Bilijack R. Bell, Magnetic Service, 2003.

Chip Bell, Ron Zemke, Service Magic:The Art of Amazing Your Customers, 2000.

Buttle, Customer Relationship Management, 1993.

Disney Institute, BE OUR GUEST:Perfecting the art of customer service, 2003.

Jan Carlzon, Moments of Truth, 1989.

Kristin Anderson, Great Customer Service on the Telephone (The Worksmart Series), 1992.

Patricia Patton, Service with a heart, 1997.

Patricia Patton, Leadership skills, 1997.

저자약력

박 혜 정

이화여자대학교 정치외교학과 졸업
세종대학교 관광대학원 관광경영학과 졸업(경영학 석사)
세종대학교 대학원 호텔관광경영학과 졸업(호텔관광학 박사)

대한항공 객실승무부 객실승무원
대한항공 객실훈련원 전임강사
동주대학 항공운항과 교수

현) 수원과학대학 항공관광과 교수

서비스실무

2007년 2월 20일 초판 발행
2010년 11월 20일 3 쇄 발행

저 자 박 혜 정
발행인 (寅製) 진 욱 상

발행처 백산출판사

서울시 성북구 정릉3동 653-40
등 록 : 1974. 1. 9. 제 1-72호
전 화 : 914-1621, 917-6240
FAX : 912-4438
http://www.ibaeksan.kr
edit@ibaeksan.kr

저자와의 합의하에 인지첩부 생략

값 15,000원
ISBN 978-89-7739-942-6